AF156112

Grundlagen der Berufs- und Erwachsenenbildung

Herausgegeben von Prof. Dr. Rolf Arnold

Band 77

Wissen ist keine Kompetenz

Dialoge zur Kompetenzreifung

von

Rolf Arnold

und

John Erpenbeck

Schneider Verlag Hohengehren GmbH

Grundlagen der Berufs- und Erwachsenenbildung
Herausgegeben von Rolf Arnold

Umschlagentwurf: Verlag

Foto: Lars Kilian

Gedruckt auf umweltfreundlichem Papier (chlor- und säurefrei hergestellt).

Bibliografische Information der Deutschen Nationalbibliothek

Die Deutsche Nationalbibliothek verzeichnet diese Publikation in der Deutschen Nationalbibliografie; detaillierte bibliografische Daten sind im Internet über ›http://dnb.d-nb.de‹ abrufbar.

ISBN: 978-3-8340-1318-7 – **6. unveränderte Auflage**

Schneider Verlag Hohengehren, Wilhelmstr. 13,
D-73666 Baltmannsweiler
www.paedagogik.de

© Schneider Verlag Hohengehren, 73666 Baltmannsweiler 2024
Printed in Germany – Druck: Format Druck, Stuttgart

Inhaltsverzeichnis

7. Brief

Vorwort des Reihenherausgebers

Ein Gespenst geht um in Europa: Es ist das Gespenst der Kompetenz. Dieses fordert die europäische Bildungspolitik heraus. Es konfrontiert die Bildungsinstitutionen mit der nüchternen Frage nach ihrem tatsächlichen Beitrag zur Entwicklung der menschlichen Fähigkeiten – auch nach ihren heimlichen Wirkungen auf die Lernbereitschaft und die Lernfähigkeit der Menschen. Schon wandelt sich das Leitparadigma für die Regelung des Aufstiegs durch Bildung: War dieser bislang von

- der Art der Bildungseinrichtung,
- der Verweildauer in derselben und
- der Art des Zertifikats, welches sie verlieh,

abhängig, so tritt heute mehr und mehr die Anerkennung der im Lebenslauf erworbenen Kompetenzen – unabhängig von der Frage, ob diese sich formellen oder informellen Lernbewegungen verdanken – in den Vordergrund. Am Horizont entsteht dabei das Bild einer lernenden Gesellschaft, in der die Menschen das, was sie tatsächlich können, auch berechtigt, nicht das, was Zertifikate und Titel ihnen bescheinigen.

Dieses Bild ist nicht neu: Es wurde insbesondere in der Debatte um die Gleichwertigkeit von Allgemeinbildung und Berufsbildung immer wieder beschworen. Unüberhörbar prägten mutige Äußerungen diese Klärung. „Der Weg zur Bildung führt über den Beruf und nur über den Beruf" – schrieb Eduard Spranger den Bildungsidealisten ins Stammbuch, und Theodor Litt sah das klassische Bildungsideal durch das historische Versagen der an ihm sich Bildenden vor seinem Ende. Diese Impulse bliebe lange ohne tiefgreifende Wirkungen, obgleich sich Bereich der Inhalte und der Durchlässigkeit viel änderte – nicht nur, aber auch infolge der durch Herwig Blankertz in den 1970er Jahren gelieferten bildungstheoretischen Klärungen und bildungspolitischen Konzepte.

Erhalten blieb jedoch bis in das neue Jahrtausend der traditionelle Bildungsinstitutionalismus und die Dominanz der mit ihm einhergehenden Instruktionsdidaktiken unterschiedlichster Coleur. Erst durch das Vordringen der hirnphysiologischen Kognitions- und Lernforschung sowie der Verbreitung ermöglichungsdidaktischer Lernkulturen in der Berufs- und Erwachsenenbildung wurden auch deren Annahmen hinsichtlich der Ergiebigkeit, Kompetenzwirkung und Nachhaltigkeit der institutionalisierten Instruktionsbemühungen grundlegend in Frage gestellt. Diese heimlichen Annahmen sind:

- Menschen lernen am besten, wenn ihnen das Wissen von Lehrenden dargestellt, erklärt und vermittelt wird.

- Diese Wissensvermittlung ist ohne Risiken und Nebenwirkungen (z. B. hinsichtlich der Verkümmerung der eigenen Lernfähigkeit" „zu haben"). Und:

- Menschen entwickeln in institutionalisierten Kontexten auch *die* Selbstlernfähigkeiten, die für das Lernen und Leben in einer Wissensgesellschaft notwendig sind.

Der vorliegende Dialog zur Kompetenzentwicklung setzt sich mit diesen und anderen heimlichen Annahmen auseinander. Dabei entsteht das Bild einer Kultur der Kompetenzentwicklung, welcher bewusst ist, dass Wissen allein keine Kompetenz stiftet. Es kommt vielmehr darauf an, die Einsichten aus der Kompetenzforschung Ernst zu nehmen, denen zufolge Kompetenzen in Inside-Out-Prozessen reifen, die nicht nur kognitiv, sondern auch emotional herausfordernd sind. John Erpenbeck spricht in diesem Zusammenhang von der notwendigen „emotionalen Labilisierung", damit tiefenwirksame Lernprozesse überhaupt möglich sind – ein Gedanke, der eng an die Kaiserslauterer Beiträge zum emotionalen Lernen und zur Ermöglichungsdidaktik anschlussfähig ist. „Die Lernkulturen der Zukunft werden" – so die Quintessenz beider Wissenschaftler – „Kulturen des angeleitetend Selbstlernens und der emotionalen Transformation der Persönlichkeit sein!"

Diese Perspektive wird in dem hier vorliegenden Dialog in vielfacher Hinsicht entfaltet. Dabei setzen sich die Autoren auch mit den Exorzismen auseinander, mit denen in der Bildungstheorie, Bildungspolitik und Bildungspraxis immer wieder versucht wird, das Gespenst der Kompetenz(orientierung) auszutreiben. So unterstellt man z. B. den Vertretern einer nachhaltigen Kompetenzbildung, sie würden die Ideologie einer Selbstlernidylle kultivieren, während doch die Erfahrung zeige, dass Lernende zum Lernen angehalten („gezwungen") werden müssten. Schließlich zeige auch der Erfolg, dass das Konzept der lehrabhängigen Lehre – ob in der Schule oder Universität – so schlecht nicht sei. Man müsse nur – so z. B. einer der neueren Gedanken – das bislang exklusive wissenschaftliche Wissen über Lernplattformen in sogenannten „Massive Open Online Courses" (MOOCs), wie sie erstmals 2012 von dem Unternehmen Coursera in Kalifornien angeboten wurden., verbreiten, um zu gewährleisten, dass Studierende weltweit derselben Vorlesung folgen können, und Professoren es nicht mehr mit 100 Studierenden im Hörsaal, sondern leicht mit mehreren 100.000 Studierenden zu tun haben – eine Wirkung, die von den Protagonisten begeistert als ein historischer Durchbruch zur Demokratisierung und Internationalisierung des akademischen Wissens gefeiert wird.

„In der Tat: Welch eine Breitenwirkung!" – ist man versucht zu denken. Kommen wir durch die „Massive Open Online Courses" dem seit der Aufklärung lebendigen Anliegen der Popularisierung von wissenschaftlichem Wissen und der sozialen Öffnung der Hochschulen nicht endlich ein Stück näher? Hilflos nehmen sich im Vergleich zu dem quantitativen Erfolg der MOOCs die Anfänge der Universitätsausdehnungsbewegung Ende des 19. Jahrhunderts aus, in deren Verlauf Professoren der Universität öffentliche „Allgemeinverständliche Vorlesungen" abhielten, zu der große Massen von Zuhörern strömten. Aus diesen und ähnlichen historischen Vorläufern entstanden die heutigen Volkshochschulen, deren Auftrag, die breite Bevölkerung zu bilden, erstmals 1919 in der Reichsverfassung gesetzlich verankert wurde.

Nach vielen Jahrzehnten entstand aus diesen Anfängen heraus nicht nur ein differenziertes Netz von öffentlichen und privaten Erwachsenenbildungseinrichtungen, sondern auch ein differenziertes wissenschaftliches Wissen zu der Frage, wie Erwachsene mit unterschiedlichen Bildungshintergründen wissenschaftliche Bildungsangebote nutzen, um ihre Kompetenzen zu entwickeln – heute gebündelt im „Deutschen Institut für Erwachsenenbildung" der Leibnitz-Gemeinschaft. Schon früh im 20. Jahrhundert wies der damalige Leiter der Breslauer Volkshochschule Alfred Mann auf die Bedeutung der „Ich-Gesichtswinkel" der Lernenden hin und plädierte für eine Bildungsarbeit, die nicht von den Inhalten ausgehe, sondern von den Fragen und Lebenssituationen der Menschen. Der akademischen Bildung wurde die Laienbildung gegenüber gestellt. Diese war lebensweltorientiert, nicht inhaltsfixiert – ein Gedanke, wie ihn uns auch die neue Hirnforschung nahelegt. So schreibt der Bremer Hirnforscher Gerhard Roth in seinem 2011 erschienenen Werk „Bildung braucht Persönlichkeit. Wie Lernen gelingt": „Alles Lehren und Lernen findet im Rahmen der Persönlichkeit des Lehrenden und des Lernenden und damit im Rahmen seiner kognitiven, emotionalen und motivationalen Fähigkeiten statt. Darauf nicht Rücksicht zu nehmen, mindert den Bildungserfolg dramatisch".

Gegner der Kompetenzorientierung wie Protagonisten der MOOCs ignorieren gleichermaßen die Lebenswelten und Persönlichkeiten ihrer Konsumenten. Auch für den wachsenden Kompetenzbedarf der sich entwickelnden Gesellschaften haben sie keine wirkliche Antwort bereit. Sie schüren vielmehr – und hierin liegt der eigentliche Skandal – unterschwellig die Illusion, die Informationsvermittlung allein würde bereits eine nachhaltige Kompetenzentwicklung gewährleisten – ohne innerliche Beteiligung oder gar Bewegung der jeweiligen Lernenden. Mit dieser Illusion leiten die MOOCs-Protagonisten einen Rollback ein, der die Lernkulturen der Hochschulen und Universitäten weit in das 19. Jahrhundert zurück zu katapultieren droht, in Zeiten, in den es die Belehrung durch die Vordenker und Obrigkeiten war, welche man als Bildung zu übernehmen hatte.

Gleichzeitig wenden sich die MOOCs-Begeisterten an deutschen Hochschulen von dem ab, was in der europäischen Bildungspolitik spätestens seit 2008 nachhaltig Thema ist: die wirksame Kompetenzbildung ihrer Studierenden. Folgt man dem Europäischen und dem Deutschen Qualifikationsrahmen, die von den akademischen Institutionen nur sehr zurückhaltend aufgegriffen werden, so geht es nicht mehr länger um die Frage, wie lange Lernende sich an bestimmten Bildungsinstitutionen aufgehalten haben. In den Vordergrund rückt vielmehr die nüchterne Prüfung ihrer Fähigkeiten, neue Situationen selbständig und verantwortlich – also kompetent – bewältigen zu können. Folgt man der internationalen Kompetenzforschung, so ist unstrittig, dass die Lernenden dazu Wissen benötigen, und Professionals benötigen dafür wissenschaftliches Wissen. Gleichwohl gilt es zu vermeiden, dass auch die Absolventen der Hochschulen und Universitäten viel wissen (und hernach vergessen), aber wenig können. Wissen – so der einhellige Tenor der Kompetenz-forschung – ist keine Kompetenz. Und die massive Verbreitung von Wissen trägt somit vielleicht zum Marketingerfolg einiger Hochschulen und zum wirtschaft-lichen Erfolg einiger Provider bei, nicht jedoch zur Kompetenzentwicklung der Lernenden.

Damit wissenschaftliches Wissen tatsächlich zur Ausbildung von Kompetenzen bei-zutragen vermag, müssen die Studierenden ihre Persönlichkeit entwickeln können. Sie müssen das Neue in ihrer eigenen Person zu Fähigkeiten verknüpfen können, mit deren Hilfe sie komplexe und auch unvorhersehbare Situationen selbstständig und verantwortlich gestalten können. Damit eine solche Persönlichkeitsentwick-lung gelingen kann, müssen die Hochschulen und Universitäten sich nachdrückli-cher um das Lernen ihrer Studierenden bemühen. Sie sind aufgerufen, die Lerntech-niken, Selbstlernfähigkeiten und das „Personal Mastery", wie der MITler Peter Senge es nennt, ihrer Studierenden zu fördern, statt sie nur mit Inhalten zu konfron-tieren – ob real in überfüllten Vorlesungen oder virtuell in MOOCs.

Schulen, Hochschulen und Universitäten benötigen keine MOOCs, um den Kompetenzerwartungen der Gesellschaft und der in diesen sich entwickelnden Menschen tatsächlich Rechnung zu tragen! Sie benötigen höchstens MILCs – „Massive Independent Learning Courses".

Bei diesen handelt es sich um Angebote, in denen die Lernenden ihre Selbstlern- und Selbstführungsfähigkeiten im Sinne einer umfassenden Persönlichkeitsent-wicklung verbessern können. Dabei spielen ihre eigenen Zugänge zu den Themen, ihre eigenen Lernstrategien sowie ihre emotionalen und motivationalen Vorausset-zungen eine grundlegende Rolle. Sie bei diesen „Ich-Gesichtswinkeln" abzuholen, zu stärken und im Umgang mit sich selbst und den jeweiligen Anforderungen ihres Studiums zu fördern, stärkt ihre Selbstlernfähigkeiten zum lebenslangen Lernen in Universität, Gesellschaft und Arbeitswelt.

Rolf Arnold
TU Kaiserslautern

Januar 2014

1. Brief

worin Rolf Arnold überlegt, welche vielfältigen Perspektiven uns durch ein modernes Kompetenzdenken eröffnet werden, und warum die Illusion von der Wissens„vermittlung" genau diese Vielfalt einengt.

Lieber John,

wir beschäftigen uns seit längerem mit der Frage, wie und in welcher Weise sich auch die wissenschaftliche Bildung, wie sie von Universitäten und Fachhochschulen betrieben wird, in einer nachhaltigeren Weise (um)gestalten ließe. Wenn ich es recht beurteile, ist diese Frage bislang noch nicht wirklich untersucht oder gar in einer mehr oder weniger flächendeckenden Weise „gelöst" worden – und sei es auch nur durch erste tastende Versuche einer veränderten Studiengangentwicklung und -durchführung. Wenn ich mich frage, worauf diese Zurückhaltung zurückzuführen ist, dann stoße ich auf zwei Besonderheiten der akademischen Qualifizierung im Unterschied zu einer beruflichen Ausbildung:

● Zum einen scheint es mir so zu sein, dass Kompetenzen sowie Kompetenzprofile sich leichter und auch präziser im Hinblick auf konkrete Berufe oder Berufsfelder bestimmen lassen, weniger leicht ist dies für wissenschaftliche Studiengänge, welche qua Definition metakognitive Kompetenzen entwickeln (sollen) und dadurch auch viel „breiter streuende" Optionen auf den Arbeitsmärkten eröffnen. Ich nenne diese Besonderheit: *die Polyvalenz der Kompetenz.*

● Zum anderen wächst „dem Fach" bzw. der Disziplin in der wissenschaftlichen Bildung eine dominante Bedeutung zu, hinter der die didaktischen und gar persönlichkeitsbildenden Dimensionen einer Kompetenzentwicklung verblassen. Ich nenne diese Besonderheit: *Die Zentralität der Wissen(schafts)orientierung.*

Beide Besonderheiten will ich im Folgenden in einer ersten Annäherung weiter ausloten, wobei ich mehr Fragen – an Dich – aufwerfen werde, als ich (bereits) selbst Lösungen zu präsentieren vermag. Bemerkt werden muss aber auch: Die Berufspädagogik hat sich bereits in den 1990er Jahren mit dem Thema der Kompetenzorientierung befasst. Damals wurde das noch von vielen Kolleginnen und Kollegen als modernistische Entgleisung belächelt, die den „Berufsbegriff" und die Konzepte der – institutionalisierten und „geordneten" – Ausbildung aufweicht. Doch in vielfacher Hinsicht waren die Ergebnisse wegweisend und klärend für das, was sich dann im internationalen Schulvergleichstest und in der empirischen Bildungsforschung an kompetenzorientierter Wende vollzog.

Sicherlich: Begriffe gehören allen, und es gibt glücklicherweise keine Erstverwertungsregelungen. Doch führt dieser „Open Access" auch dazu, dass „Kompetenz" heute nicht gleich „Kompetenz" ist. Die unterschiedlichen Wissenschaftsdisziplinen brechen jeweils neu auf und füllen denselben Begriff in anderen Theorien und Ausleuchtungen neu. Sie setzen, dabei durchaus auch neue Akzente, ohne sich auf frühere Konzepte und Ergebnisse zu beziehen. In dieser Form „starteten" die Schulleistungsforscher (Klieme 2007) nicht nur gut 15 Jahre später, sondern auch ohne die Bezugnahmen auf die Forschungen und erreichten Klärungen zur beruflichen Handlungskompetenz, während sie gleichzeitig darüber klagten, die Pädagogik habe wichtige zeitdiagnostische Fragen bislang unbearbeitet gelassen oder sich ihnen in untauglicher Weise gewidmet (vgl. Schrader / Trautwein / Hesse 2011). Eine solch selektive Rezeption ist ärgerlich, aber vielleicht menschlich und mithin unvermeidbar.

Nur: Wie gehen wir damit um, wenn wir uns der Kompetenzentwicklungsfrage in der Hochschulbildung annähern? Setzen wir wiederum völlig neu an oder schließen wir an die erreichten Erkenntnisstände der Berufsbildungsforschung oder der empirischen Bildungsforschung an? Immerhin betreten wir ein relativ unbeackertes und über viele Jahre brachliegendes Feld. Seitdem die Hochschuldidaktik seine Bewirtschaftung weitgehend eingestellt hat, konnten sich seltene Gewächse erhalten und andernorts bereits ausgestorbene Arten neu entfalten. Dies gilt insbesondere für die überlieferte Form der akademischen Vorlesung. Aber es berührt auch die Frage nach der qualifizierenden Wirkung von Wissenschaft und wissenschaftlichem Studium generell. Nach meinem Eindruck muss eine kompetenzorientierte Auslotung der Hochschulbildung alle diese Aspekte gleichzeitig mit in den Blick nehmen:

- Sie muss verhaltswissenschaftlich bzw. entwicklungspsychologisch klären, durch welche inneren Prozesse Menschen ihre Probleme tatsächlich lösen.
- Sie muss die jeweiligen biographischen Erfahrungen sowie die besonderen gesellschaftlichen Rahmenbedingungen, die eine Herausbildung der hierfür grundlegenden Fähigkeiten unterstützen, berücksichtigen.
- Sie muss im Zusammenhang mit wissenschaftlicher Bildung die fachdidaktische Perspektive besonders hervorheben, also die Frage nach den Notwendigkeiten und Möglichkeiten der fachspezifischen „Be-Gabung" im Sinne von Heinrich Roth, einem der frühen Vordenker des Kompetenzentwicklungsansatzes beantworten (vgl. Roth 1970).
- Will akademischen Bildung glaubwürdig sein, darf sie sich selbst nicht als bloß inputorientiert präsentieren und an die Stelle der Lehr- oder Studienpläne nunmehr empirisch möglichst begründete „nüchterne" Kompetenzprofile stellen. Sie muss vielmehr selbst outcomeorientiert bezogen sein, also neben der Frage „Was sollen die Absolventen können?" auch Hinweise und Standards zu der Frage begründen: „Wie kann der Erwerb dieses Könnens angebahnt, herausgefordert und begleitet werden?"

Der Kompetenzdiskurs ist meinem Eindruck nach im Kern ein didaktischer Diskurs. Er nimmt den Selbstorganisationscharakter und die „innere Bedingtheit" der Kompetenz(heraus)bildung bereits im Ansatz ernst, welchen Du – wie ich finde – in letzter Zeit in Deinen Veröffentlichungen entschlossen fokussierst, wobei Du die nichtlineare, innere „Dynamik des evolvierenden Systems" (Erpenbeck 2012, S. 16) stärker berücksichtigst und Dich den Konzepten der Ermöglichungsdidaktik annäherst (vgl. Arnold 2011 a). Diese Konzepte versuchen ja, den impliziten Wirkungsunterstellungen von Didaktik und Bildungspolitik auszuweichen und den Kompetenzreifungsprozess nachdrücklich vom Menschen, vom Subjekt her zu denken. Sie widmen sich – insbesondere in ihrer systemisch-konstruktivistischen Auslotung – deutlich der Einsicht, dass man bei den sich selbstorganisiert vollziehenden Kompetenzentwicklungen der Lernenden

„(…) von einem traditionellen Kausalitätsverständnis und damit von einer äußeren, instruktionalen Beeinflussung des selbstorganisierten Systems und seiner Bestandteile überhaupt nicht mehr ausgehen kann" (Erpenbeck 2012, S. 16).

Konzepte der Kompetenzentwicklung müssen sich deshalb fragen, ob sie selbst in der Input-Welt verbleiben oder konsequent in eine Outcome-Welt der Wirkungsbeobachtung und didaktischen Vielfaltgestaltung eintreten wollen. So meine erste These.

Vielfalt im Sinne einer Möglichkeitserweiterung für den Lernenden ist nach meinem Eindruck die einzige denkbare Antwort auf seine Selbstorganisation. Sie liefert auch die Berechtigung dafür, Kompetenzen eindeutig zu machen und zu profilieren, um die es der Gesellschaft, dem Arbeitsmarkt, der Kultur zu tun ist. Diese Kompetenzen dienen nämlich nicht mehr nur oder in erster Linie der besseren und wirksameren Prozesssteuerung durch „Vermittlung", sondern ermöglichen den Lernenden selbst in ihrer Aneignungsbewegung Orientierung und Selbstreflexion in den Prozessen der eigenen Kompetenzentwicklung: Ein Sachverhalt, den ich gern als „Ownership des Lernens" bezeichne (Arnold 2011 b).

Kompetenzprofile ohne eine solche Einbettung bewegen sich stets in der Gefahr, zwar outcomeorientiert gemeint, aber inputorientiert genutzt zu werden. Sie dienen dann unversehens einer bloßen Messung von „Vermitteltem", ohne dass die verantwortlichen Akteure begreifen, das „Vermitteln" noch nie wirklich funktionierte. Die Überschätzung des „Vermittelns" ist eher eine lernkulturelle Gewohnheit mit einer oft skandalös geringen Nachhaltigkeit. So dienen inputorientierte Kompetenzmodelle ungewollt dem Überleben der Illusion von der „Wissensvermittlung", ohne diese Illusion zu hinterfragen und zu fragen, wie es möglich sein sollte, von einem Gehirn in ein anderes tatsächlich Inhalte zu „vermitteln" (vgl. Hüther 2011; Roth/Lück 2010; Spitzer 2007,

S. 417). Sie haben das Phänomen des „allmählichen Verschwinden(s) des vermittelnden Lernens" (Arnold 2012, S. 110) noch nicht begriffen. Geschweige denn, sich auf die Suche nach nachhaltigeren Formen von Lehr-Lernprozessen gemacht.

Vielleicht liegt das zähe Fortleben der Vermittlungsillusion aber auch daran, dass sie in ihrem Selbstanspruch vor allem auf die Herausbildung und Entwicklung einer *Denkfähigkeit* bezogen ist, die man sich sehr simpel vorstellt. In diesem Sinne beantwortete der Gewinner des zweiten jährlichen Seed Wettbewerbs für wissenschaftliches Schreiben die Frage nach der Bedeutung und den Formen einer wissenschaftlichen Bildung im 21. Jahrhundert mit den Worten:

„Wir alle tragen für unsere formellen und informellen, öffentlichen und privaten Diskussionen die Verantwortung, wissenschaftliche Bildung dieser Art – Bildung, die auf einer stetigen Orientierung an Belegen statt auf Voreingenommenheit basiert – zu fördern. Wenn prominente Wissenschaftler daran scheitern, Studenten ein gutes Beispiel zu geben, dann obliegt es dem Rest von uns besonders, sie wieder auf das sprichwörtliche rechte Gleis zu führen, statt ihre Entgleisung noch zu beschleunigen. Wir tun unseren Kindern keinen Gefallen damit, indem wir es ihnen leicht machen – oder genauer – indem wir es ihnen leicht machen, dass sie es sich untereinander leicht machen. Die Natur ist sehr viel strenger. Wenn wir Umgebungen erschaffen, in denen sie sicher im Lichte von Beweisen kleine Aha-Erlebnisse haben können, dann wird sie das motivieren, diese Lehre weiterzugeben. Sie werden dann in einem Sinne über eine wissenschaftliche Bildung verfügen, in welcher der wissenschaftliche Diskurs weiter bestehen und erblühen wird. Und letztlich ist es dieser Sinn, der wirklich zählt" (Martin 2007).

Nun kann man sicherlich darüber streiten, ob diese Beschreibung einer wissenschaftlichen Bildung ausreicht oder ihre ebenfalls wichtigen Ausdrucksformen, wie „kritisches Denken", „Verantwortungsbewusstsein" und die Fähigkeit zu einem „der Situation angemessenen Handeln" (Kellermann o.J., S. 53) mit umfassen sollte. Gleichwohl erweitert das nur, worum es dem Seed-Gewinner geht: Wissenschaftliche Bildung ist die Fähigkeit, denken zu können.

In Wirklichkeit ist doch die Auseinandersetzung mit dem ganzen, vielfältigen, komplexen aber stets ausschnitthaft bleibenden Wissen sowie das Gespräch über die Angemessenheit und Tragfähigkeit der darin stets mit enthaltenen Deutungen von ebenso grundlegender Bedeutung. Dies, lieber John, ist eine weitere tastende (obgleich vielleicht nicht sehr originelle[1]) These: Mir scheint der Informations- und der Erklärungsanteil von Kompetenzen – oft noch unbe-

---

[1] So sind insbesondere die Textwissenschaften, zu denen sich auch die Sozialwissenschaften – bisweilen vielleicht auch zu Unrecht – zählen lassen, der Modus des Lesens und Vorlesens die immer noch vorherrschenden Distribuierungsweisen, obgleich eine wirksam Aneignung von Texten nicht deren Verlesung bedarf.

merkt! – viel persönlicher und subtiler mit den Denkformen und bevorzugten Weisen der Wirklichkeitskonstruktion der Menschen verschränkt, zu sein, als das gewöhnlich angenommen wird. Hieraus ließe sich folgern, dass gerade die fachliche akademische Bildung persönlicher ist als ihr bewusst und möglicherweise lieb ist.

Vielleicht wird auch aus diesem Grunde die studiengangspezifische Beschreibung der zugrunde liegenden Kompetenzen von den Hochschulen bislang eher umsteuert oder missrät ihnen immer wieder zu einer Ansammlung fachlicher oder fachsystematischer Kataloge. Sie werden allenfalls noch in der Präambel oder in einem speziellen Begleitprogramm als Beiträge zur Entwicklung von „Soft-Skills" stilisiert.

In dieser eher skeptischen Beurteilung sehe ich mich unter anderem durch die vom BMBF geförderten Bestandsaufnahmen bestätigt, wie sie in dem von Sigrun Nickel herausgegebenen Sammelwerk „Der Bologna-Prozess aus Sicht der Hochschulforschung. Analysen und Impulse für die Praxis" (Nickel 2011) zusammengestellt wurden. In diesem Reader berichten Firat Ceylan und andere über den Stand der Kompetenzorientierung an den von ihnen untersuchten Hochschulen:

„Jedoch wird kritisiert, dass im vorhandenen Lehrkörper der Hochschulen kaum Vorstellungen existieren, wie kompetenzorientierte Lehre und Prüfung zu realisieren sind. (...) Allgemein mangelt es den Expert(inn)en zufolge den Hochschullehrenden an Wissen über bedarfsorientierte und teilnehmerzentrierte Lehr- und Lernmethoden, was zu fehlender Kompetenzorientierung in der Lehre führe" (Ceylan u. a., S. 114 und 117).

Das ist die zutreffende Beschreibung eines Trends, dem, wirksam entgegenzuarbeiten wir uns bemühen. Dafür haben wir uns in den letzten Jahren mit den bislang geführten Kompetenzentwicklungsdebatten in der Berufs-, Erwachsenen- und Schulbildungsforschung gründlich auseinandergesetzt, deren „Gehalte" analysiert und in zahlreichen Praxiskontakten selbst neue und oft kreative Formen der Gestaltung eines kompetenzwirksamen Lernens erprobt[2]. Unsere Auseinandersetzungen und Erfahrungen haben uns zu dieser Ausgangsthese geführt:

Kompetenzbildendes und -reifendes Lernen ist eine Eigenbewegung, durch welche das Lernsubjekt Fähigkeiten zur selbstorganisierten und sachgemäßen Problemlösung entwickelt. Dabei bewegt es sich in einer Lernumwelt (die ein

---

[2] Vgl. u. a. „WIFI-Lernmodell LENA" auf Youtube, skizziert auch in Arnold 2012 sowie in Arnold/Hammerer 2012. Zu erwähnen sind auch die Lernlandschaften der GIZ in Bad Honnef – eine eigenständige ermöglichungsdidaktische Konkretisierungsform der „Gesellschaft für Internationale Zusammenarbeit" im Kontext der postgradualen internationalen Weiterbildung (vgl. Krewer/Uhlmann 2011).

Kompetenzprofil und Distribuierungswege vorgibt), realisiert aber zugleich eine Lerninnenwelt (Selbstlernen und Gestaltung).

Daraus folgen drei Aktivitätslinien zur Veränderung der akademischen Lernkultur („Veränderungsprogramme"), für die wir erste Konzepte und Bausteine entwickelten.

Die Veränderungsprogramme lauten:

- Vom Input zur Infrastruktur
- Öffnung der Fachsystematik zur Situationsdynamik
- Von der Belehrung zum selbstgesteuerten Lernen

Ich will diese Veränderungsprogramme kurz erläutern.

Das erste Veränderungsprogramm ist der Übergang *vom Input zur Infrastruktur.*

Dieses Programm löst die übliche curriculare Strategie ab, bei der die in einer Ausbildung notwendigen Lerninhalte durch Bedarfsanalysen oder Expertenurteile bestimmt werden. An deren Stelle tritt eine differenzierte Sammlung und Modellierung von möglichst eindeutigen und operationalisierten Can-Do-Beschreibungen, die von den Lernenden bzw. Studierenden am Ende ihrer Ausbildung entwickelt worden sind. Diese Kompetenzprofile erhalten die nachfolgend Lernenden bereits zu Beginn ihres Lernprozesses. Die darin aufgefächerten Beschreibungen bilden eine Basis für deren kontinuierliche Selbstbeobachtung und die Reflexion ihres Kompetenzentwicklungsstandes. Solche Beschreibungen stellen als *Kompetenzprofile* einen Input neuer Art dar. Es ist nach meinem Eindruck dringend erforderlich, dass Bildungsanbieter, auch solche im akademischen Bereich, lernen, solche Kompetenzprofile zu präzisieren und die Lernenden im Rückbezug auf diese Profile zu beraten und zu begleiten. Ein derartiges Vorgehen bedeutet keineswegs, dass Hochschulen in ihrem Angebot zu Berufsbildungseinrichtungen „verflachen" – ein Argument, das auch der beruflichen Bildung alles andere als gerecht wird (vgl. Böhle 2010). Es lädt die Hochschulen vielmehr zu einer pragmatischen Wende ein: Sie sollten sich von der Überschätzung der Bildungswirkung des „nackten" wissenschaftlichen Wissens befreien und sich tragfähigeren Konzepten der Kompetenzentwicklung und Kompetenzreifung zuwenden.

Für die Gestaltung eines solchen Trends vom Input zur Infrastruktur benötigen Hochschulen und Universitäten eine klar entwickelte Strategie der Kompetenzprofilierung (Ansatzpunkte, Vorgehen, Methoden ...). Zudem sind sie aufgerufen, komplexe, vielfältige und laborähnliche Situationen für die selbstorganisierte Lernbewegung ihrer Studierenden zu entwickeln. Dazu könnte die Hinwendung zu den Frames eines angeleiteten Selbststudiums (im Distance Learning und eLearning) ein erster wichtiger Schritt sein.

Ein weiteres Veränderungsprogramm ist die *Öffnung der Fachsystematiken zu Situationsdynamiken.*

Was ist damit gemeint? Menschen lernen – nach allem, was die Lernforschung bislang herausgefunden hat – am wirksamsten und nachhaltigsten in Situationen, in denen sie sich Erkenntnisse selbständig *aneignen,* deren Tragfähigkeit *erleben* und in Problemlösungsversuchen *anwenden* können (vgl. Schüßler 2008). Aus diesem Grunde kommt dem situationsorientierten Lernen, d. h. dem Lernen an und durch anforderungstypische Schlüsselsituationen eine grundlegende Bedeutung für eine professionelle Kompetenzentwicklung zu (vgl. Gary 2011). Die Kompetenzentwicklungsfrage fordert die Hochschulen zu einem hochschuldidaktischen Aufbruch auf. Dessen Kern ist einerseits die systematische Förderung der Selbstlernkompetenzen ihrer Studierenden und andererseits die Schaffung situationsorientierter Lerngelegenheiten zum Erproben von Lösungsstrategien („Tools"). Eine Didaktik situationsbasierten Lernens wird notwendig.

Ja, lieber John, ich bin der Auffassung, dass es gerade in den Sozialwissenschaften zulässig und möglich ist, handlungsbezogene „Empfehlungen" zu erarbeiten, wenn sich die dabei entstehenden „sozialen Techniken" (vgl. Scharmer 2010) stets ihrer Konstruktivität bewusst bleiben und keine Wenn-dann-Gewissheiten ausdrücken – eine Selbstbeschränkung, wie sie den didaktischen Konzepten in meiner Disziplin nicht immer eigen ist. Aus diesem Grunde gilt für akademische wie für andere Lernende eine trainierbare Grundregel, die da lauten könnte: „Misstrauen Sie Regeln und hinterfragen Sie Ihre eigene Regelhaftigkeit!" (Arnold 2012 b, S. 136 ff.).

Ein drittes Veränderungsprogramm ist der *Übergang von der Belehrung zum selbstgesteuerten Lernen.*

Das Lernen emanzipiert sich in den modernen Lernkulturen zunehmend vom Lehren. Es ist zunehmend weniger auf die üblichen – vormundschaftlichen – Formen der Inszenierung von Lerngelegenheiten angewiesen. Es findet zunehmend entinstitutionalisierte Formen für die *Aneignung,* das *Erleben* und die *Anwendung* neuer Problemlösungen. Dies der didaktische Dreischritt einer nachhaltigen Kompetenzentwicklung, wie ich sie sehe.

Den Trend der zunehmenden Verselbständigung der Lerngelegenheiten beziehungsweise ihres Auszugs aus den „Lehrinstitutionen" beschrieb der Ex-Microsoft-Chef Bill Gates bereits Anfang August 2010 auf der Techonomy Conference in Lake Tahoe in Kalifornien mit den Worten: „In fünf Jahren wird man die besten Vorlesungen der Welt kostenlos im Internet finden. Das wird besser sein als jede einzelne Universität"[3] – eine vielleicht etwas übertriebene, aber als Zukunftstrend wohl unabweisbare Einschätzung.

---

[3] www.m.news.doccheck.com/de/article/208085-iuniversity-studium-fuer-digital-natives/

Indem die Präsentation des wissenschaftlichen Wissens sich solchermaßen verselbständigt, demokratisiert sich auch der Zugang zu diesem Wissen. Eine Entwicklung, die bereits heute dazu führt, dass sich die „Knowledge-Gap" zu bildungsferneren Zielgruppen sowie zu weniger entwickelten Regionen der Welt vermindern kann (vgl. Baumgartner/Reinmann 2007). Offen bleibt, *wie* die institutionalisierte Bildung auf diese Entwicklung reagiert. Ihr Berechtigungsmonopol eignet sich durch die Regelungen zur Verbesserung der Durchlässigkeit („Recognition of Prior Learning") nicht länger dafür, die bisherige – didaktisch vielerorts antiquierte – Praxis hinter Selektionsmauern zu sichern. Hier ist Nüchternheit auf der Basis einer gehaltvollen Neubestimmung dessen, was wissenschaftliche Bildung in ihrem Kern ist und sein kann, gefragt. Dabei gewinnen meines Erachtens Techniken eines angeleiteten Selbststudiums, in geeigneten didaktischen Settings als Selbstführungs- und Selbstlernkompetenzen, „eingeübt", eine neue Bedeutung. Hochschulen benötigen Ansätze zur gezielten Kräfteschulung ihrer Studierenden und Mittel zur Kompetenz(entwicklungs)beobachtung, -messung und -zertifizierung für eine wirksame begleitende Lern(prozess)beratung.

Soviel mal als „Aufschlag", lieber John.

Gruß
Dein Rolf

2. Brief

worin John Erpenbeck bekräftigt, dass die klassische Vorlesung, das klassische Weiterbildungsseminar, die traditionelle Wissensvermittlung wenig bringt, worin er sodann vier grundlegende Kompetenzbegriffe kennzeichnet und betont, dass es ohne Gefühle keine Kompetenzen geben kann.

Lieber Rolf,

um auf diese acht Seiten voller Erfahrungen und Ideen zu antworten, gestatte mir, ein kurzes Stück meiner Biografie – meiner Institutionenerfahrungen wie meiner Lernerfahrungen – zu erwähnen.

Ich bin, wie Du weißt, Physiker. Neben dem Interesse an den Gegenständen der Physik hat mich vor allem die Aussicht in dieses Fach getrieben, mehr verstehen und weniger auswendig lernen zu müssen. Ich hatte schon mit 16, 17 Jahren ein großes Interesse an Geschichte, an sozialwissenschaftlichen Ergebnissen, an den Wirkungskräften unseres Weltgetriebes. Aber jedes Mal, wenn ich in ein historisches oder sozialwissenschaftliches Werk schaute, begegnete mir eine quirlige Polyvalenz, der ich nur durch Einfachheit, Vereinfachung, ja zuweilen auch Trivialisierung entgegnen konnte.

Zum anderen weißt Du, dass ich lange Jahre meines Lebens in der Akademie der Wissenschaften der DDR gearbeitet habe. Ähnlich wie die Max-Planck-Gesellschaft hatten wir keine unmittelbaren Lehraufgaben (ich habe zwar 15 Jahre lang bei den Psychologen eine Vorlesung Philosophiegeschichte – Psychologiegeschichte gehalten, aber das war völlig freiwillig) – so bin ich nie in den Genuss oder in das Getriebe eines entfalteten Universitätslebens geraten, ich habe also auf viele der Vorgänge, die du beschreibst, kritisierst oder als förderungswürdig darstellst, nur einen Blick von außen. Das mag unserer Diskussion teilweise nutzen, teilweise schaden …

Als ich studierte, galt die Vorlesung als das Rückgrat des Universitätsbetriebs. Zwar hielten sich die Studentenzahlen, gemessen an heutigen Verhältnissen, in engen Grenzen – in Fächern wie Physik Mathematik, der beginnenden Computerwissenschaft und der Informatik zumal. Natürlich gab es Seminare, den Stoff zu vertiefen und für Spezialgebiete zu erweitern. Allein wirkliche Erfahrungen in der Physik begannen erst, als wir unsere Diplomarbeiten schrieben, also mit dem Alltag des Faches konfrontiert waren. Das war für mich ein so gewaltiger Praxisschock, dass ich meinen ersten Roman darüber geschrieben habe, schreiben musste.

Noch einmal erwarb ich einen breiten Überblick über die Physik, die theoretische wie die experimentelle, vor dem Rigorosum, einer heute fast ausgestorbenen Prüfungsform, bei der die Professoren Promovenden gleichsam jede Frage aus jedem Bereich der Physik stellen durften. Wie wenig ich wirklich von der

Physik wusste und verstand, bekam ich nur drei Jahre später zu spüren, als ich in dem Bereich Kernforschung – Kosmosforschung des Ministeriums für Wissenschaft und Technik eingestellt wurde und wenigstens grob zu begreifen hatte, was in den unterschiedlichen uns unterstellten physikalischen Einrichtungen und Labors getrieben wurde. Ich hatte nichts, wirklich fast gar nichts aus dem fünfjährigen Studium behalten, außer den sehr speziellen Sachverhalten, die mich in meiner Dissertation beschäftigten.

Mit Verblüffung, auch mit einer gewissen Genugtuung, las ich kürzlich die folgende Meldung, in der ein Beschluss von Harvard mitgeteilt wurde die klassische Vorlesung gänzlich aus dem Repertoire des Physikstudiums zu streichen:

„Physiker möchten die Vorlesung als Lehrform verbannen"
EMILY HANFORD, 1.1.2012, APM

Die Vorlesung ist eine der ältesten Formen der Bildung, die es gibt. „Vor der Erfindung des Buchdrucks wurden die Bücher für alle diejenigen vorgelesen, die den Inhalt aufschreiben wollten", erklärt Joe Welligkeit, Physikprofessor an der University Maryland. Aber Vorlesungen waren noch nie eine effektive Lehrtechnik. Und heute, da Informationen überall verfügbar sind, sagen manche, sie seien eine Zeitverschwendung. Heute verfügen die Physiker über Daten, die genau das beweisen.

Als Eric Mazur begann, Physik an der Harvard Universität zu unterrichten, lehrte er, wie er es gelernt hatte. „Irgendwie projizierte ich das, was ich bei meinen Lehrern beobachtet hatte, auf meine eigenen Erfahrungen, auf meine eigene Sicht von Lernen und Lehren. So unterrichtete ich" sagt er. Er liebte die Form der Vorlesung. Auch Mazurs Studenten liebten sie. Sie bewerteten seine Vorlesungen hervorragend, die Hörsäle waren voll. „Eine lange Zeit dachte ich, ich mache meine Sache wirklich hervorragend".

Aber dann im Jahr 1990, stieß er auf Artikel von David Hestenes, einem Physiker aus Arizona. Hestenes kam auf seine Idee, als ein Kollege mit einem Problem zu ihm kam. Die Studenten in dessen einführenden Physik-Kursen waren nicht gut: Semester nach Semester, lag der Klassendurchschnitt nie über ca. 40 Prozent anderer Kurse. „Ich stellte fest, der Grund dafür lag darin, dass seine Prüfungsfragen überwiegend qualitative waren. Sie erforderten Verständnis der Konzepte anstatt nur nach Formeln zu rechnen, die der Dozent vorgab" sagt Hestenes. Er hatte den Verdacht, die Studenten lernten lediglich die Formeln auswendig und begriffen nicht die dahinter stehenden Konzepte. So entwickelte er und ein Kollege einen Test, um das konzeptionelle Verständnis der Physik seiner Schülerinnen und Schüler zu prüfen. Es ist ein Test, den Redish (Maryland) bei seinen Schülern viele Male einsetzte.

Hier ist eine Frage des Tests: „Zwei Kugeln sind gleich groß, aber eine wiegt doppelt so viel wie die andere. Die Bälle werden von der Spitze eines zweistöckigen Gebäudes im gleichen Moment fallen gelassen. Die Zeiten in denen die Bälle den Boden erreichen, verhalten sich wie …" Die Antwortmöglichkeiten sind: Der schwere Ball braucht halb so lange wie der leichte, der leichte Ball braucht halb so lange wie der schwere oder beide brauchen genauso lange. Dahinter steht ein grundlegendes Konzept der Physik, aber auch einige Leute, die Physikkurse besucht hatten, beantworteten die Frage falsch.

Um die Antwort zu ermitteln, ging Redish in den zweiten Stock des Physikgebäudes. Eine Gruppe der Schüler stand unten auf dem Bürgersteig. Als er die Spitze erreichte, ließ er die zwei Bälle vom Dach herabfallen. Die zwei Kugeln erreichen den Boden gleichzeitig. Sir Isaac Newton war der erste Mensch, der herausgefunden hatte, warum. Er entwickelte sein berühmtes Bewegungsgesetz, das erklären konnte, warum zwei Bälle unterschiedlichen Gewichts, von gleicher Höhe herabgeworfen, gleichzeitig den Boden erreichen.

Obwohl die meisten Physikstudenten Newtons zweites Gesetz auswendig herunterbeten können, erklärt Mazur, zeigte Hestenes konzeptioneller Test, dass sie nach einem vollen Semester nur etwa 14 zusätzliche Prozent der fundamentalen Konzepte der Physik verstanden. Als Mazur diese Ergebnisse las, schüttelte er ungläubig den Kopf. Es sind so grundlegende Fakten, die dem Test zugrunde liegen.

„Ich gab den Test meinen Studenten, nur um zu entdecken, dass sie auch nicht viel besser abschnitten" berichtet er. Inzwischen haben jetzt Zehntausende von Studenten auf der ganzen Welt den Test absolviert – die Ergebnisse sind fast überall gleich. Der auf traditionellen Vorlesungen beruhende Physik-Kurs führt bei den meisten Studenten zu wenigen oder gar keinen Veränderungen des grundlegenden Verständnisses des Funktionierens der physischen Welt. „Nur etwa 10 Prozent der Studenten bekommen in den Vorlesungen etwas mit" stellte Hestenes aus Arizona fest. „Und ich behaupte – alles deutet darauf hin –, dass diese 10 Prozent es auch ohne Lehrer lernen würden. Sie lernen im Wesentlichen selbst."

Jemand reden zu hören ist kein wirksames Mittel, um etwas zu einem Thema zu erfahren. „Studenten müssen aktiv bei der Entwicklung ihrer Kenntnisse sein", sagt er. „sie können es nicht passiv assimilieren." Das ist etwas, was vielen Menschen seit langem intuitiv bekannt ist. Aber die Physiker glaubten es erst, als es durch „harte" Daten belegt war. Heute bieten Ihre Arbeiten, zusammen mit den Forschungen kognitiver Wissenschaftler, überzeugende Argumente gegen Vorlesungen.

Angesichts schrumpfender Budgets und Einschreibungen, aber auch angesichts einer zunehmenden Hörerschaft, lässt sich der Hörsaalvortrag nicht so einfach abschaffen. Mazurs Physikkurse funktionieren jetzt anders. Anstatt der Vorlesungen lässt er seine Studenten reden. Bei den letzten Kursen werden die fast 100 Studenten in kleine Gruppen aufgeteilt, um eine fachliche Frage zu diskutieren. Drei mögliche Antworten auf die Frage werden auf einen Bildschirm projiziert. Bevor die Schüler miteinander zu sprechen beginnen, verwenden sie ein mobiles Gerät, um über ihre Antwort abzustimmen. Nur 29 Prozent haben Recht. Nach einem Gespräch von ein paar Minuten, stellt Mazur ihnen die gleiche Frage. Diesmal beantworten 62 Prozent der Studenten die Frage richtig. Darauf hin führt Mazur eine Diskussion über die Beweggründe für die Antwort. Der analoge Prozess beginnt dann wieder mit einer neuen Frage. Dies ist die Mazur-Methode der „Peer Anweisung." Jetzt unterrichtet er alle seine Klassen auf diese Weise.

„Was wir über fast 20 Jahre mit dieser Methode heraus fanden ist, dass sich dieses Lernen am Ende des Semesters als fast drei mal so effektiv erweist", sagt er. Wertvoll an diesem Ansatz ist, dass er mit Hunderten von Studenten praktiziert werden kann. Man braucht keine kleinen Gruppen, damit die Studenten aktiv und engagiert sind. „Der Schlüssel zum Erfolg", so Mazur, „ist, die Studenten dazu zu bringen, die aufgegebene Literatur wirklich zu lesen." Er nennt es den „Informationssammlungsanteil der Bildung", bevor sie in den Hörsaal kommen. „Im Hörsaal arbeiten wir dann daran, den Informationen Sinn und Bedeutung abzugewinnen. Der erste Teil, die Informationsgewinnung, ist heute, wo wir in einem Informationszeitalter leben, relativ einfach, aber der zweite Teil ist viel schwieriger."

Mazur Ansatz ist einer von vielen, die als Reaktion auf die Beweise entwickelt wurden, dass traditionelle Vorlesungen nicht wirklich funktionieren. Unter den Vertretern dieser Ansicht gibt es ein wachsendes Gefühl der Dringlichkeit, herauszufinden, wie man Studenten zu besseren Leistungen verhelfen kann.

„Wir müssen eine Bevölkerung heranbilden, die auf dem globalen Markt konkurrenzfähig ist" erklärt Brian Lukoff, ein Bildungsforscher an der Harvard Universität. Das können wir nicht erreichen, indem wir 10 Prozent herauspicken und sagen „hallo, Leute, ihr werdet die Erfolgreichen sein, obwohl wir in Wirklichkeit wissen, dass wir einen viel größeren Anteil der Population brauchen, der kritisch denkt und Probleme lösen kann."

Aber wenn man irgend jemand von denjenigen fragt, die entschlossen daran arbeiten, Vorlesungen zu beseitigen, so werden sie berichten, dass sie auf heftigen Widerstand stoßen. Der heftigste Widerstand kommt von den Studenten. „Meine gesamte Ausbildung wurde umgestaltet, und die Philosophie, die dem zugrunde lag, war ganz schön beängstigend" stellt Ryan Duncan fest, ein Student des zweiten Studienjahres in Mazurs Kurs. Aber er hat sich den Anforderungen angepasst und meint heute, er habe in Mazurs Kurs mehr gelernt als in allen anderen Physikkursen in Harvard.

Redish aus Maryland berichtet, dass viele Kollegen nicken, wenn er seine Argumente gegen die Form Vorlesung vorbringt, aber gleichzeitig für sich beanspruchen, dass ihre Vorlesungstätigkeit natürlich etwas ganz anderes, etwas Großartiges sei. Und beleidigt reagieren wenn er meint: „Vorlesungen reichen heutzutage nicht mehr aus." Angesichts der modernen Technik brauchen wir keine Fakultäten mehr, wenn Vorträge alles sind, was wir zustande kriegen. Nehmt sie als Videos auf, stellt sie ins Web und feuert die Professoren. Klar, einige Fakultäten sind dadurch bedroht. Aber, so Mazur, das muss nicht sein. Sie müssen nur erkennen, dass sich ihre Rolle geändert hat. „Früher waren wir die Quelle von Wissen und Information. Wir wissen heute, dass es nicht genug ist, eine Informationsquelle zu haben." Mazur sieht sich heute als „Guide on the Side" – eine Art Coach, der daran arbeitet, den Studenten zu helfen, all die Informationen, alles Wissen zu verstehen, das ihnen zuhanden ist. Diese neue Rolle sei viel wichtiger als alles andere.[4]

Ich brauchte fast 30 Jahre, um zu begreifen, was in meinem Studium, ja, was schon in der Schule falsch gelaufen war. Immerhin haben wir heute die klare Diagnose, dass die klassische Vorlesung, das klassische Weiterbildungsseminar, die traditionelle Stoffvermittlung nichts bringt. Wissensvermittlung hat mit Kompetenzvermittlung wenig zu tun. Die bösen Reaktionen auf das Buch von Gries „Die Weiterbildungslüge" zeigen, dass und wie stark es einen Nerv der Wissensgesellschaft getroffen hat. Der Schritt in die Kompetenzgesellschaft ist noch lange nicht gelungen.

Das Verrückte daran ist, dass die zukünftig notwendigen Schritte vollkommen klar auf der Hand liegen und übrigens von nachdenklichen Pädagogen seit Beginn der Paukschule vor etwa 150 Jahren und der wissensvermittelnden Massenuniversität immer wieder formuliert und angemahnt wurden. Lass mich an das schöne, singuläre Buch von Peter Heitkämper „Die Kunst erfolgreichen Lernens" erinnern. Er hat sich darin auf über 700 Seiten die Mühe gemacht,

---

[4] http://www.npr.org/2012/01/01/144550920/physicists-seek-to-lose-the-lecture-as-teaching-tool?sc=emaf

Dutzende von Lern- und Schulexperimenten, die der wissensvermittelnden Paukschule entgegengesetzt wurden, akribisch und mit viel Sympathie darzustellen. Jedes dieser Experimente, wirklich jedes, ist auf Kompetenzvermittlung angelegt, bemüht emotional gesättigte Erlebens- und Erfahrungssituationen als Grundlage des Kompetenzerwerbs. Natürlich kann man auch an jedem der Experimente Kritik üben. Das allein ist es aber nicht, was die Durchsetzung wenigstens eines oder zweier dieser Experimente in den normalen Lehrbetrieb verhinderte. Als ich meinem Freund Johannes Weinberg, damals Lehrstuhlinhaber der Erwachsenenpädagogik in Münster, danach fragte, antwortete er müde und gelassen: „Das ist doch klar – alle diese Experimente lassen sich nicht kontrollieren, und einer Schulverwaltung ist es wichtiger, unwirksame Stoffvermittlung exakt zu belegen, als eine selbstorganisierte Kompetenzentwicklung mit allen Problemen, die das mit sich bringt, beurteilen zu lassen."

Völlig klar ist leider auch, woran die klassische, durch Vorlesungen oder Weiterbildungsseminare beabsichtigte Wissensvermittlung weitgehend scheitert. Schon seit den achtziger Jahren wissen wir, dank Kirkpatrick, dass nur 6–7 % des in Weiterbildungsseminaren Dargebotenen in das Handeln des so Weitergebildeten Eingang finden (Kirkpatrick 2006). Es gibt Gott sei Dank zunehmend Arbeiten, die den zentralen Drehpunkt der Emotionen und Motivationen, die emotionalen Imprägnierung jedes Wissens und Handelns würdigen. Dazu gehört ohne Zweifel Deine wichtige Arbeit: „Die emotionale Konstruktion der Wirklichkeit: Beiträge zu einer emotionspädagogischen Erwachsenenbildung". Dazu gehören die schon in der früheren Motivationsforschung beachteten Bücher (zusammengefasst bei Holzkamp-Osterkamp (1975), den neueren Stand findet man z. B. bei Wimmer, Wolling, Rothermund, (2012)) Dazu gehören auch die grundlegenden Überlegungen von Antonio Damasio (2011), die beharrlich und immer wieder vorgetragenen Argumente der Psychologen Manfred Spitzer (2007) und Gerald Hüther. Insbesondere die Mahnung von Hüther, die man sich jeden Morgen wenigstens einmal zu Gemüte führen sollte: „Ohne Gefühl geht gar nichts" (2009).

Mein berühmter Kollege und Lehrer, der Mathematiker und Kognitionspsychologe Friedhart Klix, dessen Arbeit „Information und Verhalten" Psychologengenerationen in Ost und West prägte (1971), hat in seinem evolutionspädagogischen Buch „Erwachendes Denken" (1980) die zentrale Einsicht unwiderleglich auf den Punkt gebracht: „Das ebenso Wesentliche wie Erstaunliche besteht in Folgendem: Wir haben es mit einem verhältnismäßig wenig differenzierungsfähigen System zu tun. Es unterscheidet im Wesentlichen Intensitätsstufen auf einer polaren ausgebildeten Qualitätsskala, die als Emotionen erlebbar sind und deren Veränderungen in Affekten kenntlich werden. Es ist ein System der Selbstbewertung. In dieser Funktion liefert es eindimensionale Situationscharakteristiken, vorzugsweise Bewertungen von Situationsänderungen bezüglich ihrer organismischen Bedeutsamkeit. Die darin begründete Motivati-

onskraft des Systems bleibt in ihrer Funktion während der Evolutionsge-
schichte im Wesentlichen konstant. Da aber die kognitiven Strukturen und ihre
Funktionen durch Selektionsdruck sich differenzieren, gewinnt dieses grob
arbeitende System Einfluss auf die Differenzierungsrichtungen kognitiver Prozesse und Leistungen – bis in deren feinste begriffliche Verästelung. Indem es
die Richtung der Verhaltensdynamik lenkt, durch seine Bewertungsfunktion
das zu Lernende selektiert und auf diesem Wege die inhaltliche Auslegung des
zu Behaltenden (d. h. des Gedächtnisses) bestimmt, bleibt es die Motivbasis
des Verhaltens in der Evolution – wie in der sozialen Geschichte des Menschen.
Seine Differenzierungsfähigkeit wächst mit der Differenzierung kognitiver
Strukturen, wächst gleichsam in sie hinein" (Klix 1993, S. 154). Wer dieses
System aus der Betrachtung von Handlungsfähigkeiten des Menschen auszuschließen versucht, schließt 500.000 Jahre Menschheitsentwicklung aus. Das
müssen wir strikt vermeiden.

Erst nach dieser zugegebenermaßen langen Einführung möchte ich mich auf
Deine Argumente und Fragen einlassen.

Gleich zu Anfang versuchst du auf zwei Besonderheiten der akademischen
Qualifizierung im Unterschied zu einer beruflichen Ausbildung einzugehen.

Kompetenzen und Kompetenzprofile, so schreibst Du, ließen sich leichter und
auch präziser in Hinblick auf konkrete Berufe oder Berufsfelder bestimmen, für
wissenschaftliche Studiengänge sei dies weniger leicht, weil es sich um viel
breiter gefächerte Kompetenzen handelt, um *polyvalente Kompetenzen*.

Zum anderen wüchse dem Fach bzw. der Disziplin in der wissenschaftlichen
Bildung eine dominante Bedeutung zu. Du nennst das die *Zentralität der Wissensorientierung* oder der Wissenschaftsorientierung, hinter der differenzier-
tere Punkte der Kompetenz verblassen.

Lass mich an diesem Punkt eine Beobachtung einflechten, die ich in meinen
Vorlesungen immer wieder mache. Spricht man über Sozialkompetenzen ist
beinahe jedem intuitiv klar, was damit gemeint ist. Spricht man über personale
Kompetenzen, ist die Unsicherheit schon größer, doch einigt man sich schnell
darauf, dass persönliche Haltungen, Werte und Normen, zu eigenen Emotionen umgeschmolzen, dahinter stehen müssen. Auch unter Aktivitäts- und
Handlungskompetenzen kann sich beinahe jeder etwas intuitiv vorstellen. Der
von Wunderer (2000) geprägte Begriff der Umsetzungskompetenz fasst dieses
intuitive Verständnis beinahe noch besser.

Zunächst scheint auch die Verständigung über Fach- und Methodenkompetenzen vollkommen klar. Wer Physiker ist, beherrscht die grundlegenden Sachverhalte, Denkmethoden und mathematischen Hilfsmittel des Fachs. Doch besitzt
er damit auch schon die Fähigkeiten, in offenen Problem- und Handlungssituationen kreativ und selbstorganisiert zu handeln? Liest man Bücher über bedeu-
tende mathematische oder physikalische Entdeckungen, so bemerkt man
sofort, dass es gerade nicht das Wissen ist, welches das Genie ausmacht, auch

wenn es breit und vielfältig gefächert ist. Sicher, das benötigte Fach- und Methodenwissen ist eine unumgängliche Voraussetzung, aber keinerlei Garantie für die erwünschten und erhofften Kompetenzen.

Nun beobachte Dich einmal selbst oder auch andere, wenn Sie über Fach- und Methodenkompetenzen debattieren. Am Anfang stehen vielleicht wirklich die erforderlichen Fähigkeiten, im gewünschten Fach selbstorganisiert und kreativ zu handeln, aber nach nur wenigen Sätzen ist es, als ob im Kopf ein Schalter betätigt wird, der unsere Gedanken nur noch auf die fachlich-methodischen Inhalte konzentriert. Curriculum statt Kompetenz, Wissen statt Handeln.

Es geht also nicht nur um die Polyvalenz des Wissens, sondern um die Fähigkeit, Wissen, Methoden, Erfahrungen aus allen möglichen Bereichen (übrigens auch aus Alltagsbereichen, keineswegs nur aus denen der Wissenschaft) selbstorganisiert und kreativ in neue Handlungsmöglichkeiten einzubringen, neue Handlungsfähigkeiten aus ihnen zu gewinnen – also wirklich um die Polyvalenz der Kompetenz!

Und es geht in Bezug auf Kompetenzen gar nicht primär um das produzierte Wissen, das scheinbar wertfreie Endprodukt, sondern um die Fähigkeiten, in offenen Denk- und Problemlösungssituationen kreativ und selbstorganisiert neue Wege zu beschreiten, um solches Wissen zu erzeugen und zu nutzen. Diese Fähigkeiten schließen aber soziale, personale, aktivitätsbezogene Momente ganz klar ein und werden von jeder wissenschaftshistorischen Studie belegt. Die Zentralität der Wissensorientierung ist also lediglich ein Handlungsziel, das zu seiner Erreichung zuweilen ganz wissenschaftsferne Kompetenzen einschließt. Einstein war nicht zufällig ein passionierter Geiger.

Mit diesen von Dir aufgeworfenen Fragestellungen sind wir allerdings bereits beim Kern der Kompetenzdebatte. Ihre Grundfrage: „Was „sind" Kompetenzen?" ist, wie übrigens alle philosophischen Fragen (Was kann ich wissen, Was darf ich hoffen, Was soll ich tun, was ist der Mensch …?) nicht endgültig beantwortbar. Sie wird vielmehr immer wieder neu, aufgrund neuer psychologischer, sozialer, ökonomischer politischer, und eben auch pädagogischer Einsichten und Erfahrungen beantwortet. Das hat sie mit den meisten Grundfragen der Psychologie, der Pädagogik gemeinsam: Was „sind" Emotionen, was „sind" Erkenntnisse, was „sind" Erfahrungen", was „sind" Bildung und Weiterbildung usw.? Der gesamte, in sich äußerst widersprüchliche Entwicklungsprozess in diesen Disziplinen bringt immer wieder andere, neue, bedenkenswerte Einsichten und „Definitionen" hervor.

In der Diskussion um Kompetenzen scheinen sich aber aus meiner Sicht ziemlich deutliche Erklärungscluster abzuzeichnen. Ich kann, Nuancen einebnend, vier Richtungen ausmachen:

Die erste ist die Abwertung der Kompetenzen im Namen eines umfassenderen und humaneren Bildungsbegriffs. Exponent dieser Richtung ist z. B. Matthias Vonken (Vonken 2001, S. 503–520). Ich sympathisiere sehr mit ihr, glaube aber, ihr Ideal lässt sich nur in einer wirklich kommunitären Gesellschaft durchsetzen. Der Kritikpunkt lautet: „Persönlichkeitsaspekte, die in den 50er und 60er Jahren noch unter dem Begriff der „Bildung" mit einem humanistischen Anspruch Gegenstand pädagogischer Bemühungen waren, werden jetzt unter dem Begriff 'Kompetenz' wieder in die Erwachsenenbildungsdebatte eingeführt, nun aber unter einer ökonomischen Perspektive ..." damit werde der Kompetenzbegriff zu einer *„ökonomisierten Variante des klassischen Bildungsbegriffs"*. Da ist, finde ich, etwas dran – nur halte ich es für unvermeidlich in einer marktwirtschaftlich organisierten Gesellschaft.

Die zweite Richtung geht vom *Bezug auf den Europäischen oder den Deutschen Qualifikationsrahmen* aus. Diesen Rahmenwerken sind, wie Du ja weißt, endlose Diskussionen vorausgegangen. Während der Europäische Qualifikationsrahmen von Anfang an einen Kompetenzrahmen darstellte, der nur während der Diskussion – nicht zuletzt durch die deutsche Delegation – immer weiter verwässert wurde, ist der Deutsche Qualifikationsrahmen eine seltsame Mischung aus Kompetenzanforderungen (Soziale Kompetenz, Selbstkompetenz / Personale Kompetenz, Fachkompetenz, in acht Niveaustufen einzuschätzen), und klassischen inputorientierten, ungeheuer aufwendig ausgearbeiteten Wissenszielen. Der Kompetenzbegriff, der im Zentrum des DQR steht „bezeichnet die Fähigkeit und Bereitschaft, Kenntnisse, Fertigkeiten sowie persönliche, soziale und methodische Fähigkeiten in Arbeits- oder Lernsituationen und für die berufliche und persönliche Entwicklung zu nutzen. Kompetenz wird in diesem Sinne als Handlungskompetenz verstanden"[5] (vgl. Sloane 2008). An einem solchen Kompetenzverständnis ist nichts falsch. Jede künftige Kompetenzbestimmung ist dem mit Leichtigkeit einzupassen. Aber was liefert ein solches Verständnis Neues, über den Allgemeinplatz hinausgehend, das alles Erfahrene und Gelernte im Handeln angewandt wird, und das schon immer? Im Rahmen eines solchen Verständnisses lässt sich nicht erklären, wieso beginnend um 1960 und mit voller Wucht in den achtziger, neunziger Jahren durchbrechend, eine exponentiell zunehmende Beschäftigung mit Kompetenzerfassung und Kompetenzentwicklung zu verzeichnen ist, wieso es heute kein großes Unternehmen gibt, das nicht über ein eigenes, im Personalbereich vielfältig genutztes Kompetenzmodell verfügt. Der Deutsche Qualifikationsrahmen liefert, wenn man am mittelalterlichen, aber modern aufgeputzten Berufsverständnis festhält, wichtige ordnungspolitische Möglichkeiten. Er trägt aber wenig dazu bei, dass sich Menschen in einer immer schneller verändernden Welt handelnd zurecht finden.

Die dritte Richtung knüpft an die ordnungspolitisch außerordentlich erfolgreichen internationalen *Schulleistungsstudien wie PISA, TIMSS, PIRLS ...* an. In diesen Tests wird wunderbar genau gemessen, was man – ungenauer – schon immer messen konnte: Kognitive Leistungsfähigkeit. Das hat entscheidende

---

[5] http://www.forschung-und-lehre.de/wordpress/? p=6346.

Vorteile. Es bleibt im Bezugssystem des klassischen Paukers, übertrifft ihn aber zumindest darin, dass jener nur die Merkfähigkeit des Gehirns benotete, der neue Zugang aber die Verknüpfungsfähigkeit des Gehirns in Bezug auf Termini, Aussagen und Operatoren zu benoten imstande ist. Das erfreut den Bildungspolitiker, sofern die Rankings erfreulich ausfallen, den Schüler, sofern er im Test gut abschneidet, den Lehrer, wenn er seine Befähigung in Form guter Testergebnisse bestätigt sieht, die Eltern und Großeltern, wenn ihr Kind gute und durch einen tollen Test bestätigte Leistungen nach Hause bringt. Kurzum, alle freuen sich. Die klassische Freude an der guten Zensur feiert Urständ, unabhängig davon, dass das Zensierte mit künftiger, gar kreativer und selbstorganisierter Handlungsfähigkeit wenig zu tun hat. Du konstatierst zurecht, dass die PISA-Promotoren die schon viel früher erreichten Ergebnisse berufspädagogischer Klärungen zur Handlungskompetenz vernachlässigten. In der Tat berücksichtigen sie in ihren Publikationen beispielsweise auch nicht einen der vielen am immerhin siebenjährigen, millionenschweren BMBF-Projekt „Lernkultur – Kompetenzentwicklung" beteiligten Wissenschaftler und Praktiker – darunter weltweit bekannte Forscher und Experten. Das hat aber nichts mit menschlichen Schwächen, sondern mit einem schwachen Kompetenzverständnis zu tun. Die PISA-Promotoren verstehen unter Kompetenzen:

„Kontextspezifische kognitive Leistungsdefinitionen, die sich funktional auf Situationen und Anforderungen in bestimmten Domänen beziehen (…) Mit dieser Arbeitsdefinition werden zwei wesentliche Restriktionen vorgenommen: Zum einen sind Kompetenzen funktional bestimmt und somit bereichsspezifisch auf einen begrenzten Sektor von Kontexten bezogen. Zum anderen wird die Bedeutung des Begriffs auf den kognitiven Bereich eingeschränkt, motivationale oder affektive Voraussetzungen für erfolgreiches Handeln werden explizit nicht mit einbezogen" (Klieme 2007, S. 5).

Eindeutig wird schließlich erklärt: „Der hier verwendete Begriff von 'Kompetenzen' ist daher ausdrücklich abzugrenzen von den aus der Berufspädagogik stammenden und in der Öffentlichkeit viel gebrauchten Konzepten der Sach-, Methoden-, Sozial- und Personalkompetenz" (Klieme u. a. 2003).

Zu dieser Öffentlichkeit gehören übrigens auch die gesamten Bereiche Politik, Wirtschaft und Kultur. Kein einziges Unternehmen käme auf den Gedanken, einen so kognitivistischen, auf die Analyse von Sach-, Methoden-, Sozial- und Personalkompetenz verzichtenden Kompetenzbegriff ihrer Personalarbeit zugrunde zu legen. Kein Berufspädagoge würde einen so weit von der Unternehmenspraxis abgekoppelten Kompetenzbegriff mit tragen. Kaum eine Universität geht von einem so kognitivistisch verengten Kompetenzbegriff aus. So etwas ist nur im Schulbereich möglich, der von den realen Handlungsanforderungen an künftige Arbeitnehmer weitgehend abgekoppelt ist. Ein Begriff von Kompetenz, der alle wichtigen Grundkompetenzen und zudem die wichtigsten Mechanismen der Kompetenzaneignung, nämlich emotional-motivationale Prozesse, um der Exaktheit von Kognitionsmessungen willen ausschließt, ist problematisch.

Die vierte Richtung, inzwischen so verbreitet, dass man von einem Siegeszug des Kompetenzdenkens sprechen kann, ist mit der Entdeckung der *Selbstorganisation des menschlichen Handelns*, einschließlich des Denkhandelns, verknüpft. Praktisch parallel zur Entwicklung des Kompetenzdenkens hat sich das Selbstorganisationsdenken entfaltet. Ich stimme Deiner kritischen Bemerkung voll zu, dass sich einzelne „Zweige" des Selbstorganisationsdenkens anfangs gar nicht wahrgenommen haben. Nobelpreisträger Nicholas Prigogine (1992), der Begründer des Selbstorganisationsdenkens, beabsichtigte eigentlich nicht mehr und nicht weniger, als die Tatsache thermodynamisch zu begründen, dass und warum komplexe Systeme in der Lage sind, unter Hindurchpumpen von Energie (Dissipation) immer komplexere Strukturen und Verhaltensweisen auszubilden. Die Biologen Humberto Maturana und Francisco Varela (2012) verwunderte die Tatsache, dass im Bereich biologischer Strukturen und biologischen Verhaltens klassische mechanische Struktur- und Prozessvorstellungen einfach nicht mehr gelten. Komplexe biologische Systeme bringen sich selbst (autos) hervor, „machen" sich selbst (poiein). Vielfältig umgewandelt resultierte daraus die Autopoiesetheorie, philosophisch zum „Radikalen Konstruktivismus" (Schmidt 1987) oder zur Theorie sozialer Systeme (Luhmann 1987) erweitert. Da es in diesem Ansatz keine „objektiven" Prozesse geben kann, denn der Beobachtende ist immer schon Teil des prozessierenden Systems selbst, spielen der „Beobachter", der „Beobachter des Beobachters" usw. eine wichtige Rolle, was von anderen Selbstorganisationstheorien so nicht thematisiert wird. Dafür wird in der aus der Physik hervor gewachsenen Synergetik von Hermann Haken (1983, 1995) versucht, nicht-mechanische Parameter, sogenannte Ordner, einzuführen, die das System konsensualisieren, sogar versklaven, obgleich sie zunächst aus zufälligen Schwankungen hervorgehen. Solche Ordner sind deshalb so wichtig, weil man sie im menschlich-sozialen Bereich mit Regeln, Werten und Normen identifizieren kann. Es ist der erste Ansatz einer vernünftigen, aber nicht rationalistischen Werttheorie. Unabhängig von diesen unterschiedlichen Sichtweisen – nicht: Differenzen! – weisen beide Richtungen für unsere Thematik wichtige Gemeinsamkeiten auf:

- Alle Illusionen einer letztlich mechanistischen oder klassisch-kybernetischen Beschreibung des lernenden und handelnden „Systems" Mensch werden über Bord geworfen (deshalb bin ich übrigens gegen den Begriff der Selbststeuerung: Steuerung ist ein Kernbegriff der klassischen Kybernetik 1, Organisation einer der Kybernetik 2).

- Selbstorganisiert heißt nicht, dass jemand etwas selbst tut oder Eigeninitiative entwickelt. Für Selbstorganisationsprozesse ist vielmehr typisch, dass man von einem traditionellen Kausalitätsverständnis und damit von einer äußeren, mechanischen, instruktionalen Beeinflussung des selbstorganisativen Systems und seiner Bestandteile überhaupt nicht mehr ausgehen kann.

- Neben allgemeinen energetischen Prinzipien gelten weitere Grundprinzipien, die auch im Bereich des Lernens zentrale Bedeutung haben, so unter anderen

  ○ das Prinzip der Nichtlinearität und der nichtlinearen Dynamik des sich entwickelnden Systems (im Gegensatz zu allen klassischen Psychologievorstellungen)

  ○ das Verstärkungsprinzip (Fluktuationen werden verstärkt und bilden, oft unerwartet und unvorhersehbar, „emergent", die Keime neuer Strukturen)

  ○ das Prinzip innerer Bedingtheit (die durch Selbstorganisation entstandenen Strukturen sind in der Regel nicht durch Randwerte, sondern in erster Linie durch innere Faktoren bedingt)

  ○ das Prinzip der Ordnungsparameter, das bereits erwähnte Haken-Prinzip (Es existieren spezielle Bewegungen bzw. solche Bewegungen erfordernde Regeln, Werte und Normen, die alle Teilbewegungen und die „Teilchen im System" koordinieren und synchronisieren; die Ordner „versklaven" oder „konsensualisieren" die Teilchen.)

  ○ das Prinzip der Historizität (jede reale biologische, individuelle oder soziale Evolution kann nur aus der konkreten Entwicklungsgeschichte verstanden und niemals weitreichend prognostiziert werden) (Ebeling 1989, S. 37–42).

Genau solche Prinzipien werden ja im pädagogischen Konstruktivismus zur Ermöglichungsdidaktik verdichtet.

Nimmt man hinzu, dass selbstorganisierte Handlungsprozesse immer auch kreativ, kreative Prozesse immer auch selbstorganisiert sind, bekommt die Betrachtungsweise von Kompetenzen als Fähigkeiten, in komplexen, zukunftsoffenen Situationen selbstorganisiert und kreativ zu handeln, eine beachtliche Tiefendimension (Erpenbeck 2010).

Diese vier Erklärungscluster

- Kompetenzen als ökonomisierte Varianten von Bildung
- Kompetenzen als allgemeinste Handlungsrahmen
- Kompetenzen als kognitive Leistungsdefinitionen
- Kompetenzen als kreative Selbstorganisationsfähigkeiten

scheinen mir das gegenwärtige Feld der Kompetenzverständnisse weitgehend abzudecken. Ihr Vergleich macht zugleich klar, warum nur die letzte Variante das Zeug dazu hat, im Bereich von Beruf, beruflicher Bildung, berufsvorbereitender Universität und lebensvorbereitender Schule pädagogische Prozesse neu zu gestalten.

Damit greifen alle Überlegungen, die Du gegen die trichternde „Vermittlungs-illusion" und für eine selbstorganisierte Ermittlungsstrategie der Lernenden anführst. Das „vermittelnde Lernen" das „Belehren" muss aufhören. Ja, auch ich halte „die Ansammlung erkennbar fachlich bzw. fachsystematisch dominierter Kataloge, welche man allenfalls noch in der Präambel oder in einem speziellen Begleitprogramm zur Entwicklung der 'Soft-Skills' sich zu modernisieren be-müht" für eine strategische Sackgasse, die kaum noch Wendemanöver zulässt. Auch ich glaube, dass Universitäten berücksichtigen könnten und müssten, wie Menschen wirklich lernen. Das muss man vielleicht gar nicht mit einer so komplizierten Überschrift wie „Öffnung der Fachsystematiken zu Situations-dynamiken" versehen. Selbst wenn Hochschulbildung nur berücksichtigen und in handlungsbezogene „Empfehlungen" umsetzen würde, was wir über die Verknüpfung von Emotionen und Informationen, von Fühlen, Erfahren und Erleben mit dem Lernen und Verstehen längst wissen, wären wir schon fast am Ziel.

Der klassische Satz von Gerald Hüther „Ohne Gefühl geht gar nichts!" darf und muss wörtlich genommen werden. Er ist für mich kein Kann-, sondern das Grundaxiom jeder Kompetenzentwicklung.

Womit wir mitten in unserem Thema wären.

Gruß
Dein John

3. Brief

worin Rolf Arnold zeigt, warum es von Kompetenz und Kompetenzen nur so wimmelt, warum jede Hoffnung, Wissensvermittlung an die Stelle der Kompetenzentwicklung zu setzen, so vergeblich ist und wie moderne Kompetenzentwicklung gestaltet sein könnte.

Lieber John,

vielen Dank für Deinen Brief, den ich mit viel innerer Zustimmung gelesen habe. Auch meine Arbeiten fokussieren seit einiger Zeit auf die emotionalen Grundeinspurungen, denen wir seit unseren frühesten Tagen ausgesetzt sind, als *denjenigen* Substanzen, die letztlich alles zusammenhalten. Mit meiner These, dass die Menschen die Welt so deuten, wie sie diese auszuhalten vermögen, wollte ich auch die überlagernde und durchwölbende Kraft des Emotionalen in den Blick rücken, da ich es irgendwie immer schon unbefriedigend fand, dass wir die emotionale Kompetenz gewissermaßen als weitere – zusätzliche – Kompetenz neben die klassische Trias der beruflichen Handlungskompetenz „Fach-, Methoden- und Sozialkompetenz" stellen, so als hätten diese dann vier Kompetenzen wenig miteinander gemeinsam und könnten analytisch irgendwie sauber voneinander isoliert werden. Dies ist jedoch mitnichten der Fall, wie man auch und gerade in den „heiligen" Hallen der Alma Mater immer wieder aufs Neue beobachten kann. Da häufen Wissenschaftler eine Fülle von Fachwissen und Detaillierungen in ihrer Kognition an, weil sie ohne dieses beständige Abarbeiten an einer erdrückenden Wissensfülle und ohne die immer wieder neu unter Beweis gestellte Kraft, diese zu ordnen und zu strukturieren, „ihre" Welt nicht auszuhalten vermögen. Deine *Inklusionsthese* in der Kaiserslauterer Ringvorlesung zur Kompetenzentwicklung (am 25.6.2012), *der zufolge es Wissen ohne Kompetenz, aber keine Kompetenz ohne Wissen gäbe*, hat mich noch einige Zeit bewegt, und sie hat mir auch geholfen, unsere eigenen experimentellen Forschungen zu den Dimensionen einer emotionalen Führungskompetenz-Entwicklung in eine gewisse Ordnung zu bringen, wie sie aus der folgenden Abbildung, die ich bei Dir entnommen und weiterentwickelt habe, spricht.

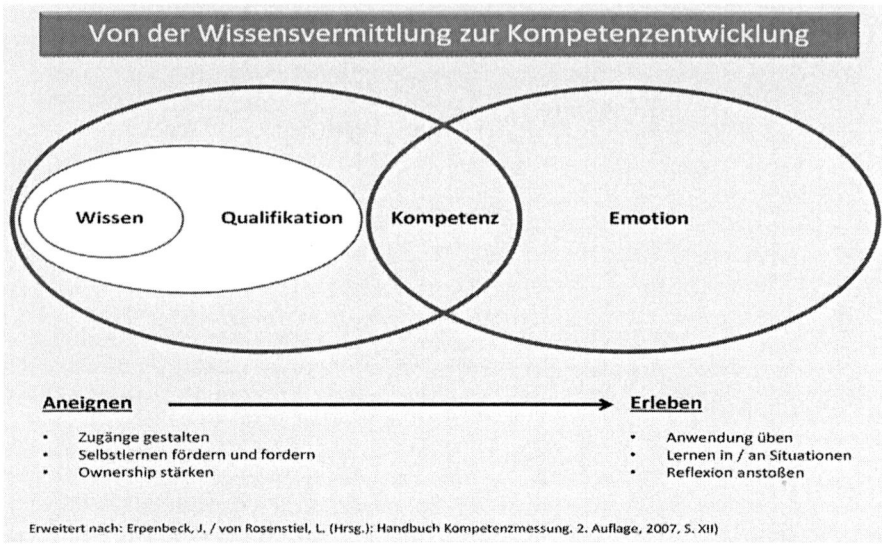

Abb. 1 Erleben als Königsweg zur Kompetenzentwicklung

Das *Emotionale* stellt sich somit als der eher unsichere und ungesicherte Raum des Lebendigen dar, während in dem Raum des Fachlichen Nüchternheit, Objektivität und Sachlichkeit zu Hause sind. Wir haben es nach meinem Eindruck mit *einem doppelten Einschließungsverhältnis* zu tun – ein auch für die Art der Wissenschaft in unserer Gesellschaft nicht unwichtiger Hinweis, wie ich gleich zeigen will.

Doch zunächst zum doppelten Einschließungsverhältnis, dessen eine Seite Du mit Deinem Hinweis bereits kategorial geordnet hast, dass Kompetenz zwar mit Wissen und Qualifikation unauflösbar verbunden sei, aber Wissen und Qualifikation keineswegs automatisch zur Kompetenz führten. Dem Wissen und der Qualifikation fehlen nämlich das *Erleben in der erfolgreichen Anwendung* – eine emotionale Erfahrung der Selbstwirksamkeit, ohne die auch fachliche Souveränität und wissenschaftliche Seriosität und Überzeugungskraft selten wirklich erworben werden können. Die Klarheit des wissenschaftlichen Arguments und die Kraft der empirischen Belege sind von der Person, die beides in Auseinandersetzungen einbringt, nicht wirklich zu trennen. Es gibt wohl nur sehr wenige Fragen, die sich nüchtern und ohne den Resonanzboden des Erlebens „klären" lassen. Zumindest ist das überall dort, wo wissenschaftliche Ergebnisse Anwendungen erleben, deutlich beobachtbar. Es sind die Aufgeschlossenheit und Selbstreflexivität der Beobachter, die letztlich darüber entscheiden, wie die Wirklichkeit auf sie zu wirken vermag: Nur unter vertrauten eigenen Bedingungen (Erlebnisse, Erfahrungen, Begriffe …) vermögen sie, neue Lesarten zu entwickeln und Bekanntes neu zu lesen.

Wir sind gerade in der Nähe von Sarajewo mit bosnischen Erwachsenenbildnern und Erwachsenenbildnerinnen zusammen und versuchen, das Feld des Erwachsenenlernens begrifflich, bildungstheoretisch und praktisch zu erschließen. Dabei stolpert man über so manche Selbstverständlichkeiten, etwa den heimlichen Institutionalismus unseres Bildungsdenkens: Wir denken das Lernen nicht nur allzu bereitwillig in der Abhängigkeit vom Lehren, sondern folgen dabei auch inneren Bildern von Bildungsräumen. Mit Schwellen und Schwellenängsten, Sitzordnungen und Aktivierungsgraden. Innere Bilder, die sich in uns einstellen durch die Begriffe, die da in der Debatte benutzt werden, dadurch aber auch unbewusst diese Debatte steuern. Diese eigene Begriffsverwirrtheit – wir verwechseln den (unpassenden) Begriff mit der Wirklichkeit – wird uns in solchen interkulturellen Begegnungen besonders deutlich. Denn wir hantieren dann mit Begriffen, die zwar übersetzbar sein mögen, aber jegliche Anschlussfähigkeit an die Erfahrungen und die soziale Realität in der anderen Kultur vermissen lassen. So gibt es in Bosnien-Herzegowina beispielsweise nur eine rudimentär entwickelte Institutionalität in der Erwachsenenbildung, gleichzeitig lernen die Erwachsenen andernorts: Während der Arbeit, in Abendkursen allgemein bildender Schulen oder in offenen Universitätskursen, aber eben nicht in den Institutionen und Lehrformen, die sich bei uns als innere Bilder sofort einstellen. Und sie lernen informell vielleicht auch nachhaltiger als wir uns das vorstellen können, weil uns die Begriffe fehlen, weshalb wir nicht begreifen wollen, was nur mit anderen Begriffen zu greifen ist!

Ein Beispiel: Der bosnische Begriff für Erziehung bedeutet soviel wie *pflegen* („odgojiti" als Verbum, „odgoj" als Nomen). Welch ein Unterschied zu unserem martialischen Wort, welches unüberhörbar „gewaltsam" klingt und sich uns auch zu Begriffen, wie *Erziehungsgewalt* verknüpft hat. Eine *Pflegegewalt* wäre offensichtlich ein Widerspruch in sich, Erziehungsgewalt hingegen verknüpft zwei durchaus verwandte Vorstellungen aus der Welt der Beaufsichtigung, Kontrolle und Korrektur.

Begriffsverwirrungen gibt es aber auch in unserer eigenen Kultur. Sie erschweren häufig sachliche Auseinandersetzungen mit dem Anliegen der Kompetenzorientierung. So las ich dieser Tage eine Polemik, die Helmut Meißner – ehemaliger Latein- und Griechisch-Lehrer und Fachleiter am Studienseminar Karlsruhe – zum Thema Kompetenzorientierung in der Frankfurter Allgemeinen Zeitung veröffentlicht hat (Meißner 2012, S. 6). Dafür hat der Autor die Überschrift gewählt „Es wimmelt vor lauter Kompetenzen – Begriffsverwirrung und deutliche Schwächen beim Konzept".

Sicher, es gilt das geschriebene Wort, dem ich mich gleich wieder zuwenden werde. Doch auch der biographische Hintergrund dessen, der sich da positioniert, ist häufig sehr aufschlussreich. Er vermag zu zeigen, woran der Polemisierende unterschwellig festhält. Ich muss Dir ehrlich sagen, ich lese solche erkennbar pro-domo-kontaminierten Ausführungen kaum noch. Sie widersprechen allzu deutlich dem Mechanismus, den Jürgen Habermas bei der Begründung seiner Diskurstheorie optimistisch mit dem Hinweis auf den „zwanglosen Zwang des besseren Argumentes" (Habermas 1984, S. 364) unterstellte. *Nein:* Solche „Debatten" sind eigentlich gar keine. Sie folgen nämlich – besonders im politischen Raum, aber keineswegs nur dort – ernüchternd dem Motto „Ich will so bleiben, wie ich bin". Von diesem „unintegren Argumentieren" (vgl. Groeben u. a. 1996) und seiner alles verzerrenden Interessenhaftigkeit aus legen sich die Beobachter dann vieles zurecht, ohne die sachlichen Anfragen an das Bisherige an ihre eigene Position und damit an sich heran zu lassen. Diese Penetranz des Eigenen habe ich an anderer Stelle folgendermaßen beschrieben:

„Als solche sehen sie, was sie kennen, und was sie nicht kennen, vermögen sie kaum – oder nur schwer – zu sehen. Das Pädagogische konstruieren wir uns demnach im Kontext einer kulturellen Relativität mit den Mustern, über die wir aus eigener Erfahrung und Anschauung verfügen. Die Basis unseres pädagogischen Beobachtens, Denkens und Forschens ist unsere eigene durchlebte und erduldete Lernsozialisation" (Arnold 2011, S. 22).

So fragt Meißner nicht nach der *Nachhaltigkeit unserer Belehrungskulturen.* Auch die Frage nach den kompetenzbildenden Wirkungen der Unterrichtsfächer, denen er sein eigenes Berufsleben gewidmet hat, ist sein Thema nicht. Schade, denn gerade an diesen überlieferten Kanonisierungen lässt sich sehr anschaulich verdeutlichen, welchen verborgenen Interessen und welchem Aberglauben die Organisation und Didaktik unserer Schulen folgt. Mehr noch, als wir uns dies einzugestehen bereit sind.

Die Lernenden sollen sich an überlieferten Vorstellungen, Inhalten und Kulturbeständen abarbeiten, die memoriert, verstanden und benutzt werden; Es geht eben nicht um die Befähigung der Lernenden zu eigenständigen und angemessenen Problemlösungen – übrigens ein altes Anliegen der Bildungstheorien (vgl. Tenorth 2011).

Entsprechend substanzlos sind die Angriffe gegen das Kompetenzkonzept. So sieht Meißner im Anschluss an Volker Ladenthin in ihnen ein „Indiz pädagogischer Orientierungslosigkeit" (Ladenthin 2012). Wobei er verschweigt, dass Ladenthin Anfragen an die Eignung des Begriffs, nicht aber an die damit verbundenen Bemühungen formuliert.

Die von Meißner bemühten Argumentationen erweitern die verbreitete Beharrungsformel *alles nicht neu* um den aufschlussreichen Zusatz, aus Kompetenzen lasse sich *kein humanes Handeln ableiten.* Ein Vorwurf, mit dem sich das im Hintergrund auf seine Wiederauferstehung lauernde Konzept der Bildungsinhalte allerdings ebenfalls auseinanderzusetzen hätte. Denn auch aus Bildungsinhalten lässt sich kein humanes Handeln ableiten. Eher im Gegenteil, wie uns Theodor Litt (1880–1962) in unübertroffener Klarheit vor Augen geführt hat: „Entweder wir werden gebildet in der Schule des Schicksals, das uns in seine harte Zucht genommen hat, oder wir werden es überhaupt nicht" (Litt 1955, S. 14). So sein Fazit zum historischen Versagen eines Bildungskonzeptes, von dem aus Helmut Meißner unbeirrt argumentiert. Deutlich wird dies, wenn Meißner der Kompetenzorientierung vorwirft, sie artikuliere im Interesse irgendwelcher im Dunkeln bleibender Gruppen niedere „Verzweckungsanliegen". Wesentliche gemeinwohlorientierte „Charakterqualitäten" blieben dagegen ausgeblendet. Pauschal spitzt er zu: „Und Kinder, mit ihren eigenen Belangen, kommen (…) kaum vor" (Meißner 2012, S. 6) Diese Behauptung wird nirgends belegt. Wahrscheinlich trifft sie für die Bildungsanliegen eines Latein- und Griechischunterrichts bis in unsere heutige Zeit viel eher zu. Nicht aber für das Bemühen der Kompetenzorientierung, die Fähigkeiten von Kindern, kreativ und selbstorganisiert zu handeln, reifen zu lassen und zu beurteilen. Eine Sicht, welche „die Kinder", um die es Meißner vorgeblich geht, wirklich in das Zentrum aller Orientierungen rückt.

Wie kann es sein, dass bildungspolitische und didaktische Suchbewegungen, die sich hinter dem unschönen Begriff des *Outcome* verbergen, so absichtsvoll übersehen werden? Ist es nur ein leicht durchschaubares Pro-domo-Denken, welches nicht bemerken will, dass der Blick auf die Kompetenzen nicht mehr und nicht weniger als ein nüchterner Blick auf die lernenden Menschen ist? Genauer und theoretisch wie empirisch gehaltvoller, als es für die bloßen Wirkungsannahmen der bildungstheoretischen Didaktiker typisch ist?

Meißner ist ein bildungstheoretischer Didaktiker. Seine Zweifel an der Kompetenzorientierung entspringen letztlich *einem Glauben an die bildende Kraft der Inhalte*, welche er nur im Gegensatz zu den Kompetenzen, und nicht darin eingeschlossen zu denken in der Lage ist. Es mag deshalb müßig sein, auf seine Frage zu antworten: „Wenn es künftig auf den Outcome ankommt, werden die Inhalte dann gleichgültig?" Nein. Natürlich nicht. Aber das inhaltliche Wissen allein stiftet keine Kompetenzen, weshalb Schule und Didaktik sich gezielter um die *Möglichkeiten einer selbstorganisierten Aneignung und um das Selbstwirksamkeitserleben der Lernenden bemühen müssen, da Kompetenzen lediglich reifen, aber nicht erzwungen werden können*, so wie Du es in Deiner neuerlichen Emotionalisierungsthese andeutest. Aber vielleicht darf man ihm immerhin den Rat geben: „Frage Dich stets, welches *Erleben* Du Kindern und Jugendlichen stiftest, wenn Du sie bevorzugt über – tote – Inhalte ansprichst, die nur wenig oder gar nichts mit *ihren* Fragen und *Entwicklungsaufgaben* zu tun haben!" – Eine Frage, wie sie Felix Rauner, einer der derzeit wohl nachdenklichsten und anregendsten Impulsgeber der Kompetenzdebatte deutlich artikuliert:

„Wie (…) gezeigt, ist die Messung beruflicher Kompetenz aus dem Prozess der beruflichen Arbeit heraus und unter Einschluss des Bildungsziels beruflicher

Handlungsfähigkeit zu entwickeln. Daher ist es unerlässlich, diesbezügliche subjektive Dispositionen und Motivationen mit einzubeziehen. Das hier vorgestellte *Instrumentarium setzt die wesentlichen Verläufe in der Entwicklung beruflicher Identität und ihre jeweiligen Bezugsfelder im Verlauf der Ausbildungszeit mit den jeweiligen Niveaustufen und Dimensionen beruflicher Kompetenz in Beziehung"* (Heinemann / Rauner 2009, S. 68).

Ohne hier im Einzelnen auf den sehr ambitionierten, für eine breite bildungspolitische Nutzung vielleicht zu komplexen KOMET-Ansatz einzugehen, ist doch festzuhalten: Der Kompetenzorientierung geht es um fachlich-sachliche („Bezugsfelder") und persönliche Dimensionen der Handlungsfähigkeit („Identität"). Sie ist eine wesentliche Erweiterung des alten bildungstheoretischen Konzeptes, wie es Meißner wieder aufleben lässt: wo das Persönliche stets nur als Anspruch, nicht aber als empirisch greifbares Resultat erscheint. In dem erwähnten Pamphlet finden sich lediglich wirkungsillusionistische Argumentationen, die erklären, was *beabsichtigt* ist, aber nicht, wie das Eintreten des Beabsichtigten beobachtbar oder gar *messbar* sein könnte. Doch erst mit der nüchternen Frage nach der Messbarkeit wird die Subjektorientierung auch wirklich glaubwürdig. Erst indem wir nicht nur von „humanem Handeln" oder „gemeinwohlorientiertem Denken" reden, sondern Auskunft zu geben vermögen, welche Situationen in welcher Weise von Menschen in ihrer Zusammenarbeit erfolgreich gestaltet werden, kümmern wir uns tatsächlich um solche großen Anliegen und können auf den Ausprägungsgrad dieser Haltungen und Fähigkeiten begründet schließen. Hier geht es der Kompetenzorientierung wie der Bildung: Sie ist in ihrem Gelingen konkret, nicht abstrakt!

Mein Eindruck ist, dass wir heute in der Diskussion um Input- versus Outcomeorientierung sowie um Inhalts- oder Kompetenzorientierung weiter sind, als das solche schlichten Polemiken aus der versunkenen Welt bildungstheoretischer Didaktik glauben machen wollen. Wobei sie Wirkungsnachweisen (beispielsweise im Hinblick auf die persönliche Haltungsbildung) anmahnen, die sie selbst bisher niemals einzulösen vermochten. Im Gegenteil: Man trieb vielen von uns das spontane Interesse an Themen und den Glauben an die Berechtigung und Wirksamkeit der eigenen Such- und Problemlösungsbewegung aus, als ob ein „heimlicher Lehrplan" bestünde: „Lernen musst Du durch Unterwerfung unter das Überlieferte und dessen unerklärt bleibende Bedeutung für Dich; Dein späteres Leben – es war stets das „spätere Leben", auf welches man uns verwies – wird dich die Sinnhaftigkeit schon noch lehren. Lernen wurde für uns so zur Anpassung und verlor mehr und mehr seine ursprüngliche Form einer lebendigen Aneignungsbewegung, einer Reifung, die unterstützt, begleitet und vielleicht sogar „gepflegt" werden kann.

Noch gut erinnere ich mich an die endlos quälenden Latein- und Griechischstunden, die ich auf dem Gymnasium zu erdulden hatte. Stets „vertröstet" auf einen sich später irgendwie einstellenden Bildungseffekt, den diese Prozedur zu stiften vermöge. „Besonnenheit", „Fairness" und „gemeinwohlorientiertes Denken" wurden dadurch – zumindest in meinem Fall – nicht gestiftet, zumal man diese Umgangsqualitäten gerade durch die Zumutungen, denen man uns unterwarf, beständig vermissen ließ. Auch ein Blick auf die Inhalte selbst – das heimliche Curriculum dieser bildungsbürgerlichen Überlieferungen – stimmt eher zornig: Hier die Kriegsverherrlichung und die herzlosen Berichte über Massenvernichtungen aus „De Bello Gallico", dort die erbaulichen Bemerkungen nachdenklicher Geister, die sich den Luxus ihres freien Denkens durch die Fronarbeit von Sklaven und niederem Volk ermöglichen und versüßen ließen. Sicherlich kann man zur Ehrenrettung der Altphilologie vermuten, dass sie heute schülerorientierter und lebendiger zu Werke geht, als dies in den 1970er Jahren noch der Fall gewesen ist. Obgleich sich auch Zweifel daran einstellen. Aber vielleicht ist sogar Helmut Meißner viel stärker, als ihm bewusst und vielleicht auch lieb ist, bereits Vorreiter einer schüler- und kompetenzorientierten Praxis, entgegen allen didaktischen Zweifeln, ob man tote Sprachen didaktisch wieder „lebendig" werden lassen kann?

Wissen stiftet keine Kompetenzen, gleichwohl sind Kompetenzen ohne Wissen nicht denkbar – so Dein kompetenztheoretisches Fazit, welches ich teile. Mit ihm rückt meines Erachtens die didaktische Dimension der Kompetenzentwicklung noch stärker in das Zentrum der Überlegungen: *Wir müssen Kompetenzentwicklung tiefenwirksam gestalten, indem wir grundsätzlich darum bemüht sind, das „Neue" mit seinen Selbst-, Gruppen-, Problem- sowie Reflexionsbezügen als komplexe Anregung und tiefenwirksame Emotion zu gestalten.* An dieser Stelle integriert die Kompetenzdebatte die neueren didaktischen Konzepte sowie die Konkretisierungsversuche um ein auch emotional bedeutsames Lernen in der Erwachsenenbildung (vgl. Arnold/Holzapfel 2008).

Eine nachhaltige Einwurzelung und Reifung von Kompetenzen bedarf – so meine und wohl auch Deine Überzeugung – vielfältiger Formen einer Erlebensorientierung, welche in der Lage sind, Menschen zu bewegen. Zwar ist eine Kompetenzentwicklung ohne Inhalte nicht denkbar. Doch setzt dies die Bereitstellung von didaktisch fortgeschrittenen Formen für die Aneignungsprozesse der Lernenden voraus, nicht die überlieferten Formen für Vermittlung durch Vortrag, Darstellung und Besprechung. Wenn der *Zugang zu den Inhalten* auf diese Weise vom obligatorischen Face-to-Face-Kontakt getrennt ist, kann – so meine daran anknüpfende und hoffentlich auch weiter führende These – die Didaktik sich endlich daranmachen, mögliche Formen zur Emotionalisierung des Kompetenzerwerbs zu identifizieren, zu erproben und zu kommunizieren.

Dabei müssen wir kein Neuland betreten. Zumindest die dort einbezogenen Formen einer Erlebensorientierung *erster Ordnung* sind vertraut und haben bis hinein in die Hochschulen Verbreitung gefunden. Erinnert sei in diesem Zusammenhang an die berühmten „Havard-Case-Studies", an denen noch heute mit dem Argument festgehalten wird, dass sie geeignet seien, den Studierenden auf die Komplexität vorzubereiten, um deren professionelle Gestaltung es ja zukünftig gehe. Hinter die dort einbezogenen Formen der Erlebensorientierung ersten Grades dürfen wir heute nicht mehr zurückfallen.

Gleichwohl gibt es kritische Grenzen: So sind beispielsweise „Visualisierungen" zwar ein alter Bestandteil der Lehrkunst und weisen vielfältige Ausprägungen auf: Vom Tafelbild bis zur Animation komplexer Zusammenhänge in eLearning-Umgebungen, vom Strukturbild bis zur aufwendigen Powerpoint-Gestaltung. Es scheint jedoch bei der unterstützenden Kraft von Visualisierungen einen mittleren Grad der Perfektion zu geben, jenseits dessen das Medium eigenen Gesetzen der Gestaltung zu gehorchen beginnt und – ungewollt – mehr zur „Verkümmerung des Imaginationssinnes" (Böhme) als zu dessen Stärkung beiträgt, wie unter anderem die Debatten um das angebliche Ende von „Powerpoint" zeigen.

Kompetenzentwicklung durch Erlebensorientierung		
Veran-schaulichung →	Bilder	Erlebens-orientierung *erster* Ordnung
	Visualisierungen	
	Fallsituationen (Clips)	
Inszenierung →	Künstlerische Übungen	Erlebens-orientierung *zweiter* Ordnung
	Rollenspiele und Projekte	
	systemische Übungen	
Spüren →	Lernlandschaften	Erlebens-orientierung *dritter* Ordnung
	reales Erleben („Learning by Doing")	
	reflektiertes reales Erleben	

Abb. 2 Formen eines tiefenwirksamen Emotionslernens

Weniger verbreitet sind die didaktischen Formen einer Erlebensorientierung zweiten und dritten Grades. In ihnen geht es um *Inszenierung* und *Spüren* als Formen, in denen die zu gestaltenden Kompetenzen an den Lernenden herantreten. Er kann diese in *künstlerischen Übungen* ganzheitlich erleben und aktiv gestalten oder auch die Darstellung und *Visualisierung* von Themen oder auch ganzen Studiengebieten (z. B. „Einführung in die wissenschaftliche Pädagogik") in eLearning-Umgebungen nutzen, in denen auch komplexe Anwendungskontexte *beobachtbar* sind (z. B. Unterrichts- oder Gerichtssituationen), die analysiert, besprochen und problemlösend *bearbeitet* werden können

Insbesondere *künstlerische Übungen* erweisen sich in vielen Bereichen als geeignet, ästhetische und gestalterische Fähigkeiten im Lernen zu mobilisieren, die zwar auf den ersten Blick nichts mit der sachlichen Aufgabe zu tun haben mögen, um die es geht, die aber – wie Michael Brater und andere feststellen – gleichzeitig Fähigkeiten zum Umgang mit Unsicherheit und Optionenvielfalt einzuüben vermögen, die den eigentlichen Kern beruflicher Handlungskompetenz ausmachen (vgl. Brater u. a. 2011). Auch *Rollenspiele und Projekte* sowie *systemische Übungen* können Zugänge zu den Tiefendimensionen der Kompetenzentwicklung anbahnen, welche die Lernenden in einer bloß kognitive Ebene der *Aneignung* kaum betreten würden. Ähnliches gilt für die didaktisierten bzw. didaktisch arrangierten und für die Kompetenzentwicklung genutzten Formen einer Erlebensorientierung dritten Grades. Deren Potenziale für die Förderung und Entwicklung komplexer Handlungskompetenzen werden erst in Ansätzen genutzt.

Wir sollten – auch und gerade im Führungskräftebereich sowie in den akademischen Bereichen – viel stärker mit der Schaffung geeigneter Architekturen beginnen.

Was hältst Du davon?

Bis demnächst
Dein Rolf

4. Brief

worin John Erpenbeck über die Zusammenhänge von Kompetenzentwicklung, Selbstorganisation und Wissensverständnis nachdenkt und die Wissenstreppe verkehrt herum herabsteigsteigt.

Lieber Rolf,

ich denke, wir sind in unserem Dialog an einem Punkt, an dem wir einen
Moment innehalten und uns dessen versichern sollten, was wir bisher erreicht
haben. Dessen, was unter den meisten Kompetenzforschern unumstritten ist,
obgleich es oft in detaillierten, um nicht zu sagen kleinkarierten Debatten
untergeht. Darüber wird dann das vielfältig Gemeinsame vergessen. Es ver-
schleiert aber auch die wirklichen, tief greifenden Gegensätze, auf die Du mit
dem Meißner-Beispiel eingegangen bist.

Ich würde auf einige Grundeinsichten verweisen.

1. *Handlungsorientierung*: Alle ernst zu nehmenden Kompetenzforscher
gehen davon aus, dass es sich bei Kompetenzen um – geistige und/oder physische – Handlungsfähigkeiten handelt. Nicht was in eine Person „eingegeben"
wird (Input), sondern was beim Handeln letztlich herauskommt (Outcome)
zählt. Betrachten wir die vier grundlegenden Kompetenzansätze:

- Kompetenzen als ökonomisierte Varianten von Bildung
- Kompetenzen als allgemeinste Handlungsrahmen
- Kompetenzen als kreative Selbstorganisationsfähigkeiten
- Kompetenzen als kognitive Leistungsdefinitionen

so ist klar:

Der erste, bildungsorientierte Ansatz hat die umfassendste Sicht auf Handlung,
er zählt alles dazu, was den Menschen und sein Menschsein geistig und physisch formt. Dazu gehören natürlich auch ganz „nutzlose", aber die allseitige
Persönlichkeit fördernde Handlungen. Insofern sind alle bildungsökonomisch
oder berufsbildnerisch geforderten Kompetenzen natürlich eingeengte, ökonomisierte Varianten.

Der zweite auf Qualifikationsrahmen gerichtete Ansatz orientiert sich tatsächlich an berufsökonomisch verwertbaren Handlungsfähigkeiten, ohne sie auf
selbstorganisierte und kreative einzuengen. Jede verwertbare Handlung fällt
hierunter, auch die Bandarbeit oder andere bloß wiederholende Tätigkeiten.

Der dritte Ansatz engt Kompetenzen auf Fähigkeiten, selbstorganisiert und kreativ zu handeln ein. Ich glaube, dieser Ansatz ist eng genug, nicht jede Handlungsfähigkeit, ökonomisch verwertbar oder rein Menschen bildend, kreativ
oder unkreativ, den Kompetenzen zuzurechnen. Er betrachtet vor allem die

Handlungsfähigkeiten, die angesichts einer immer weniger vorausberechenbaren Zukunft, angesichts immer komplexerer politischer, sozialer und ökonomischer Problemsituationen notwendiger denn je werden. Andererseits ist er weit genug, das Handeln in seiner psychophysischen Komplexität voll zu erfassen und nicht die entscheidenden emotional-motivationalen, wertenden Prozesse auszuschließen.

Der vierte Ansatz ist vollständig auf den Bereich eines im engsten Sinne kognitiven Problemlösungshandelns fokussiert. Es gibt ja inzwischen viele Ansätze der kognitiven Psychologie, die Motivation und Emotion als Bestandteile des Kognitiven einbeziehen, aber das PISA und Co. – Herangehen grenzt sich davon bewusst ab.

Grafisch lässt sich das so zusammenfassen:

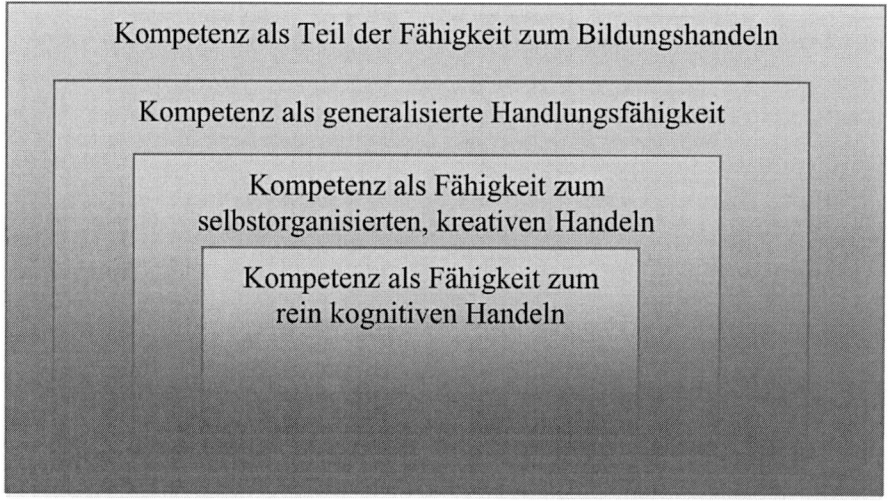

Abb. 3 Die vier grundlegenden Kompetenzansätze und ihre Sicht auf die Handlungsfähigkeit von Menschen

2. *Grundkompetenzen*: Alle handlungsorientierten Kompetenzforscher mit Ausnahme der „Kognitivisten" fragen nach der Definition von Kompetenzen als Handlungsfähigkeiten sofort weiter: Wem gegenüber kann ich überhaupt handeln? Klar: mir selbst gegenüber (personal), anderen gegenüber (sozial), Sachverhalten gegenüber (fachlich, methodisch). Und das mit mehr oder weniger großer Aktivität (aktivitätsorientiert). Davon ausgehend unterscheiden sie Personale Kompetenzen, Sozial-kommunikative Kompetenzen und Fachlich-methodische Kompetenzen, letztere oft getrennt betrachtet. Die Aktivität wird in allen Ansätzen berücksichtigt, aber oft nicht explizit als Aktivitäts- und Umsetzungskompetenz ausgewiesen, sondern der Personalen oder Sozial-

kommunikativen Kompetenz zugeschlagen. Sie fehlt aber nirgends! Grafisch finden sich deshalb fast immer Abbildungen dieser Art:

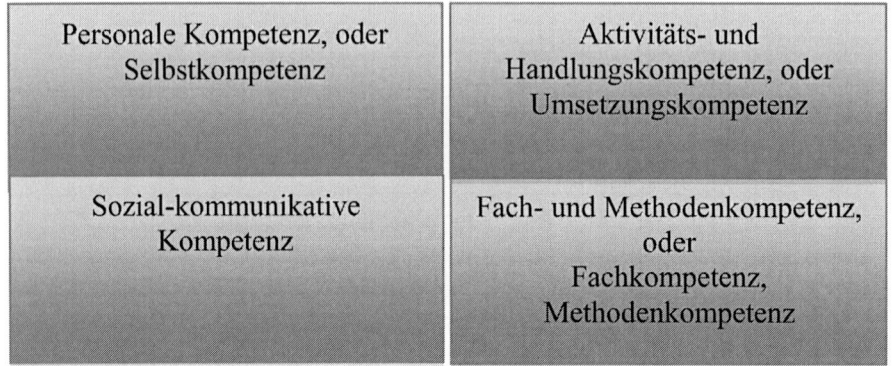

Abb. 4 Die vier Grundkompetenzen

Ich halte es für wichtig, zu betonen, dass es nur ganz wenige Bereiche in den Sozial- und Geisteswissenschaften gibt, die so übereinstimmend auf einer gemeinsamen Grunddimensionierung aufbauen!

3. *Selbstorganisation*: Alles vernünftige klassische Bildungsdenken geht von der selbstschöpferischen Kraft der Materie und der Selbstbildung des Menschen aus. Theodor Litts berühmte Formulierung des pädagogischen Grundproblems „Führen oder Wachsenlassen" stellte sich – mutig angesichts des heraufziehenden Führerstaats und seiner mechanistischen Direktivpädagogik – auf die Seite des Wachsenlassens. Das ist tief in der humanistischen deutschen Tradition von Goethe bis Humboldt, von Pestalozzi bis Herbart verankert. Goethes Entwicklungsdenken und seine strikte Haltung gegen Newton lässt sich von der Selbstorganisationstheorie her rekonstruieren (Erpenbeck 1988, S. 212–233); Humboldts Bildungstheorie ist ein Ansatz der Selbstorganisation des menschlichen Denk- und Handlungsvermögens. Nicht zufällig bezog sich Chomsky, der Erfinder der Sprachkompetenz, auf Humboldt: Auf das Vermögen, von den endlichen Mitteln einer Sprache selbstorganisiert und kreativ unendlichen Gebrauch zu machen. – Die ganze Reformpädagogik kann als Versuch gesehen werden, die „Mechanisierung des – pädagogischen – Weltbilds" (Dijksterhuis 1956) zu verhindern oder doch aufzuhalten.

Lass mich an dieser Stelle eine weitreichende, hier nur andeutbare Bemerkung einflechten. Ich habe mich nicht zufällig des Dijksterhuis'schen Bildes von der Mechanisierung des Weltbildes seit Newton bedient. In seinem für mich bahnbrechenden Buch zeigt er, wie die Vorstellung entstand, es gehe in der Welt „letztlich" mechanisch, in komplexen, aber verstehbaren und rekonstruierbaren Wenn-dann-Beziehungen, in klassischen Kausalbeziehungen zu. Dieses

Denken zeitigte enorme Erfolge in Wissenschaft und Technik. Seit Mitte des 19. Jahrhunderts versuchten auch Geisteswissenschaftler, von diesem neuen Denken zu profitieren. Ich weiß, wovon ich rede. Meine Arbeit zum Dr. sc. hatte den sperrigen, aber zutreffenden Titel: „Erkenntnistheorie und Psychophysik kognitiver Prozesse" und knüpfte an die von Wilhelm Wundt, Gustav Theodor Fechner, Oswald Külpe und vielen anderen beförderten Versuche an, strukturelle und funktionelle Elemente des Psychischen zu finden, mit denen man psychische Prozesse wie physikalische, sozusagen quasimechanisch beschreiben konnte. Das endete im behavioristischen Nichts, das nur noch Reiz-Reaktions-Beziehungen gelten ließ, und wurde schließlich von der modernen kognitiven Psychologie überwunden. Auch sie versucht, unter Zuhilfenahme neu gewonnenen neurophysiologischen, vor allem aber auch statistisch-methodischen Wissens, „streng naturwissenschaftlich", und das heißt wiederum quasimechanisch vorzugehen. In manchen Fällen erfolgreich, in vielen Fällen erfolglos. Vor allem immer dann, wenn es sich um komplexe Objekte (Menschen) und Prozesse (Entwicklungsprozesse) handelt.

Selbstorganisationstheorie und Chaostheorie haben gezeigt, dass das Newtonsche Weltbild an seine Grenzen gekommen ist.

„Jahrhunderte von wissenschaftlichen Gewissheiten lösten sich in wenigen Jahren auf ... Die Idee eines uhrenartigen Universums erwies sich als bloße Illusion. Was als logische Gewissheit erschien, stellt sich als Akt des bloßen Glaubens heraus. Chaos ist überall. Unvorhersehbarkeit ist fest verankert in jedem Aspekt der Welt in der wir leben. Chaos und Selbstorganisation sind mit den Grundgesetzen der Physik fest verwoben, wir müssen sie als Fakt des Lebens akzeptieren. Das Erstaunlichste ist die tiefe und unerwartete, ja wahrhaft kosmische Beziehung zwischen Chaos und Selbstorganisation. Die Welt ist fundamental unvorhersehbar, aber genau diese Tatsache verleiht ihr die Fähigkeit, selbstorganisiert Muster und Strukturen zu entwickeln" (Butterfly 2013).

Diese wunderbare Zusammenfassung eines großen BBC-Beitrags zu Chaos und Selbstorganisation bringt, finde ich, alles auf jenen Punkt, um den euer von Humberto Maturana und Francisco Varela initiiertes „autopoietisches", „konstruktivistisches" und unser eher von Hermann Haken beeinflusstes „synergetisches" Denken eigentlich kreist. Wir wollen und müssen zunehmend dann selbstorganisiert und kreativ handlungsfähig sein, wenn wir mit jener Unvorhersehbarkeit konfrontiert sind, die in jedem Aspekt der Welt, in der wir leben, offenbar wird.

Du wirst sicher stutzen, dass ich Selbstorganisation unter die Anschauungen gezählt habe, die von den meisten Pädagogen geteilt werden. Du wirst Dich an die bösartigen Angriffe erinnern, die konstruktivistische Pädagogik mit ihrem Gedanken der Ermöglichungsdidaktik zu erleiden hatte. Ich erinnere mich manchen Hohngelächters, als wir erstmals Kompetenzen als Selbstorganisationsdispositionen bestimmten. In Wirklichkeit ist die Situation, finde ich, absolut schizophren. Kein vernünftiger Pädagoge wird eine mechanistisch vorgestellte Informationsvermittlung als Lernziel festlegen wollen. Dennoch bestehen fast alle Lehrpläne an Schulen und Universitäten aus genau solchen curricular verpackten Lernzielen. Diese Schizophrenie muss eine künftige Pädagogik offener Hochschulen wie auch kompetenzorientierter Schulen durchbrechen, ohne dass dafür schon Patentrezepte existierten.

4. *Vermittlungsmythos*: Die Schizophrenie pflanzt sich in Bezug auf die Frage fort, was berufsschulische, schulische oder universitäre Lehre „eigentlich" zu bewirken habe. Du wirst auf keinerlei Widerstand stoßen, wenn Du verkündest, Ziel jeden pädagogischen Bemühens muss die Entwicklung kreativer (und damit selbstorganisierter) physischer und / oder geistiger Handlungsfähigkeit sein.

Aber stelle dich mal vor Weiterbildner, Lehrer, Dozenten hin und verkünde: Wissen ist keine Kompetenz. Wissensvermittlung hat mit Kompetenzentwicklung kaum etwas zu tun. Wenn Blicke töten könnten, würdest Du auf der Stelle tot umfallen. Oder verkünde: Wir müssen von der Belehrung zum selbstorganisierten Lernen gelangen, oder von der Fachsystematik zur Situationssystematik, wie Du es in Deinem ersten Brief forderst. Auf der Stelle: tot. Zentral ist und bleibt nämlich die Wissensorientierung, wie Du zurecht kritisierst. Da helfen Hinweise auf die „skandalöse Nachhaltigkeit" solcherart Wissenspädagogik, auf die Ineffektivität von Vorlesungen oder Weiterbildungsseminaren überhaupt nicht. Der Vermittlungsmythos, die Weiterbildungslüge (Gries 2008; Städtler 2010) leben fort und fort. Warum vermitteln intelligente Pädagogen – wider besseres Wissen – Wissen als Kompetenzersatz? Ich glaube, darauf kann man ohne historische Rückblicke kaum Antworten geben.

Die deutsche Paukschule existiert seit etwa 150 Jahren im Grundansatz unverändert (Struck 2007). Genau diesen Grundansatz hast Du sehr plastisch als Vermittlungsmythos gekennzeichnet. Wissen, substanzartig-informationell gedacht, fließt vom Lehrer zum Schüler. Ein mechanischer Vorgang. Nichts bildet den Vorgang besser ab, als der Nürnberger Trichter, eine hydromechanische Vermittlungsvorrichtung. Hier mein Lieblingsbild dazu:

Abb. 5 Der Nürnberger Trichter[6]

Ich halte es für viel mehr als einen Zufall, dass diese Illusion der Wissensvermittlung genau zu der Zeit entstand, als die *Mechanisierung des Weltbildes* auf
die Human- und Geisteswissenschaften übergriff. Natürlich gab es auch schon
zuvor universitäre „Paukfächer", wie Medizin und Jura; die Theologie klam-
mere ich mal aus. Wenn wir aber genau hinschauen, wurde die medizinische
oder juristische Kompetenz gerade nicht in der Vorlesung erworben. Der angehende Mediziner oder Jurist war von Anfang an – gleichsam dual – in die entsprechende Praxis einbezogen, dort wurde die notwendige Handlungsfähigkeit aufgebaut, die dann natürlich an das jeweilige medizinische oder juristische Wissen gekoppelt wurde. In anderen Fächern funktionierte der Kompe-
tenzaufbau völlig anders, Theorie und Praxis durchdrangen sich aber ebenfalls
von Anfang an, etwa in der Physik.

---

[6] http://www.hermsdorf-regional.de/friedensschule/0000-start-fotos.htm

Ganz anders die Handwerkerlehre, Vorläufer heutiger berufsschulischer Bemühungen. Ein Tischler um 1800 konnte sicher nicht weniger als ein Tischler heute. Unvorstellbar aber, dass er Wissen auf Vorrat hortete: Materialkunde, Verfahrenskunde, Stilkunde usw. Er lernte im Prozess der Arbeit.

Die Grundschule bereitete, schon seit Friedricus' Zeiten, paukartig auf Lesen, Schreiben und Rechnen vor, Fertigkeiten, die man sich auf Basisniveau tatsächlich quasimechanisch aneignen kann. Das Gymnasium vermittelte für späteres Handeln oft weitgehend nutzloses Wissen – ich glaube Dein Griechisch-Beispiel ist da sehr typisch – aber es legte den Grundstein für soziale Kompetenzen, sich in einer sozial geschichteten Gesellschaft nach oben durchzuschlagen. Bestenfalls und bei guten Lehrern vermochte es Interesse für Sachverhalte und Tätigkeiten zu entwickeln, ein Surplus, nicht das eigentliche Lernziel.

Es wäre eine interessante Forschungsaufgabe, universitäre Studienfächer, handwerkliche Ausbildungsgänge und schulische Curricula in unterschiedlichen historischen Epochen unter dem Gesichtspunkt des Kompetenzerwerbs neu zu sichten!

Interessant wäre aber auch, gründlich und ohne Vorurteile zu untersuchen, warum Pädagogen, denen der Vermittlungsmythos eigentlich völlig widerstreben müsste, ihn begrüßen oder zumindest klaglos hinnehmen. Vermutlich gibt es dafür objektive und subjektive Gründe. Wissensvermittlung ist, wie schon erwähnt, leichter zu kontrollieren und zu planen als selbstorganisative, kreative Entfaltung. Selbstorganisationsprozesse haben ja gerade den „Nachteil", dass ihr Ergebnis nicht vorherzusehen, nicht zu wollen ist. Ich habe zwei Töchter, habe beide mit viel Kunst und Literatur und viel Naturwissenschaft gefüttert, die eine ist eine großartige Schriftstellerin, die andere eine exzellente Wissenschaftlerin geworden. Unvorhersehbar. Biografien sind die besten Beispiele der Nichtvorhersagbarkeit selbstorganisativer Prozesse. Das ist nur unbefriedigend, wenn man einem mechanistischen Denken frönt: Die didaktische Maschine angeworfen, auf Touren gebracht – das Lernziel erreicht. Erreichbar nur, wenn man mechanistische Lernziele, Wissensziele, Stoffspeicherung und -wiedergabe für das Alpha und Omega pädagogischen Bemühens hält. Das ist prüfbar, messbar, vergleichbar – individuell, in der Klasse, in der Schule, im Seminar, im Studienjahr, durch die Ministerien, zwischen Ländern, zwischen Systemen. Aber auch zwischen Pädagogen: Wer erzielt „bessere" Ergebnisse, wer hat die größeren Erfolge. Insofern kann es ihnen auch ganz subjektiv die größte Befriedigung bringen. Auch die Eltern, die Großeltern, Verwandte und Bekannte freuen sich, wie erwähnt, über das schlaue Kind, die gute Studienleistung. Wie weit die didaktische Maschine echtes Können erzeugt, ist völlig offen und eher zu bezweifeln.

Ein Gegenargument ist häufig, gerade wegen der nicht auf stoffartige Lernziele zu orientierenden Selbstorganisation sei eine Leistungsbeurteilung – des Schülers wie des Pädagogen – nur schwer durchführbar. Ich halte das für reine Ideologie, weil sie die Messbarkeitsvorstellung genau aus dem untauglichen Vermittlungsmythos bezieht – daran gemessen ist natürlich jede Ermöglichungsdidaktik unterlegen. Doch straft jeder gute Handwerker, der Lehrlinge ausbildet, das Argument Lügen. Denn er weiß natürlich ganz genau um das Können seine Azubis, ohne irgendwelche auswendig gelernte Wissensbrocken bemühen zu müssen. Will er sein Urteil objektivieren, zieht er drei, vier wirklich kompetente Kollegen zu Rate – im Endergebnis erzeugen sie eine Einschätzung, die jeder „Kammerprüfung" überlegen ist (in der absurder Weise die gleichen Handwerker sitzen können, die man dafür aber auf einen juristisch verifizierbaren Prüfungsmodus getrimmt hat).

Fazit ist, dass die Selbstorganisation des Lernens und Handelns eigentlich von allen Pädagogen akzeptiert, gebilligt und von guten Lehrkräften, Ausbildern und Dozenten praktisch oft einbezogen wird, indem es ihnen gelingt, die in den Schulpausen oder in den Pausen von der Schule, im „normalen" Leben, im Alltag gewonnenen informellen Handlungsfähigkeiten einzubeziehen. Das sind immerhin rund 70–80% des menschlichen Wissenserwerbs. Ein tröstlicher Gedanke.

5. *Wissensaufbau*: Ich habe – Du wirst es Stirn runzelnd bemerkt haben – mit dem Wissensbegriff ziemlich leichtfertig herumhantiert. Welche Untiefen sich rund um diese harmlos aus den Lebensgewässern ragende Klippe auftun, wissen wir beide. Es lohnt sich sicher nicht, hier eine ausufernde Abhandlung einzustreuen. Ich habe seit 2007 dank der großzügigen Förderung in meiner „Steinbeis- School of International Business and Entrepreneurship" (SIBE) eine Kursvorlesung zum Verhältnis von „Wissensmanagement und Kompetenzmanagement" halten dürfen; sie schlug sich tageweise mit der Definition und dem Verständnis von Wissen herum. Es gibt hunderte von Wissensauffassungen, sie lassen sich kaum umfassend zusammenstellen, geschweige denn, vergleichend abwägen.

Aber eines ist offensichtlich und rechtfertigt für mich, den Wissensaufbau unter die Grundsichten einzuordnen, in denen sich alle Pädagogen einig sind. Kein Pädagoge, kein Didaktiker wird bezweifeln, dass seine Kunst oder Wissenschaft dem Wissensaufbau von Schülern, Berufsschülern, Lehrlingen und Studenten dient. Unser aller Ziel ist es, Wissen in den Köpfen derer entstehen zu lassen, für die es Voraussetzung des geistigen und/oder physischen Handelns ist. So weit so gemeinsam.

Die Differenzen beginnen erst da, wo wir uns festlegen müssen: Welche Form von Wissen kann – ohne Vermittlungsmythos – auf welche Weise nachhaltig aufgebaut werden. Das setzt dreierlei voraus: *Wissensformen* kurz zu charakterisieren und die Position von Kompetenzen, aber auch von Emotionen, Motivationen, Erlebnissen, Erfahrungen unter diesen Wissensformen zu bestimmen (Kompetenz und Wissen). Das *Zusammenwirken* von Fertigkeiten, Wissen und Qualifikationen mit Emotionen und Motivationen zu durchleuchten, wie

Du es mit der Weiterführung des Inklusionsbildes angeregt hast (Kompetenz und Interiorisation). Und schließlich zu überlegen, wie in besonders *informationslastigen* Fächern, eben in Medizin und Rechtswissenschaften, aber auch in vielen Sozial- und Humanwissenschaften, die Stofffülle so gebändigt werden kann, dass sie in echte Kompetenzen eingeschmolzen wird (Kompetenz und Information).

Ich fände gut, wenn wir uns nicht allzu ausufernd an Handlungsorientierung, Basiskompetenzen, Selbstorganisation (Autopoiese, Synergetik, Ermöglichungsdidaktik), Vermittlungsmythos und allgemeinem Wissensaufbau abquälten, sondern mit den genannten drei Diskussionsthemen neue Themenbereiche eröffneten. Wie, will ich aus meiner Sicht andeuten.

Kompetenz und Wissen. Betreten wir den Lesesaal einer großen Bibliothek, erscheint klar, was Wissen ist. Es umgibt uns. Papier geworden. Zahlen, Daten, Fakten. Informationen.

Doch wenn die Menschheit ausstürbe, wäre das nicht mehr als ein Haufen Papier. Bestenfalls noch auf Außerirdische hoffend. Tote Informationen, zu keinem Handeln mehr gut. Überflüssig. Wissen auf dieses Informationswissen zu beschränken, wäre mehr als fragwürdig – obwohl der Vermittlungsmythos, obwohl große Teile des Schul- und Vorlesungsbetriebs genau darauf bauen.

Andererseits kann man einen indianischen Stamm betrachten, der den Naturkräften mythische Eigenschaften zuordnet, der genau weiß, wie Diesseits und Jenseits, Menschen und Götter zusammenwirken und mit welchen Ritualen man zu einem wirklichen Jagderfolg kommt. Vollkommen sicher. Über Jahrhunderte erprobt und für erfolgreich befunden. Ein erfolgreiches Handlungswissen.

Gehört Glauben zum Wissen? Ober ist Wissen geradezu das Gegenteil von Glauben? Solches Fragen rührt an die Grundlagen unseres Denkens. „Was kann ich wissen" ist nach Immanuel Kant die erkenntnistheoretische Grundfrage des Menschen. Seit Anbeginn der Philosophie gibt es darauf Myriaden Antworten.

Ich glaube, wir können es uns an dieser Stelle einfach machen, indem wir uns des einfachen, aber nicht vereinfachenden Münchener Wissensmodells von Heinz Mandl und Gabi Reinmann-Rothmeier (2001, S. 16) bedienen. Sie unterscheiden in ihrer berühmten Eis – Wasser – Dampf – Analogie objektorientiertes Informationswissen, Gemischtwissen und prozessorientiertes Handlungswissen; Informationswissen das wie Eis teilbar und verteilbar ist, in sich ruht und keine Arbeitsleistung hervorbringt, Dampf, der kaum fassbar, kaum verteilbar, Arbeitsleistungen in Turbinen und Heizkesseln vollzieht, und flüssige Gemische aus beidem, in unterschiedlichem Zusammenwirken. Das ist die Botschaft: Beides ist Wissen. Eine vereiste Welt wäre ebenso schrecklich, wie eine in Dampf gehüllte, verdampfende. Es kommt auf die richtige Mischung an. Pädagogik muss die Reglosigkeit ewigen Eises, die reine Anhäufung von Informationswissen, ebenso vermeiden wie alles verbrennende Dampflawinen, wie überzogenen Aktionismus.

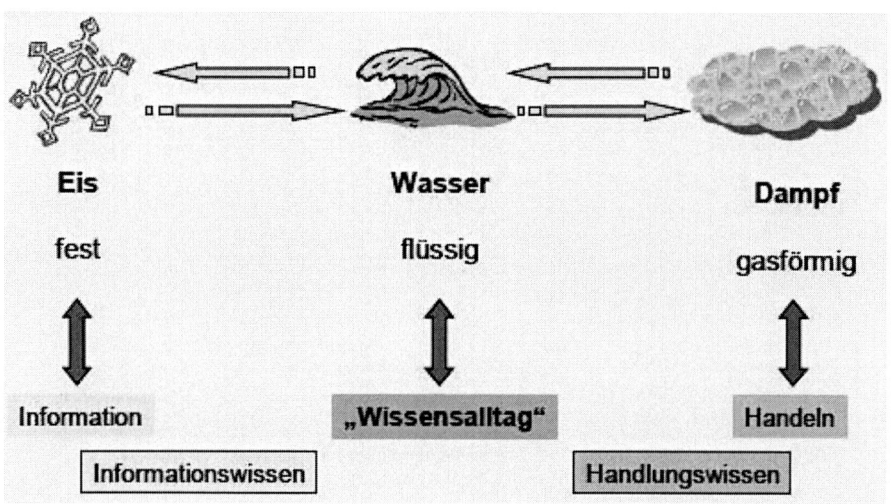

Abb. 6 Münchner Wissensmodell (nach Mandl und Reinmann-Rothmeier 2001)

Aus diesem Bild ist sofort ersichtlich, dass sich Handlungsorientierung und Selbstorganisation vor allem in der rechten Hälfte des Bildes bewegen. Das Informationswissen in der linken Bildhälfte ist Grundlage und Antipode des Handlungswissens, ein Wissensaufbau, der allein auf das Informationswissen im Sinne eines Vermittlungsmythos aus ist, kann nicht funktionieren.

Die Autoren resümieren:

- Informationswissen gibt es einzeln; Handlungswissen findet man nur in sinnvollen Bedeutungsnetzwerken.

- Informationswissen kann so wie es ist weitergegeben werden; Handlungswissen muss als Netz von bedeutungsvollen Verbindungen konstruiert werden.

- Informationswissen kommt auch ohne Kontext aus; Handlungswissen ist immer Teil eines Kontextes.

- Mit Informationswissen kann man Handlungswissen aufbauen; mit Handlungswissen bringt man Wissen zum Handeln. Dass man Informationswissen „besitzt", kann man durch Reproduktion beweisen; dass man Handlungswissen „konstruiert" hat, kann man nur durch seine Anwendung in neuen Kontexten zeigen.

Belegen wir das Umfeld von Informationswissen und Handlungswissen mit einschlägigen Begriffen und scheuen vor der oft genutzten Eisberg-Analogie nicht zurück, wonach das obere Siebtel klar beschreibbar herausragt, sechs

Siebtel aber gefährlich, unberechenbar unter der Wasseroberfläche lauern, so türmt sich folgendes Bild zusammen:

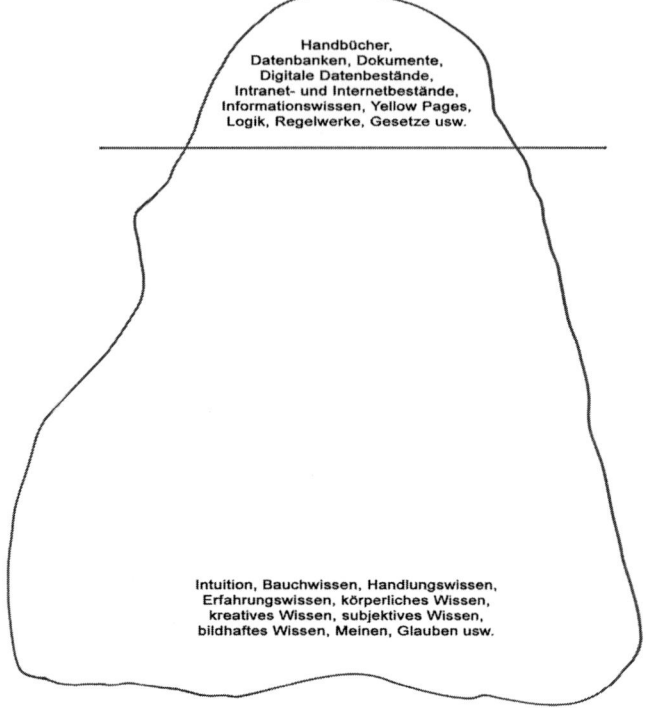

Handbücher,
Datenbanken, Dokumente,
Digitale Datenbestände,
Intranet- und Internetbestände,
Informationswissen, Yellow Pages,
Logik, Regelwerke, Gesetze usw.

Intuition, Bauchwissen, Handlungswissen,
Erfahrungswissen, körperliches Wissen,
kreatives Wissen, subjektives Wissen,
bildhaftes Wissen, Meinen, Glauben usw.

Abb. 7 Eisberg-Analogie

Natürlich sind beim Wissensmanagement noch viel mehr Unterscheidungen im Schwange. Da unterscheidet man das „Wissen was" (deklaratives Wissen, Sachwissen) vom „Wissen wie" (prozedurales Wissen, Handlungswissen), explizites Wissen (sprachlich artikuliert und vom Handlungsträger trennbar) von impliziten Wissen (nicht direkt artikulierbar, erfahrungsabhängig), individuelles Wissen von kollektivem (organisationalem) Wissen … (aus der unendlichen Literaturfülle Beispiele: North 1999; Pawlowsky/Reinhardt 2002; Laham 2003; bmwi/Wissensbilanz made in Germany 2008).

Mir erscheint aber das Verhältnis von Wissen und Werten als wichtigstes Unterscheidungskriterium. Werte, als Resultate von Bewertungen, sind etwas sehr Geheimnisvolles und zugleich ganz Alltägliches. Sie durchdringen unser gesamtes Leben und Handeln. Wir handeln kaum, ohne dass wir – bewusst oder unbewusst – werten, ob das, was wir gerade tun, Genuss bereithält (hedonistische Wertung), Nutzen verspricht (utilitaristische Wertung), ethisch gut ist (ethische Wertung) oder sozial-organisatorisch etwas bringt (politische Wertung). Alle unsere Empfindungen, Gefühle, Wünsche, Vermutungen, Zweifel,

Befürchtungen, Hoffnungen, Bedürfnisse, Interessen, Einstellungen, Meinungen, Haltungen, Ansichten, Überzeugungen, Vorurteile, Ablehnungen, Glaubensvorstellungen und dergleichen sind Werte oder enthalten maßgeblich Werte. Werte sind kein deklaratives Wissen, kein Sach- und Faktenwissen, kein Informationswissen. Sie sind nicht wahr oder falsch. Sie werden von Einzelnen, Gruppen, Organisationen, Unternehmen, Nationen, Völkern, ja manche von der Weltbevölkerung akzeptiert oder abgelehnt. Sie sind „in Geltung" oder geltungslos, entwertet.

Werte „überbrücken" oder ersetzen fehlende Kenntnisse, schließen die Lücke zwischen Kenntnissen einerseits und dem Handeln andererseits. Ohne Werte können wir nicht handeln.

Allerdings, und da sind wir wieder bei den von Dir zurecht so hervorgehobenen Emotionen, Werte wirken nur, wenn ihre Sinnhaftigkeit im eigenen Handeln erlebt und emotional positiv gespeichert wird. Den Vorgang der Umwandlung von Regeln, Werten und Normen in eigene Emotionen und Motivationen bezeichnet man oft als Interiorisation oder Internalisation. Er ist neuropsychologisch kompliziert, aber in seinen Grundelementen einfach und oft beschrieben. Handlungsentscheidungen, die nicht „rein algorithmisch", also wie bei einer mathematischen Aufgabe getroffen werden können, führen zu einer massiven inneren Unsicherheit, zu Schwitzehändchen und weichen Knien, wie es der Papst der Selbstentwickler, Jens Corssen beschreibt (Corssen 2004), zu einer emotionalen Beunruhigung, Irritation oder Labilisierung.

Wir können Wissen also auch danach unterscheiden, ob und wie klar es interiorisierte Regeln, Werte und Normen enthält. Wir haben dann zwei große Wissensklassen, eine die keinerlei Formen von interiorisierten Werten enthält (natürlich können Werte als sachliche Untersuchungsgegenstände vorkommen), und solche die Werte eher klar oder eher verborgen enthalten. Ich würde sie gern Wissen im engeren Sinne und Wissen im weiteren Sinne nennen. Aufgemalt ergibt sich dann folgendes Bild:

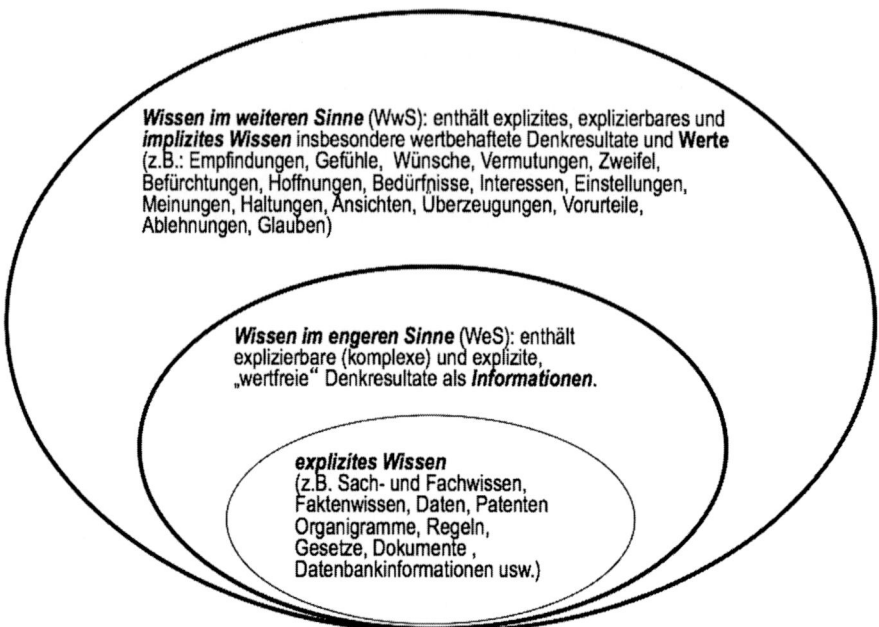

Abb. 8 Wissen – im engeren und weiteren Sinne

In dieser Darstellung sieht man sofort: Irgendwelches Wissen im engeren Sinne ist Voraussetzung jeglicher Kompetenz. Auch der Indianer braucht zuverlässiges Sachwissen über die ihn umgebende Natur, um handeln zu können. Um aber tatsächlich zu einer selbstorganisierten, kreativen Handlungsfähigkeit zu gelangen, muss über Fertigkeiten, Wissen und Qualifikationen hinaus etwas Entscheidendes hinzukommen, nämlich genau jene interiorisierten – also in Form eigener Emotionen und Motivationen angeeigneten – Regeln, Werte (Bewertungen) und Normen. „Bloß gelernte" Werte sind weitgehend wirkungslos. Nur interiorisierte Werte sind handlungswirksam. Kompetenzentwicklung muss Wertinteriorisation, muss die Aneignung in Form eigener Emotionen und Motivationen einschließen. Es gibt das eine nicht ohne das andere.

Damit wären Wissensformen nach der Position von Kompetenzen, aber auch von Emotionen, Motivationen, Erlebnissen, Erfahrungen unter diesen Wissensformen unterschieden. Diese Denkrichtung kann und muss weiter getrieben werden – vor allem in Bereichen, die sich die Identifikation, den Erwerb, die Entwicklung, die Verteilung, die Bewahrung, die Nutzung und die Bewertung von Wissen als Wissenschaften zum Ziel gesetzt haben (Probst/Raub/Romhardt 1999).

Kompetenz und Interiorisation. Ich wende mich damit dem Zusammenwirken von Fertigkeiten, Wissen und Qualifikationen mit Emotionen und Motivationen zu, wie Du es mit der Weiterführung des Inklusionsbildes angeregt hast. Im Grunde habe ich dazu meine Position schon dargestellt und ich denke, Du wirst mir, wenn ich Deinen Ausführungen folge, nur in wenigen Punkten widersprechen.

Der Prozess der Umwandlung von „bloß gelernten" (Zeigarnik 1927, S. 85) aber nicht interiorisierten Wertungen, auch in einer Handlungssituation er- oder gefundener Wertungen, in eigene Emotionen und Motivationen wird in den unterschiedlichsten Theorien und Modellen von Pädagogik, kognitiver Psychologie, Psychotherapie und Gruppensoziologie thematisiert. Es zeigt sich, dass alle Ansätze als „Drehscheibe" der Interiorisation eben genau das Anrühren, Beunruhigen, Irritieren, Aufbrechen und Umorientieren von Emotionen in den Mittelpunkt stellen. Lass es uns der Einfachheit halber summierend als *emotionale Labilisierung* bezeichnen, ohne einen negativen Beiklang von labiler, leicht erregbarer, launischer Persönlichkeit mitzuschleppen. Ohne eine solche emotionale Labilisierung, wie man sie auch im Einzelnen theoretisch und praktisch fasst, gibt es kein handlungswirksames Lernen und Umlernen von Bewertungen, gibt es keinen Kompetenzerwerb und keine Kompetenzentwicklung.

Emotionale Labilisierung ist in den wenigsten Fällen ein angenehmer, zumindest befreiender (kathartischer) Prozess. Interiorisationsprozesse sind keineswegs freundlich-freudige Veranstaltungen, sondern in der Regel schmerzhafte Vorgänge (Bauer / Brater / Dufter-Weis / Maurus 2007). Daraus lässt sich erklären, dass es für den Lernenden, aber durchaus auch für den Lehrer entlastend sein kann, bei der Wissensvermittlung stehen zu bleiben und die Mühen einer Kompetenzen einschließenden Ermöglichungsdidaktik gar nicht erst auf sich zu nehmen.

Echte Kompetenzentwicklung entscheidet sich also stets mit der Frage: „Wo ist der Punkt der emotionalen Labilisierung?"

Es gilt das zentrale, auch in Deinem Emotionsbuch verfochtene, von Gerald Hüther auf den Punkt gebrachte Axiom: „Ohne Gefühl geht gar nichts!" (Hüther 2009).

Das lässt sich klar an allen wirklich Kompetenz vermittelnden Lernformen wie Erfahrungslernen, Erlebnislernen, situiertes Lernen, Expertisegewinn und anderen nachweisen. Emotionale Labilisierung steht aber auch im Zentrum angestrebter Kompetenzentwicklung im Unternehmen, wo mit den Kategorien Coaching (Mentoring), Training und Praxis ein schlüssiges System betrieblicher Kompetenzentwicklung gezeichnet werden kann (Erpenbeck / Sauter 2007).

Mein Vorschlag ist, diese Frage mit in den Mittelpunkt unserer weiteren Diskussionen, aber auch in den Mittelpunkt künftiger Forschungen zur Kompetenzentwicklung und zum Kompetenzmanagement zu rücken. Wie funktionieren Interiorisationsprozesse konkret? Welche Werte werden wie und in welchen

Situationen interiorisiert? Welche Zukunft haben Kompetenzauffassungen, die den emotionalen Interiorisationspart schlicht aussparen?

An den Beginn weiterführender Überlegungen würde ich hier gern einen Denkschritt stellen, den ich als *Umsturz der Wissenstreppe* bezeichnen möchte. Klaus North hat in seiner Schrift „Wissensorientierte Unternehmensführung" die berühmte Wissenstreppe eingeführt:

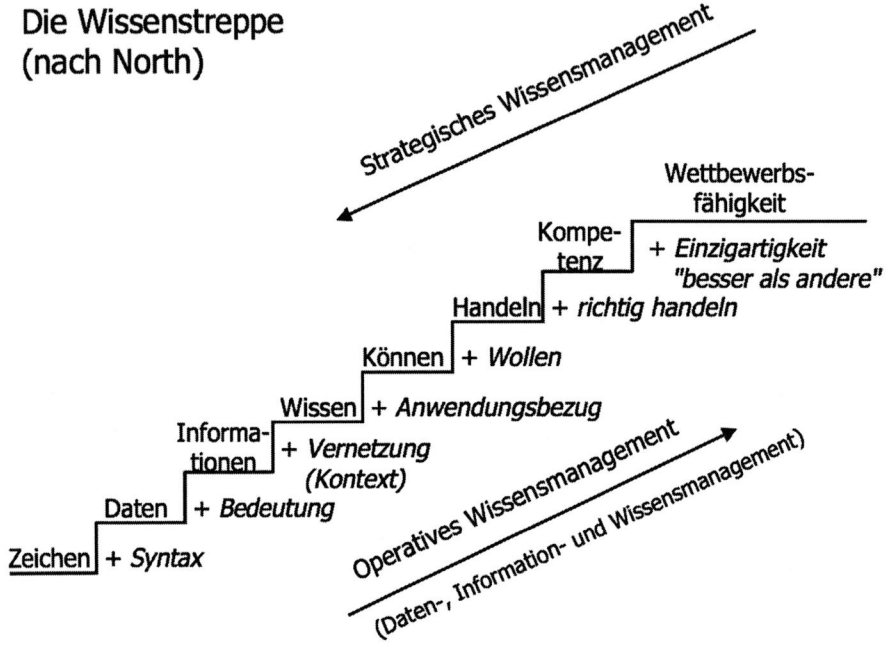

Abb. 9 Wissenstreppe (nach North 1999)

Dieses Bild legt nahe, das Wissensmanagement Stufe für Stufe vom Einfachen zum Komplexen hin aufzubauen – mit strategischen Rückblicken auf das Woraus und Wie. Das Bild ist nicht nur schlüssig, sondern auch praktisch hervorragend umsetzbar. Aus Daten, Informationen und Wissen im engeren Sinne gewinnen Personen und Organisationen Handlungsfähigkeiten, Kompetenzen, schließlich ihre Einzigartigkeit und Wettbewerbsfähigkeit. Der pädagogische Prozess ist jedoch mit einer ganz anderen Stufenfolge von Wissen konfrontiert. Das elementare Wissen ist das Handlungswissen. Vor jeder Schule, vor jedem ausgegliederten, analytischen Informationswissen lernen Kinder zu handeln. Und wie! Sie gewinnen Erfahrungen, komplexe Gebilde von Informationswissen und Handlungswissen, sie haben bewertete und ins künftige Handeln eingehende Erlebnisse, sie vollziehen Spiele von hohem Handlungswert. Erfahrungen, Erlebnisse, Anschauungen, Überzeugungen sind die elementaren Wissensbestandteile. Darauf verweist Du ja auch. Erst auf einer sehr hohen

Stufe des Denk- und Handlungsvermögens lernen die Menschen, Sachverhalte von Wertungen zu trennen, Informationen und ihre Bewertungen auseinander zu halten. Es erscheint mir deshalb völlig absurd, mit den höchsten und letzten Wissensformen des menschlichen Denkens Kinder und Jugendliche zu traktieren und zu hoffen, sie würden schon in den Bereich des Handlungswissens hineinwachsen. Aber auch für Studierende ist das nicht gerade ein optimaler Weg. Die Beschränkung auf den kognitiven Bereich, die systematische Ausklammerung von Emotionen und Motivationen im PISA – Ansatz halte ich deshalb für ungerechtfertigt.

Ein hübsches Beispiel, zu welch absurden Vorstellungen ein solcher Kognitivismus führt, geben Eckhard Klieme und Kollegen in ihrem DFG-Abschlussbericht „Physiklernen mit Modellbildungssystemen. Förderung physikalischer Kompetenz und systemischen Denkens durch Computer gestützte Modellbildungssysteme" (Schecker / Klieme / Niederrer / Ebach / Gerdes 1999, S. 9). Dort führen sie unter anderem aus:

„Im Projekt wird das Konstrukt der physikalischen Kompetenz auf einen bestimmten Inhaltsbereich bezogen: die begriffliche Strukturierung der Mechanik, speziell die Beschreibung des Zusammenhangs zwischen Kraft und Bewegung (besser: Bewegungsänderung). Ein weiterer, allerdings erst nachrangiger Aspekt ist die Fähigkeit zur Lösung quantitativer Aufgaben. Parameter für physikalische Kompetenz werden aus folgenden Tests abgeleitet: FCI: Gesamtscore (qualitatives Verständnis grundlegender mechanischer Begriffe und Prinzipien und Sub-Score zum zweiten Newtonschen Axiom ('Grundgesetz der Mechanik'). EXI: höchstes erreichtes Argumentationsniveau bei der Beschreibung bzw. Vorhersage eines Bewegungsvorganges. CM: inhaltliche Güte der qualitativen Beziehungen zwischen Begriffen der Mechanik. AME: qualitative (concept map), halb-quantitative (Wirkungsnetz) und quantitative Aufgabenteile (algebraisch zu lösende Aufgaben). Es wurde per Faktorenanalyse geprüft, inwieweit sich ein Faktor „mechanische Kompetenz" aus den verfügbaren Parametern konstruieren lässt ..."

Wer in solchem Sinne physikalische Kompetenz erwirbt, muss einen Riss in der Schüssel haben, zumindest aber von allen guten Physikgeistern verlassen sein. Ich habe mich bei meinen beiden Töchtern über den fürchterlichen Physikunterricht aufgeregt, bei dem der Lehrer sich als kleiner Physiker gerierte und es erreichte, dass die Kinder keinerlei Interesse an dem wunderbar spannenden Fach entwickelten. Der eben herangezogene Text wirkt nicht nur wie eine Karikatur physikalischer Kompetenz, sondern zeigt ein völliges Verkennen der für einen Physiker wirklich wichtigen Kompetenzen: Persönliche Freude und Neugier an den Geheimnissen der physikalischen Natur, Aktivität und zähes Durchhaltevermögen bei der Gestaltung und Durchführung neuer, offener Experimente und Öffnung für die Neuigkeit und das Unerhörte klassischer

Experimente, die Fähigkeit, mit physikalischem und mathematisch-methodischem Wissen neuartige Problemlösungen auch für ganz andere Denkbereiche zu entwickeln und die Lust an der gemeinsamen Entdeckung und dem kameradschaftlichen Herangehen an gemeinsam zu Erreichendes. Mein Interesse an der Physik weckte beispielsweise nicht der eher dröge Unterricht, sondern der gemeinsame Aufbau eines Mehrkanaloszillografen, den unsere Schule unbedingt brauchte und nicht kaufen konnte.

Kurzum, ich denke, dass gerade die vertiefte, nicht kognitivistisch eingeengte Interiorisationsproblematik ein weites Feld künftigen Nachdenkens über wirkliche Kompetenzen eröffnet.

Kompetenz und Information. Abschließend wollte ich überlegen, wie in besonders informationslastigen Fächern, Medizin, Rechtswissenschaften, Sozial- und Humanwissenschaften, die Stofffülle in echte Kompetenzen integriert wird. Mediziner ackern vor dem Staatsexamen tausende von multiple Choice Fragenkomplexe durch. Wer ein gutes Gedächtnis hat, besteht. Wem das abgeht, fällt durch. Auch der wunderbare Idealist, der sein Leben gern in den Dienst des Helfenwollens stellen würde. Auch der molekularbiologisch orientierte Denker, der lieber tiefe Zusammenhänge aufspüren und verstehen würde.

Andererseits braucht der angehende Mediziner natürlich eine Fülle von Sachwissen. Mehr noch: Er muss es parat haben. Er kann, wenn er vor dem Patienten steht, nicht in einem Lehr- oder Handbuch nachschlagen. Er kann in einer Notsituation nicht einmal lange überlegen. Die enorme physische und psychische Anstrengung, die er in solchen Situationen erlebt, hämmert das Wissen, gekoppelt an heftigste Emotionen, in sein Gehirn. Neue Lehrmethoden, beispielsweise an der Berliner Charité, versuchen, den Patientenkontakt so früh wie möglich zu realisieren, weil die tiefe Spuren hinterlassende Begegnung mit dem Patienten das notwendige Wissen emotional imprägniert, mit bleibenden emotionalen Markern versieht. Progressive Mediziner lassen sich nicht mehr mit dem Hinweis auf notwendiges Fachwissen abspeisen, sondern suchen, europaweit, nach den wirklich notwendigen Kompetenzen über das Fachwissen hinaus – aber eben doch an dieses gekoppelt (Heyse/Schircks 2013).

Ich glaube, dieses „Imprägnieren" großer Mengen von Sach- und Fachwissen durch tief greifende Emotionen und das damit mögliche parat Halten dieses Wissens ist gerade in Hinblick auf universitäre Bildung, auf ein wirklich outcomeorientiertes Studium viele Anstrengungen wert.

Ich bin gespannt auf Deine Antworten.

Herzlich

Dein John

5. Brief

worin Rolf Arnold die fundamentale Bedeutung von Gefühlen, von Emotionen für Kompetenzen weiter herausarbeitet und folgert, welche Schritte zu einer echten Kompetenzreifung führen.

Lieber John,

vielen Dank für Deine komplexe „Zwischenbilanz", über die ich lange nachdenken musste, der ich mich im Großen und Ganzen jedoch anschließen kann. Danken will ich Dir für die vielfältigen Anregungen und Tiefenbezüge, von denen ich viel lernen durfte, wobei ich mehrfach schmunzelnd festgestellt habe, dass Du eigentlich viel mehr lieferst, als eine „Zwischenbilanz". Du schlägst eigentlich sogleich eine Justierung unserer zukünftigen Überlegungen vor, die sich auf drei Themen fokussieren soll(ten):

- die Frage nach dem Verhältnis von Kompetenz und Wissen,
- die Frage nach dem Verhältnis von Kompetenz und Interiorisation und
- die Frage nach dem Verhältnis von Kompetenz und Information.

Gerne schließe ich mich dieser Fokussierung an, indem ich – was Dich nicht wirklich überraschen wird – meine Überlegungen zunächst zum zweiten Punkt mit Dir teilen will – verdichtet zu einer Art Checklist bzw. Anfrage an – emotionsbasierte und dadurch wirksamere – kompetenzdidaktische Lernarrangements. Ich werde meine in Umrissen markierten Vorstellungen gleichsam unter der Überschrift „Fühlen und Können: Kompetenz als Lebensform" darlegen.

Zunächst aber eine *Justierung der Justierung*. Gefragt habe ich mich, ob wir über die Handlungs*fähigkeiten* des Menschen wirklich schon evidente Aussagen treffen können, ohne uns zugleich selektiv auf einige der vorliegenden Mainstream-Ansätze zu beziehen. Diese Ansätze transportieren meines Erachtens – von Aebli bis Dehnbostel (vgl. Dehnbostel 2012) – einen Gestaltungs- und Veränderungsblick, der uns stärker auf die manipulierbaren Größen des Prozesses der Kompetenzentwicklung blicken lässt als auf deren Emergenz. Andererseits tastet sich gerade Peter Dehnbostel auch an die Schnittstellen zwischen informellem und formalem Lernen heran und gelangt zu wegweisenden Folgerungen, die aber auch – ohne dass ihm das selbst auffällt – seine eigenen Vorstellungen vom gelingenden Ineinanderwirken beider Lernformen zu transformieren vermögen. Wenn Peter Dehnbostel schreibt, dass das informelle Lernen „ein Lernergebnis (bewirkt), das aus Situationsbewältigung und Problemlösung in der Arbeit hervorgeht" (ebd., S. 18), dann fokussiert er – so mein Eindruck, dem Du Dich sicherlich anschließen wirst – auf die zentrale Besonderheit *jeglicher* Kompetenzentwicklung. Wäre es dann nicht nahe liegend, die Gegenüberstellung zwischen informellem und formellem Lernen gänzlich aufzugeben und stattdessen die Frage aufzuwerfen, *wie das Lernen* *der Menschen generell informalisiert werden kann – auch wenn sie daneben (noch) Angebote und Formen einer formalen Aus- und Weiterbildung absolvieren?* Es ginge demnach darum, den formellen Sektor des Lernens und der – meist (schul)amtlich verordneten – Kompetenzreifung zu informalisieren – ganz entgegen dem von Ivan Illich befürchteten Trend des „Are we now going to colonize the informal sector" (vgl. Illich 1979).

Ich weiß: Eine solche „These von der Universalität des informellen Lernens" ist vielleicht zunächst ungewöhnlich, und vielleicht wirkt sie auch „krawalliger" als ich sie meine. Aber gerade die erwähnten Klärungen des Hamburger Berufspädagogen Peter Dehnbostel haben mich dazu geführt, die in der Berufs- und Erwachsenenpädagogik überlieferten Unterscheidungen aufzugeben bzw. hintanzustellen. Wenn Dehnbostel resümiert:

„Informelles Lernen in der Arbeit ist nach dem hier vertretenen Verständnis ein Lernen über Erfahrungen, die in und über Arbeitshandlungen gemacht werden. Informelles Lernen

– ergibt sich aus der Arbeits- und Handlungserfordernissen und ist nicht institutionell organisiert,
– bewirkt ein Lernergebnis, das aus Situationsbewältigungen und Problemlösungen in der Arbeit hervorgeht,
– wird im Allgemeinen nicht professionell pädagogisch begleitet" (ebd.),

dann beschreibt er exakt das, was wir heute über die Formen einer gelingenden Kompetenzentwicklung wirklich sagen können: Diese sind, wie Du treffend schreibst, „geistige und / oder physische Handlungsfähigkeiten". Wir sollten sie – so meine These – als solche zu rekonstruieren versuchen – als „Outcome" –, ohne uns dabei von den bereits stets vorfindbaren Kategorien eines *mechanistischen Input-Denkens* irritieren zu lassen. Diese selbst erlebten Bilder schleichen sich in unsere Beobachtungen ein und verzerren unseren Blick, und es fällt uns schwer, den Outcome wirklich losgelöst von einem Input zu denken, so wie dies der Soziologe Peter Fuchs mit dem anspruchsvollen Hinweis andeutet, dass autopoietische Systeme „einzigartig einsam" seien (Fuchs 1999, S. 22), was sicher auch für denkend, fühlend und handelnd um ihre Kompetenzerweiterung bemühte Systeme gilt:

„Deshalb macht es wenig Sinn, Intervention, Steuerung, Beratung, Planung, Kontrolle an die Möglichkeit zu binden, direkten Zugriff und Selbstzugriff auf Operationen zu haben. Es gibt ihn nicht, weil Operationen Beobachtungen sind, Projektionen also, die an Projektionen anschließen" (ebd., S. 52).

Es lohnt sich deshalb, auch die eigenen Projektionen zu rekonstruieren, durch die unser Blick auf die Kompetenzentwicklung geprägt ist. Auch Kompetenzentwicklung ist so gesehen kein „Objekt", sondern allenfalls ein „Unjekt" im Fuchs'schen Sinne (Fuchs 2004, S. 17). Aus diesem Grunde bin ich sehr froh darüber, dass Du die „grundlegenden Kompetenzansätze" nochmals gründlich voneinander abgegrenzt hast. Meinem Anspruch, sich von impliziten Input-Annahmen möglichst vollständig zu lösen, entsprechen die zweite und die dritte Lesart der von Dir unterschiedenen „grundlegenden Kompetenzansätze" am besten, wobei ich mir erlaubt habe, die „Kompetenzen als ökonomisierte Varianten von Bildung" als eine Input-Formulierung zu lesen – wissend, dass ich Dein Verständnis damit nicht genau wiedergebe. Mir ist diese Lesart nämlich bislang nur als Spitze kritischer Bildungstheoretiker gegenüber dem Kompetenzansatz begegnet, nicht als „tragfähige" bzw. wirklich ernst zu nehmende Position. Wenn man von einer „berufsökonomisch(en)" Verwertbarkeit spricht, übersieht man z. B. die Unterdeterminiertheit im Verhältnis von Kompetenzangebot und Kompetenznachnachfrage und reproduziert zugleich ein altes Denken, das eine lineare Wirkungsrichtung bzw. Gestaltungsmacht (durch die an Verwertbarkeit Interessierten) unterstellt, obgleich deren Wirkungsannahmen (selbst)steuerungstheoretisch nicht auf der Höhe der Zeit sind und sich auch kaum in den dokumentierten Interessenauseinandersetzungen der Berufsbildungsdebatte nachweisen lassen.

Sicherlich: Es gibt unterschiedliche Positionen von Arbeitgebern, Arbeitnehmern und staatlichen Instanzen, die immer wieder z. B. in Minderheitenvoten zum jeweils aktuellen Berufsbildungsbericht ihren Ausdruck finden. Diese Unterschiede lassen sich jedoch kaum mit einer einfachen Verdächtigung belegen: So waren es in der Vergangenheit durchaus auch die Unternehmen, die ihr Interesse an neuen und nachhaltigeren didaktischen Ansätzen der Kompetenzentwicklung zum Ausdruck brachten, während die Positionen der Gewerkschaften bisweilen fast dogmatisch an dem Berufsprinzip und dessen inhaltlicher Bestimmtheit festhielten, obgleich sich die Berufe als feste Kompetenzbündelungen in Arbeitnehmerhand in der betrieblichen Realität selbst mehr und mehr aufzulösen begonnen haben.

Grundlegende Kompetenzansätze	Input-Formulierung (outside-in)	Outcome-Formulierung (inside-out)
Kompetenzen als ökonomisierte Varianten von Bildung	… berufsökonomisch verwertbare Handlungsfähigkeiten	
Kompetenzen als allgemeinste Handlungsrahmen		… zählt alles dazu, was den Menschen und sein Menschsein geistig und physisch formt
Kompetenzen als kreative Selbstorganisationsfähigkeiten		… Fähigkeiten, selbstorganisiert und kreativ zu handeln
Kompetenzen als kognitive Leistungsdefinition	… ist vollständig auf den Bereich eines im engsten Sinne kognitiven Problemlösungshandelns fokussiert	
Konsequenz	… setzt die Wirksamkeit einer externen Instanz voraus, die „Verwertbarkeit" und Leistungen definiert bzw. standardisiert einfordert und kontrolliert	… setzt einen geweiteten und entgrenzten Umgang mit dem Individuum und seiner Kompetenzentwicklung voraus, der seine „Kompetenz als Lebensform" fördert

Abb. 10 Lesarten des Kompetenzbegriffes

Meine Restrukturierung verändert Deine Lesarten leicht – wir sprachen darüber. Sie ermöglicht aber in der mir einleuchtenden Form eine didaktisch wichtige Komplexitätsreduktion. Denn die Antwort auf die Frage „Wie entwickeln sich Kompetenzen nachhaltig?" muss didaktisch anspruchsvoll sein. Und dabei scheiden die Lesarten „Kompetenzen als ökonomisierte Varianten von Bildung" sowie „Kompetenzen als kognitive Leistungsdefinitionen" u. a. deshalb aus, weil sie etwas in Aussicht stellen, was. real kaum zugerechnet werden kann. Oder kennst Du tragfähige Verfahren, mit denen das am Ende einer Kompetenzentwicklung gezeigte Handeln der Lernenden überzeugend auf die Beschaffenheit der Inputs und die mit diesen verbundenen Erwartungen (ökonomische Verwertbarkeit) zurückgeführt werden kann? Und ist nicht in ähnlicher Weise im Hinblick auf die „Kompetenzen als kognitive Leistungsfunktion" die Frage grundlegend, wodurch kognitive Leistungsfähigkeit tatsächlich konstituiert wird? Sicherlich: Wir haben solche externen Instanzen, und auch die bildungspolitischen Ansätze zum Aufgreifen und zur Durchgestaltung der Kompetenzorientierung versprechen diese Wirkungen, aber sind sie tatsächlich zu gewährleisten?

Neuerdings gibt es auch die Hoffnung, Kompetenzentwicklung im tertiären Bereich[7] durch Curriculumrevision zu erreichen. Das „Fachgutachten zur Kompetenzorientierung in Studium und Lehre", welches Niclas Schaper und andere im August 2012 im Auftrag der Hochschulrektorenkonferenz (HRK) vorgelegt haben, lebt fast ausschließlich von Outside-In-Annahmen. So argumentiert dieses Gutachten verwertungsbezogen, indem es die Vorstellungen aufgreift, ein Studium müsse auf „ein berufliches Tätigkeitsfeld" (Schaper u. a. 2012, S. 8) vorbereiten, wobei Schaper u. a. durchaus keine „spezifischen (akademischen) Beruf(e)" (ebd.) im Blick haben, sondern

„(...) die Befähigung, in Berufs- und Tätigkeitsfelder einzutreten, die durch eine offene Gestaltung sowie ein breites Aufgabenspektrum gekennzeichnet sind und daher auf theoretischer und methodischer Kompetenz beruhende Selbständigkeit und Verantwortlichkeit in der Problemdefinition und -lösung verlangen. (...)

Dies beinhaltet, dass Studierende auch in Bezug auf soziale und personale Schlüsselkompetenzen ausgebildet und weiterentwickelt werden. Sie sollen damit zu einem (selbst-)verantwortlichen und reflektierten Handeln und Entscheiden in komplexen beruflichen und lebensweltlichen Kontexten befähigt werden sowie in der Lage sein, mit anderen insbesondere auch kulturell unter-

---

[7] International werden akkreditierte Hochschulen (Oberbegriff für Universitäten, Technische Universitäten, Hochschulen für Musik bzw. Kunst, Pädagogische Hochschulen sowie alle Arten von Fachhochschulen) zum tertiären Bildungsbereich gezählt. In der Bundesrepublik Deutschland werden auch die Berufsakademien und Fachakademien/Fachschulen dem tertiären Bereich zugerechnet.

schiedlichen Personengruppen effektiv zu kommunizieren, zusammenzuar-
beiten und Konflikte zu lösen." (ebd.)

Ein differenzierter Anspruch, dem Du sicherlich zustimmen kannst. Doch
durchforstet man das Gutachten nach Hinweisen darauf, *wie* man sich einer
solchen Zielsetzung im Alltag der Hochschulbildung wirksam annähern
könnte, so findet man fast nur Herkömmliches aus der Instruktionsdidaktik.
Einerseits fordern Niclas Schaper u. a. „ein verändertes Verständnis des Lehr-/
Lernprozesses im Studium" (ebd.), plädieren dafür, Lehre und Studium „auch
in hohem Maße vom Lern- bzw. Entwicklungsprozess der Studierenden her zu
denken und zu konzipieren" (ebd., S. 8f) und stehen im Einklang mit der systemisch-konstruktivistischen Didaktik, wenn sie dafür eintreten,

„(…) dass Wissen grundsätzlich durch den aktiven und eigenständigen Auf-
bau von Gedächtnisstrukturen entsteht und dabei auf bereits vorhandenen
Kenntnissen und Fähigkeiten aufbaut, die diese Konstruktions- bzw. Aufbau-
leistung in bedeutsamen Maße mitbestimmen. Weiterhin wird in diesem
Zusammenhang angenommen, dass Lernen ein situierter Prozess ist, d. h. Ler-
nen stets in spezifischen Handlungs- und Erfahrungskontexten erfolgt, die
einen Interpretationshintergrund für die Bewertung der Lerninhalte liefern
und damit konkrete Lernerfahrungen ermöglichen und begrenzen" (ebd.,
S. 9).

Andererseits verbleiben die Vorschläge ihres Gutachtens im Bereich der Lehr-
infrastruktur. Es sind die *Lehrenden*, die dazu aufgefordert werden, „Lernziele"
und „Modulziele" sorgfältiger und aufeinander abgestimmt zu gestalten und
dafür Sorge zu tragen, dass „(…) neben der Auseinandersetzung mit Wissensin-
halten auch Kompetenzen vermittelt werden" (ebd., S. 9). Im Rahmen des
TUNING-Projekts wurde darüber hinaus eine Art Referenzrahmen für eine in
diesem Sinne kompetenzorientierte Studiengangsentwicklung erarbeitet (vgl.
Gonzalez/Wagenaar 2005) – Strukturierungen, die ich in der folgenden Übersicht darstelle.

Vorschläge des HRK-Gutachtens zum kompetenzorientierten Studium
… Lernziele klar und nachvollzierbar offen legen
… Studierende zu aktiven (Mit-)Gestaltern des eigenen Lernprozesses werden las-sen
… Zusammenhänge zwischen den einzelnen Lehrveranstaltungen in Form von Modulzielen verdeutlichen
… etc.

Vorgehensweise für Studiengangentwicklung

1. Vorabklärung von Rahmenbedingungen und des Bedarfs für einen Studiengang
2. Bestimmung des Qualifikations- bzw. Kompetenzprofils für einen Studiengang
3. Beschreibung der Zielvorstellungen des Studienganges sowie der zu erreichenden Lernergebnisse (bezogen auf Kenntnisse, Verständnis, Fertigkeiten und Fähigkeiten)
4. Bestimmung der fachlichen und überfachlichen Kompetenzen, die mithilfe des Studienganges erreicht werden sollen
5. Transformation der Zielvorstellungen und erwarteten Lernergebnisse in einen Lehrplan: Inhalt (abzudeckende Inhalte) und Struktur (Module und Credits)
6. Transformation in Lerneinheiten und Prüfungsleistungen, um die definierten Lernergebnisse zu erreichen
7. Auswahl und Hinweise zu angemessenen Lehr-/Lernformen sowie Prüfungsformaten zur Umsetzung des Studienganges
8. Entwicklung eines Evaluierungssystems mit dem Ziel, die Qualität des Studienganges kontinuierlich zu verbessern

---

Abb. 11 Kompetenzorientierung im Studium (gemäß Schaper u. a. 2012, S. 8 und 25 ff.)

Schaut man genauer hin, so werden auch durch dieses Gutachten und das darin vorgeschlagene Vorgehen, wie in nahezu allen europäischen Fördervorhaben Input-Formen optimiert, ausprobiert und überarbeitet Man findet in dem Schaper-Gutachten nur in einem Unterpunkt sowie in den dokumentierten Praxisbeispielen konkretere didaktische Hinweise, zur Gestaltung „kompetenzförderlicher Lernarrangements", wohingegen planerische sowie evaluatorische Konzepte deutlich im Vordergrund stehen. Die für die HRK entwickelten Ratschläge sind deshalb auch eher solche für die *curriculare Gestaltung und Administration*, weniger solche, die tatsächlich vom Studierenden und dessen Lernprozessen ausgehen.

Was in solchen bildungsadministrativen Ansätzen, deren Verdienst von mir gar nicht geschmälert werden soll, *zu kurz kommt*, sind Inside-Out-Überlegungen zur Kompetenzreifung. Sie rücken stark in den Hintergrund. Dadurch rücken auch die von Dir vorgeschlagenen Dimensionen „Kompetenzen als allgemeinste Handlungsrahmen", zu denen alles zählt, „was den Menschen und sein Menschsein geistig und physisch formt", sowie „Kompetenzen als kreative Selbstorganisationsfähigkeiten", zu denen die „Fähigkeiten, selbstorganisiert und kreativ zu handeln" zählen, in den Hintergrund. Dies ist misslich, verlieren die kompetenzorientierten Studiengangentwicklungen dabei doch möglicherweise genau *die* Dimensionen aus dem Blick, aus denen Kompetenzen reifen und sich entwickeln können. Am Ende verfügen die Hochschulen dann über – komplexe und aufwendige, aber akkreditierte – Verfahren, mit deren Hilfe Workloads nachvollzogen und Prüfungen optimiert, aber eben keine Kompetenzen entwickelt werden können. Eine Kritik, die Peter Wex unlängst in der FAZ als „das leere Versprechen der Kompetenzprüfung" (Wex 2012) entlarvte. Er schreibt:

„Allein die Größenordnung macht schwindelig. Am Ende jeder Lehrveranstaltung wird jedem Studierenden mittels einer Prüfung bescheinigt, er habe in dem Modul neben dem Fachwissen auch die überfachlichen Kompetenzen erworben, also die Sozialkompetenz, die Methoden- und die personale Kompetenz. Diese Feststellung ist zwingend vorzunehmen. Bei einem sechssemestrigen Studiengang mit dreißig Modulen hat ein Studierender mithin regelmäßig, aber auch mindestens, dreißig Kompetenzprüfungen zu absolvieren, pro Semester also fünf Prüfungen. Derzeit sind sechzig Prozent aller Studierenden an deutschen Hochschulen in einem neuen Studiengang eingeschrieben, es werden also am Ende des Semesters 1,3 Millionen Mal Kompetenzen geprüft und festgestellt.

Dieser rechnerische Befund ist eindeutig, wird aber von der Mehrheit der Hochschullehrenden achselzuckend, meist aber gar nicht zur Kenntnis genommen. Millionenfach werden die Sozialkompetenzen und die personalen Kompetenzen geprüft? Das glaubt keiner. In den überwiegend Fällen finden die Prüfungen nicht oder in irreführender Verpackung statt" (ebd.).

Was wäre zu tun, um hier die Hochschulen zu einer substanzielleren Form der Kompetenzentwicklung und Kompetenzprüfung zu führen? Anregungen könnten sich vielleicht aus den Ansätzen einer systematischen Selbstführungs- und Selbstlernförderung, wie wir sie an meiner Universität seit einigen Jahren nutzen, ergeben (vgl. Emig/Lermen/Willke 2012). In den so genannten „Diemersteiner Selbstlerntagen" unserer Hochschule geht es explizit und didaktisch anspruchsvoll arrangiert um

„(…) die Stärkung der Eigenverantwortung und des methodischen Selbstlern-Knowhows der Studierenden (…). Den Studierenden werden konkrete Hilfestellungen für ihre individuellen Situationen z.B. in Form von Tools und Checklisten zur Verfügung gestellt, damit sie, wenn möglich kurzfristig, Probleme lösen und Fortschritte erkennen können. Gleichzeitig nehmen sie auch ihr eigenes Kompetenzprofil in den Blick und können so ihr Studium gezielt darauf ausrichten. So bekommt der Anspruch „Verantwortung für das eigene Lernen zu übernehmen" eine langfristige Perspektive, die mit dem Begriff Selbstbestimmung gefasst werden kann" (ebd., S. 121 und 125).

Dieser reflexive Ansatz greift doch einiges von dem auf, was auch Du in Deinem letzten Brief monierst. So stimme ich Dir beispielsweise voll zu, wenn Du – ausgehend von der Selbstorganisationstheorie – an die grundlegend „selbstschöpferische Kraft" alles Lebens und alles Lernens erinnerst und Dich damit gegen die „Mechanisierung des – pädagogischen – Weltbildes" stemmst. Zwar würdest Du nicht auf der Stelle tot umfallen, wenn Du Deine mutigen Zwischenrufe von der Unmöglichkeit einer quasimechanistischen Beschreibung in der Pädagogik-Zunft öffentlich vertreten würdest, aber es würden doch viele über Dich herfallen. Allen voran sicherlich Peter Faulstich, der gegen die „Autopoiesis-Konzepte" mit der von Indikativen nur so strotzenden Belehrung zu Felde zieht:

"Das scheinbar autonome „Selbst" feiert heimlich Auferstehung als isoliertes Lebewesen. Ungeklärt bleibt, wie sich Autonomie zu menschlicher „Subjektivität" und „Identität" verhält. (...) Die Theoriesprache der „Autopoiesis" kann eine Begründung durch Bildungstheorie nicht ersetzen. Die Konstruktion im Modell autopoietischer Systeme verfehlt die Spezifität menschlichen Lernens, das gekennzeichnet ist durch seine Bedeutsamkeit für Selbstbestimmung. Menschliche Personen stehen immer in gesellschaftlichen Sinnzusammenhängen, welche sie sich aneignen. Bildung meint dann, – ganz traditionell – diese Welt zu begreifen und mit sich selbst zu verbinden – so schon Humboldt. Dies ist radikalkonstruktivistisch nicht rekonstruierbar." (Faulstich 2012, S. 243 und 245).

Willst Du Dir das wirklich antun? Sicherlich bist auch Du für Faulstich und andere ein Radikalkonstruktivist, wobei ich fast den Eindruck habe, der Radikalkonstruktivismus sei eine Erfindung seiner Gegner – zumindest in der Lesart, mit der sie gegen ihn zu Felde ziehen. Mit diesen ausgrenzend und wissend daher kommenden Zwischenrufern ist wirklich nicht gut Kirschenessen, glauben sie doch, über eine Metaposition zu verfügen, von der aus sicher beurteilbar sei, welche Argumentation „in die Irre (führt)" (ebd., S. 242) und welche nicht. Zu diesem naiven – und anmaßenden – erkenntnistheoretischen Realismus hat Ortfried Schäffter kürzlich entschieden festgestellt:

"In der gegenwärtigen Transformationsgesellschaft wird es für seriöse Wissenschaft zunehmend riskanter, vom Standpunkt eines naiven Realismus auszugehen und seine soziale Umwelt unter dem Gesichtspunkt einer vom Beobachter unabhängigen und substanziell fassbaren Faktizität zu betrachten. Gerade handlungsfeldbezogene Forschung gerät dann in Gefahr, in ihrer Gegenstandsbestimmung „the natives views" mit empirischer Realität zu verwechseln (...) und dadurch letztlich ihren Deutungen auf den Leim zu gehen" (Schäffter 2012, S. 34).

Mit dem, was Du schreibst, schließt Du nach meinem Eindruck in vielfacher Hinsicht auch an Francisco Varela an, der in einem klugen Beitrag zum Verhältnis von Autonomie und Autopoiesis darauf hingewiesen hat, dass ein Denken, welches den autopoietischen Entwicklungen des Lebendigen nachspürt, automatisch „das Schwergewicht vom Aspekt der Kontrolle auf den der Autonomie" (Varela 1987, S. 119) verlagere. Autonomie im Sinne einer freien Entfaltung der Subjektivität, kann deshalb auch nur beobachtet und beschrieben, nicht aber vorschreibend oder verschreibend gedeutet werden, wie dies Peter Faulstich tut, der „Hochbegrifflichkeiten der Tradition von Bildung, Aufklärung und Mündigkeit" (Faulstich 2012, S. 243) ins Feld führt und im Sinne einer

Deutungshoheit über diese wacht[8]. Dass er deren Lesart und Handlungsaufforderungen aber seinerseits bloß zu seinen Bedingungen zu verstehen vermag, ist für ihn kein Thema. Deshalb sagt er zwar „Autonomie", meint aber „Heteronomie" – oder, wie Du es ausdrücken würdest – „er frönt einem mechanistischen Denken".

Und doch bleibt bei aller Kritik an den erwähnten mechanistischen Vereinfachungen die Frage, ob die Wirkungszusammenhänge, aus denen ein kompetentes Handeln entsteht, überzeugend ohne einen deutlichen Bezug zu den Sachverhalten, um deren Gestaltung es geht, erklärt werden können. Diese Frage stellen mir immer und immer wieder meine Kollegen aus technischen und naturwissenschaftlichen Disziplinen. Sie argumentieren dabei, dass z. B. der Zahlenbegriff eine grundlegende Voraussetzung sei, um verschiedene Rechenarten zu verstehen – losgelöst und unabhängig von den im Subjekt reifenden Voraussetzungen. Aus erwachsenenpädagogischer Sicht wird mit Blick auf die Arbeiten von Dir und Heyse eingeworfen, dass eine überzogene

„(...) Subjektzentrierung mindestens genauso vereinseitigend (ist) wie die reine Sachzentrierung. Im Arbeitsprozess entsteht ein Können, wie dieser Kompetenzansatz zu Recht kritisiert, nicht allein durch Folgen einer Sachlogik; Aspekte der Selbstorganisation geraten so aus dem Blick. Setzt man nun allerdings umgekehrt beim Subjekt an, vorgestellt als ein in sich geschlossenes System, reduziert man jedes Können auf eine Expression von Dispositionen dieses Systems, in dem solche Fähigkeiten schlummern und nur auf eine günstige Gelegenheit warten, um sich zu verwirklichen. Solche Annahmen verstellen den Blick dafür, wo Könnerschaft eine Leistung auf einer sozialen bzw. gesellschaftlichen Ebene ist" (Langemeyer 2012).

In dieser Nachfrage ist mit dem Hinweis auf die „günstigen Bedingungen" meines Erachtens die einzig mögliche Konsequenz für eine adäquate Kompetenzdidaktik bereits angedeutet, ohne dass der Hinweis aufgegriffen und ausgestaltet wird. Die Schlussfolgerungen der Verfasserin folgen vielmehr einer Interventionserwartung, die systemtheoretisch antiquiert ist. Tatsächlich können wir zwar didaktisch intervenieren, aber unsere Interventionen kaum wirkungssicher gestalten, da die Wirkung wie das Wollen des Subjekts Ausdruck seiner Autopoiesis ist. Mit diesem Sachverhalt adäquat umzugehen, ist das, worum es bei dem derzeit sich vollziehenden Wandel von der Wissens- zur Kompetenzkultur geht. Dabei geht es auch um einen Abschied von den Interventions- bzw. Instruktionsdidaktiken. Deren Modelle haben wenig mit der Logik der kontingent[9] sich entwickelnden Anforderungslagen in Lebenswelt

---

[8] So moniert er: „Die Grundbegriffe der Erwachsenenbildung werden also rekonstruiert bzw. umgedeutet" (Faulstich 2012, S. 243). Ob Faulstich weiß, dass Begriffe nur Denkwerkzeuge sind und als solche gestaltet, verändert und verwandelt werden können?

[9] gegeben, aber weder notwendig noch unmöglich

und Beruf zu tun. Das zeigst Du auch mit Deinem berechtigten Hinweis auf die paradoxe Konstellation, dass wir „genau dann selbstorganisiert und kreativ handlungsfähig sein wollen und müssen, wenn wir mit … Unvorhersehbarkeit konfrontiert sind". Mit solchen Überlegungen wirst Du gleichwohl auf wenig Gegenliebe stoßen. Die Pädagogik und ihre Denker sind nämlich vergangenheitsorientiert und bisweilen recht kämpferisch oder gar angriffslustig, wenn sie ein Sakrileg vermuten. So ist ein Hinterfragen des Bildungsbegriffes als ein materiales Konstrukt bereits ein solches Sakrileg, und wenn Du nun Humboldt noch mit der Selbstorganisationstheorie vermählst und gar feststellst „Humboldts Ansatz ist einer der Selbstorganisation des menschlichen Denk- und Handlungsvermögens", dann würde ich mir ernstlich Sorgen um Dein Wohlergehen machen, solltest Du jemals die Zirkel der Erwachsenenpädagogik aufsuchen, denn Dein Humboldt ist nicht deren Humboldt, wie Dir die entschiedene Faulstich'sche Lesart gezeigt hat.

Wie gehst Du mit solchen Anfragen um? Oder anders gefragt: Sind unsere Überlegungen zur Konzeption und Modellierung von Kompetenzen zu wenig subjektorientiert, indem sie in zu grober Form die Zusammenhänge zwischen Wissen und Können konzipieren und deshalb auch keine domänenspezifischen Formen einer wirksamen Begleitung und Gestaltung von Kompetenzentwicklungsprozessen vorlegen können, d. h. fachdidaktisch zu wenig präzise sind?

Mein Eindruck ist, auch nach der Lektüre Deiner Zeilen, dass wir heute mehr benötigen als eine Strategie zur Kompetenzentwicklung. *Kompetenzreifung bedarf einer formalen Bildungstheorie und -praxis.* Wir benötigen auch und vor allem eine Didaktik der Kompetenzreifung. Bei der Frage, wie eine solche Didaktik beschaffen sein könne, lieferst Du mit Deinen Ausführungen zum Thema „Wissensaufbau" wichtige Anregungen. Auch Bernhard Pörksen mit seinem Beitrag „Von der Instruktion zur Inspiration" (Pörksen 2012), der mich dieser Tage in einer Vorabdruckversion erreichte, finde ich anregend und wegweisend. So schreibt Pörksen:

„Insbesondere für den Bereich der universitären Didaktik und Pädagogik haben zentrale Postulate und Prämissen des Konstruktivismus (Orientierung am Lernenden, Eingeständnis der Autonomie des Erkennenden) vielfältige Konsequenzen: Sie legen eine paradigmatische Umorientierung nahe; das Konzept des Wissenstransfers muss durch die Anregung zum Selbstlernen ersetzt werden, es gilt, sich an der Realität der Studierenden zu orientieren, Lernumgebungen zu schaffen, die fertige Antworten primär als Fragen und Lösungen vor allem als Probleme erkennbar und erfahrbar machen. Formelhaft gesagt, verläuft die sich ergebende Veränderung von der Instruktionsdidaktik zur Inspirationsdidaktik" (Pörksen 2012, S. 1).

In dieser Perspektive sind eine Reihe von Aspekten beinhaltet, die ich im Folgenden thesenartig zu einem Konzept akademischer Kompetenzentwicklung verdichten werde:

(1) *Lernen ist Aneignung. Diese „lebt" von den Umgangserfahrungen des Subjekts mit sich selbst und seiner Selbstwirksamkeit, seiner Stellung in sozialen Systemen und mit überlieferten bzw. übergebenen Wissensbeständen.*

Der lernende Mensch ist seinen Vorprägungen und Eigensinnigkeiten nicht wehrlos ausgeliefert, sondern kann deren Mechanismen verstehen, ihre Wirkungsweisen an sich selbst beobachten und reflektieren und sich übend mit anderen Formen des Lernens und der Problemlösung befassen. Eine wirksame Kompetenzdidaktik muss deshalb gezielt günstige Gelegenheiten für ein solches *reflexives* Lernen schaffen.

(2) *Das Eigene ist mächtig, es kann nicht übersehen oder dementiert werden. Es ist in erster Linie emotionale Identität, d. h. die Summe der biographisch zu Mustern des Wollens und Könnens geronnenen Selbstwirksamkeitsgefühle des reifenden Subjekts.*

Entscheidend ist meines Erachtens, was der Einzelne sich zutraut, ob er sich durch Gefühle der Angst und des Versagens lähmen lässt oder diese ihn zu einem erneuten – veränderten – Aufbruch bewegen. Jeder Mensch bringt eine ganz spezifische Beleuchtung in die mit anderen gemeinsam erlebten Situationen ein – eine Differenz, die auch nicht durch hirnphysiologische Hinweise entkräftet werden, dass „wir keine abgeschlossene Monaden mehr (sind), denen ein Bild der Welt vorgespielt wird, sondern wir unseren Leib und durch ihn die Welt (bewohnen)" (Fuchs 2010, S. 38 ff.). Und auch der Hinweis Faulstichs, dass es immerhin „die Möglichkeit des Sprechens und des Verständigens" (Faulstich 2012, S. 241) gäbe, ist zwar berechtigt, aber dann doch wieder viel zu grob, als dass er die subtilen Formen der Gleichzeitig von Getrenntsein und Verbundensein in der menschlichen Wahrnehmung wirklich weiterführend zu erklären vermag. Alle diese Hinweise tendieren zu einer Rolle rückwärts in einen *naiven Realismus.*

(3) *Kompetenzentwicklung gelingt nur in Eigenregie des lernenden Subjekts. Dieses muss die Ziele, um die es geht, möglichst früh und möglichst präzise kennen – in einer Weise, die es ihm ermöglicht, kontinuierlich den eigenen Prozess zu überprüfen und immer wieder neu zu justieren. Aus diesem Grunde stehen zu Beginn eines Kompetenz entwickelnden Lernens die Zieltransparenz (Stichwort: Kompetenzprofil) und die Verantwortungsübernahme durch den Lernenden (Stichwort: Ownership).*

Die Ansprache der Lernenden vor dem Eintritt in den Kompetenzentwicklungsprozess ist deshalb von grundlegender Bedeutung. Sie müssen begreifen, dass Menschen zwar nur selbst lernen können, dass man jedoch genau diese

Lernkompetenz durch Techniken und Verfahrensweisen optimieren kann und sie so zu unabhängigen und (selbst)verantwortlichen Lernenden werden können. Bildungsangebote ohne solche Strategien eines gleichzeitig reflexiven sowie metakommunikativen und persönlichkeitsbildenden Lernens sind keine Orte einer *wirksamen Kompetenzreifung* – so ließe sich meines Erachtens zugespitzt folgern.

(4) *Lehren ist eine Inszenierung von Erfahrungsräumen, in denen den Lernenden Erklärungs-, Vertiefungs- und Diskursmöglichkeiten eröffnet werden, die sie zu ihren Bedingungen nutzen können, ohne dass diese unmittelbar auf die Lernenden einwirken oder ihre Kompetenzentwicklung ohne deren innere Zustimmung nachhaltig beeinflussen können.*

In den traditionellen Lernkulturen sind diese Inszenierungen zumeist vom Lehrenden und seinen Inputs her gestaltet. Trotz langjähriger didaktischer Entwicklung wurde diese Inputzentrierung kaum jemals wirklich hinterfragt oder gar grundlegend in Frage gestellt. Methodische Innovationen waren meist Versuche, die Lehrenden zu einem vielfältigeren und aktivierenderen Arrangement ihrer Vermittlungsfunktion zu bewegen. Erfahrungen mit den selbstorganisierten Lernprozessen im Fernstudium und im eLearning zeigen jedoch, dass Lernende *unabhängig (independent) lernen* können, wenn entsprechende Lernumgebungen gestaltet und durch Ansätze einer Lernberatung sowie begleitende Formen eines Lernstrategietrainings und einer Portfolio-Verantwortung ergänzt werden (vgl. Pachner 2009).

Nach meinem Eindruck müsste es in Zukunft darum gehen, diese Anregungen aufzugreifen, auszuarbeiteten und durch entsprechende, algorithmisch präzisierte Verfahrensweisen zu konkretisieren. Dabei müssen auch Wege beschritten werden, die neu und ungewohnt sind und für die zunächst wenig zu sprechen scheint. Wichtig ist die Einsicht in das, was wirksam ist, was uns zu Neuem zu führen vermag. Aber auch die Aufdeckung des Festhaltens an dem, was erwiesenermaßen unwirksam ist, was uns im alten Denken festhält.

Bevor ich diesen Brief an Dich absende, möchte ich Dich noch auf einen Artikel über „Das Wunder von Wonchi" hinweisen. Darin berichtet Fiona Ehlers, dass man im Rahmen eines MIT-Projektes in einem äthiopischen Dorf Tablet-Computer an Kinder verteilte, die allein mit Hilfe dieser Computer Englisch lernten, „ohne je einem Lehrer begegnet zu sein" (Ehlers 2012, S. 98). In diesem Artikel wird vom Auftritt von Nicholas Negroponte, dem Leiter des Vorhabens „One Laptop per Child" (OLPC), auf einer Konferenz in Cambrigde berichtet, bei der dieser Stellung nahm zu der ursprünglichen Befürchtung, afrikanischen Kinder – Analphabeten – könnten mit Computern nichts anfangen:

„'Stattdessen' rief Negroponte und überschlug sich vor Begeisterung, 'rissen sie die Pakete auf und fanden – nach nur vier Minuten – den Anschaltknopf'. Kinder, die noch nie zuvor Buchstaben gesehen hätten, würden nach nur fünf

Tagen 47 Apps nutzen, berichtete er. Nach zwei Wochen hätten sie das ABC-Lied gesungen, nach fünf Monaten die Android-Sicherheitseinstellungen überlistet. 'Jetzt können sie lesen und schreiben', rief Negroponte, 'es funktioniert'" (ebd., S. 100).

Vielleicht klingt aus solchen Schilderungen noch zu viel Überschwang, zumal das Negroponte-Projekt keineswegs überall gleichermaßen erfolgreich ist. Doch bedenkenswert und für unser Thema anregend sind solche und ähnliche Erfahrungen durchaus. Denn das Kompetenzthema ist letztlich auch ein didaktisches Thema: Es geht um die Frage, unter welchen Voraussetzungen Kompetenzen in biographisch unterschiedlich vorgeprägten Lernenden doch in vergleichbarer Weise wirksam reifen können.

Soviel für heute –

Mit herzlichen Grüßen und Wünschen für die bevorstehenden Feiertage

Dein Rolf

6. Brief

worin John Erpenbeck behauptet, dass Wilhelm von Humboldts Bildungsverständnis ein echtes Kompetenzverständnis darstellt, und dass nicht nur die „überfachlichen" Kompetenzen sondern vor allem die Fachkompetenzen im Blickpunkt künftiger Kompetenzforschung stehen werden.

Lieber Rolf,

wir haben uns in den zurückliegenden Briefen bemüht, vor allem auf zwei Fragen einzugehen: Zum einen – warum ist es so schwer, etwas völlig Selbstverständliches, nämlich die Orientierung des Lernens auf den Gewinn von selbstorganisierter, kreativer Handlungsfähigkeit, also auf den Gewinn von Kompetenzen hin durchzusetzen? Zum anderen – wo eine solche Orientierung wirklich ansetzen, welche schon vorhandenen oder neu zu schaffenden Methoden, Organisationsformen und Institutionen sie nutzen müsste? Gerade Deine Thesen zu einem Konzept akademischer Kompetenzentwicklung liefern dafür wichtige Richtungshinweise.

Ich würde vorschlagen, jetzt noch einige weitere Gedanken auf die Frage zu verwenden, welchen Grundzügen eine künftige Kompetenzorientierung folgen sollte. Hier erscheinen mir drei Denkkreise, die Dein letzter Brief berührt, besonders wichtig:

Erstens: Wie eng hängen Kompetenzentwicklung und informelles Lernen miteinander zusammen? Oft erscheint es so, als ob Kompetenzentwicklung vor allem mit informellem Lernen zusammenhinge. Wenn die verschiedenen Formen formellen [10] Lernens tatsächlich eher Sach- und Informationswissen anstatt Kompetenzen entwickeln helfen, ist diese Beobachtung fraglos zutreffend. Offen bleibt allerdings, ob eine rekonstruierte institutionelle und damit formelle Form des Wissensaufbaus nicht ebenso gut Kompetenzen vermitteln könnte. Das muss nicht, kann aber durch Hineinnahme des Informellen ins formelle Curriculum geschehen. Die von Dir zitierte Furcht: „Are we now going to colonize the the informal sector?" erscheint mir unbegründet, die von Dir vorgeschlagene „Informalisierung" des Lernens als Leitidee äußerst wichtig. Gänzlich neue Formen sind ebenso denkbar.

Zweitens: Wir sollten uns unbedingt weiterhin Gedanken zum Verhältnis von Selbstorganisationstheorie / Autopoiese, Subjektentwicklung und Kompetenzentwicklung machen. In dieser Hinsicht betrachte ich die kritischen Anmerkungen von Peter Faulstich als durchaus anregend. Aber auch die gängige, mit Humboldt Argumenten operierende Kritik am Kompetenzdenken führt –

---

[10] ich benutze hier und im folgenden „formell" und „formal" synonym

glaube ich – ganz im Gegensatz zu den Intentionen der Kritiker, zu einem besseren und tieferen Kompetenzdenken und nicht zu dessen Überwindung.

Drittens: Wir sind immer wieder in unseren Überlegungen auf das Verhältnis von Wissen im engeren Sinne, von Regeln, Werten und Normen und von Kompetenzen gestoßen. An vielen Schulen und Universitäten hat sich inzwischen eine Art Kompromisshaltung zum Kompetenzdenken herausgebildet, die wir bereits berührten. Man anerkennt die Wichtigkeit der so genannten außerfachlichen Kompetenzen, trainiert sogar personale, soziale und aktivitätsbezogene Kompetenzen. Im Bereich der Fach- und Methodenkompetenzen ist man sich aber ganz sicher, auf der Höhe der Zeit zu sein, weil man ja auf der Höhe seines Fachs und dessen Methoden ist. Genau hier scheint mir ein fundamentaler Irrtum zu liegen. Bildungstheoretisch und bildungspolitisch scheint mir besonders wichtig, immer wieder und wieder zu betonen: Fachwissen ist keine Fachkompetenz, methodisches Wissen ist keine Methodenkompetenz. Der Aufbau von Fachwissen und methodischem Wissen im Kopf der Schüler oder Studenten hat zunächst noch nichts mit dem Vorhandensein von Fach- oder Methodenkompetenzen zu tun. Aber wie wird Fachwissen zu Fachkompetenzen? Und welchen pädagogischen Wandels bedarf es, um wirklich Fachkompetenzen in jenen Köpfen – und Händen – zu entwickeln?

Auf diese drei Denkkreise möchte ich in diesem Brief eingehen.

Zunächst zum Verhältnis von *informellem, nonformellem und formellem Lernen* und der entsprechenden Kompetenzentwicklung.

Ich erinnere mich noch ziemlich genau des Aufruhrs, den unser australischer Kollege David Livingstone auf dem internationalen Fachkongress „Kompetenz für Europa: Wandel durch Lernen – Lernen im Wandel" 1999 entfesselte.

Einleitend schon hatte Jürgen Mittelstraß, der berühmte Philosoph, mit der Feststellung Aufsehen erregt:

„Wenn das über Bildung und Kultur allgemein, über Globalisierung, über eine Informations- und Innovationsgesellschaft und über eine Kultur des Lernens Gesagte richtig ist, dann ist die hier als Wissensgesellschaft beschriebene Zukunft auch und gerade eine Kompetenzgesellschaft. Kompetenz besagt, dass Wissen und Können eine Einheit bilden. Reines Wissen ist noch kein Garant für erfolgreiche Problembewältigungen. Wir lernen schließlich auch das Skilaufen nicht mit dem Lehrbuch in der Hand" (Mittelstraß 1999, S. 61).

Und dann Livingstone: „Informelles Lernen in der Wissensgesellschaft" (Livingston 1999, S. 65–92). Er leitete damals ein großzügig von australischen Wissenschafts- und Forschungsbehörden gefördertes Projekt „Neue Ansätze für lebenslanges Lernen" (NALL). Und er trat mit weit nachwirkenden Thesen auf. Zum einen konstatierte er, dass wir zwar in einer Wissensgesellschaft leben, in der viel mehr gelernt wird, als je zuvor, aber nicht in einer entsprechenden Wissensökonomie, da die meisten Menschen nicht in die Lage versetzt werden, viel von diesem Wissen in ihre Erwerbstätigkeit einzubringen. Das in der Freizeit, im Verein, in der Familie, im sozialen Umfeld gewonnene immense Wissen bleibt ungenutzt. Selbst das im Prozess der Arbeit gewonnene Wissen wird nur sehr unsystematisch verwendet. Um das näher zu untersuchen, unterteilte er die Arten des Lernens im Erwachsenenalter in die organisierte Bildung – formelle Schulbildung und Weiterbildung – und in informelles Lernen.

„Informelles Lernen ist jede mit dem Streben nach Erkenntnissen, Wissen oder Fähigkeiten verbundene Aktivität außerhalb der Lehrangebote von Einrichtungen, die Bildungsmaßnahmen, Lehrgänge oder Workshops organisieren. Informelles Lernen kann außerhalb institutioneller Lehrinhalte in jedem denkbaren Umfeld stattfinden. Die grundlegenden Merkmale des informellen Lernens (Ziele, Inhalte, Mittel und Prozesse des Wissenserwerbs, Dauer, Ergebnisbewertung, Anwendungsmöglichkeiten) werden von den Lernenden jeweils einzeln oder gruppenweise festgelegt. Informelles Lernen erfolgt selbstständig, und zwar individuell oder kollektiv, ohne dass Kriterien vorgegeben werden oder ausdrücklich befugte Lehrkräfte dabei mitwirken. Informelles Lernen unterscheidet sich von Alltagswahrnehmungen und allgemeiner Sozialisierung insofern, dass die Lernenden selbst ihre Aktivität bewusst als signifikanten Wissenserwerb einstufen. Wesensmerkmal des informellen Lernens ist die selbstständige Aneignung neuer signifikanter Erkenntnisse oder Fähigkeiten, die lange genug Bestand haben und im Nachhinein noch als solche erkannt werden. Dies ist das Schlüsselkriterium bzw. die Regel zur Unterscheidung zwischen informellem Lernen und allen andern Alltagsaktivitäten, die wir verrichteten. Wenn wir das informelle Lernen näher untersuchen wollen, so müssen wir uns bewusst auf diejenigen Prozesse beschränken, die der Betreffende selbst als regelrechte Lerninitiativen oder gezielte Lernaktivitäten außerhalb des Bildungswesens einordnet (ebd.).“

Und dann das viele erschütternde Ergebnis seiner Untersuchung: Die von den erwachsenen Kanadiern in den vier Bereichen Erwerbstätigkeit, Gemeinnützigkeit, Hausarbeit und allgemeine Interessen aufgewendete Stundenzahl für informelle Lernaktivitäten betrug rund 15 Wochenstunden.

„Das ist bei weitem mehr Zeit, als von erwachsenen Kanadiern für organisierte Bildungsmaßnahmen aufgewendet wird (im Durchschnitt ca. vier Wochenstunden, wenn man die gesamte Bevölkerung einbezieht). Das Bild vom Eisberg gibt den Sachverhalt nicht genau wieder, kommt ihm aber doch sehr nahe. Die Erwachsenenbildung gleicht einem Eisberg – weitgehend den Blicken entzogen, aber in ihren verborgenen informellen Aspekten von gewaltigen Ausmaßen und größtenteils undurchdringlich (ebd., 1999, S. 79f).“

Im Klartext: 75 % allen Wissens wird informell erworben, 25 % formell. An dieser eins zu vier These zweifelt heute kaum noch jemand, bestenfalls werden die

Prozentpunkte je nach Absicht ein bisschen nach oben oder nach unten manipuliert. Verschiedene Studien ermitteln, dass 70 bis 90 (!) Prozent der berufsrelevanten Kompetenzen außerhalb institutioneller Bildungseinrichtungen erworben werden (Stegemann 2008).

Das Problem hinter diesen unumstößlich erscheinenden Ergebnissen ist, welches Wissen dort eigentlich erworben wird. Viele Forscher gehen wie im letzterwähnten Fall davon aus, dass es vor allem Kompetenzen sind, die informell erworben werden. Tatsächlich geht es ja um echte Handlungsfähigkeiten außerhalb des organisierten Lernhandelns. Wissen wird im informellen Bereich vorwiegend in Form von Kompetenzen erworben. Insofern ist dein Verweis auf die Ergebnisse und Anschauungen von Peter Dehnbostel vollkommen zutreffend. Seine Gruppe hat tiefgründig untersucht, auf welche Weise Kompetenzen im informellen Bereich erworben und nachgewiesen werden können.

Diese Anschauung scheint sich auch im europäischen Rahmen immer mehr durchzusetzen. So wird in einem Papier der europäischen Kommission rechtsverbindlich ein „Vorschlag für eine Empfehlung des Rates zur Validierung der Ergebnisse nichtformalen und informellen Lernens" formuliert (COM 2012). Als Stoßrichtung des Papiers wird angegeben:

„Für den Zugang der Bürgerinnen und Bürger zum Arbeitsmarkt und zum lebenslangen Lernen kommt der Validierung von Lernergebnissen (Kenntnisse, Fähigkeiten und Kompetenzen), die auf nichtformalem und informellem Wege – auch unter Verwendung freier Lern- und Lehrmaterialien – erzielt werden, grundlegende Bedeutung zu" (ebd., S. 11).

Einige Tage, nachdem dieses Papier veröffentlicht wurde, schrieb mir ein langjähriger Kollege und Wegbegleiter:

„Lieber Herr Erpenbeck, die Stunde der Kompetenzfeststellungsverfahren ist gekommen: die EU-Kommission hat den Entwurf für eine Empfehlung vorgelegt, die geltendes Recht in EU 27 wird. Der Entwurf zur Validierung enthält die zentrale Empfehlung zur Schaffung einer öffentlichen Umsetzung von Verfahren der Validierung nonformalen und informellen Lernens. Nach der Entwurfsfassung erhalten die Mitgliedstaaten 3 Jahre Zeit. Interessant ist, dass auch Betriebe aufgefordert werden. Das bedeutet wohl auch, dass die Staaten solche Modelle fördern sollen."

Ich glaube allerdings, lieber Rolf, dass da ein vorerst lässlicher, mit der fortschreitenden Kompetenzorientierung von Schulen und Universitäten jedoch immer deutlicher sich abzeichnender Argumentationsfehler den Fortgang des Kompetenzdenkens eher behindert. Dieser Fehler berührt auch unmittelbar Deine berechtigte Fragestellung, ob man nicht die Gegenüberstellung von formellem und informellem Lernen überhaupt aufgeben und das Lernen der Menschen informalisieren kann.

Schon bei Livingstone zeichnete sich eine gewisse Vermengung von Lernorten und Zertifizierungen einerseits und von Lernstoffen und Lernzielen andererseits ab. Wichtigstes Unterscheidungsmerkmal, darin sind sich wohl alle Forscher einig, ist der Lernort selbst. Formelles Lernen erfolgt in Schule, Berufsschule, Hochschule, Universität und Weiterbildung, bestätigt (validiert) durch Zeugnisse, Belege, Diplome, Zertifikate und Ähnliches. Natürlich wird in all diesen Institutionen weiteres Wissen erworben, das nicht validiert wird, aber handlungswichtig werden kann. Oft wird dann von nonformellem oder nicht formellem Lernen gesprochen. Alles Lernen außerhalb dieser Institutionen ist informell.

Diese sehr klare Unterscheidung hat Günter Dohmen in den Vordergrund gestellt. Ich teile sie und halte sie für wichtig (Dohmen 2001). Bernd Overwien – der übrigens am Beispiel von Entwicklungsländern gezeigt hat, dass hohe Kompetenzen keineswegs mit formellen Qualifikationen einhergehen müssen (Overwien/Rode 2013) – nimmt diese Unterscheidung aus gutem Grund wieder auf (Overwien 2009, S. 23–34) und resümiert:

„Eine im deutschsprachigen Bereich inzwischen weit verbreitete Definition kommt aus der Erwachsenenbildung. Formales Lernen ist danach institutionell geprägtes, planmäßig strukturiertes Lernen mit anerkannten Zertifikaten. Nicht formales Lernen oder nonformales Lernen in Kursen etc. hat dagegen seinen Platz außerhalb dieser Sphäre. Informelles Lernen findet ungeregelt im Lebenszusammenhang statt. Zusätzlich gibt es inzidentelles oder implizites Lernen, ein unbewusstes Gelegenheitslernen, das Nebenprodukt anderer Tätigkeiten ist (Overwien 2009, S. 26)".

Ich kann natürlich auch im informellsten Rahmen, zu Hause auf der Couch, reinstes Sach- und Informationswissen in mich hinein pauken, das mit Kompetenzen noch gar nichts zu tun hat und heute normalerweise Hauptinhalt des formellen Lernens ist. Und ich kann umgekehrt auch an der Universität, im Gespräch mit meinem Dozenten, meinen Kommilitonen, meinen Freundinnen und Freunden viele personale, soziale und aktivitätsbezogene Kompetenzen entwickeln. Dass heutzutage diese so genannten außerfachlichen Kompetenzen ganz vorwiegend informell erworben werden, die fachlich – methodischen Kompetenzen aber scheinbar ganz vorwiegend formell innerhalb von Lehrinstitutionen kann sich ändern und muss sich ändern. Akzeptiert man die scharfe Definition von Dohmen, ist es aber prinzipiell erst mal völlig egal, ob Kompetenzen informell oder formell erworben werden, es ist eine Sache der Zweckmäßigkeit, die sich mit der künftigen Entwicklung der Lernprozesse schnell ändern kann. Insofern würde ich nicht von einer generellen Informalisierung des Lernens der Menschen reden, wohl aber, übereinstimmend mit Deiner Argumentation, davon, dass informelle Lernprozesse eine viel größere Rolle spielen werden und dass wir von der (schul)amtlich verordneten formellen Kompetenzreifung oft zu Formen der informellen Kompetenzentwicklung kommen werden. Trennen wir die Frage nach dem Lernort (formell, nicht formell, informell) strikt von der Frage *was* dort gelernt wird und reift (Informations- und Sachwissen, Methodenwissen, Erfahrungswissen, Kompetenzen) fördern wir fruchtbare Grenzüberschreitungen, öffnen wir ganz neue Lernwege.

Ich will hier nicht auf weitere subtile Unterscheidungen von informellem und anderem Lernen eingehen (ausführlich z. B. in Wittwer / Kirchhof, 2003; Tully 2004; Wurm 2007; Siebert 2012). Ich habe meine Zweifel an Livingstones „Schlüsselkriterium", signifikante Erkenntnisse, Fähigkeiten und Kompetenzen müssten lange genug Bestand haben, um im Nachhinein noch als solche erkannt zu werden – damit könne man informelles Lernen von allen andern Alltagsaktivitäten abgrenzen. Viele Menschen bekommen gar nicht mit, dass sich ihre Kompetenzen erhöht haben, und doch kann man das durch Messungen einwandfrei nachweisen. Seine Hereinnahme inhaltlicher Kriterien – welcher Wissensinhalt, welche Kompetenz wird eher informell, was eher formell gelernt – verbaut mehr den Zugang zu Kompetenzen, als ihn zu öffnen.

Auch das so kompetenzfreundliche EU-Papier suggeriert in diesem Sinne eben ein falsches Fragen. Es hat sich eingebürgert, von informellen Kompetenzen anstatt von informell erworbenen Kompetenzen zu sprechen. Wenn ich nun so tue, als bedürfte es spezifischer Methoden, um die Ergebnisse nicht formellen und informellen Lernens zu validieren, so ziehe ich von vornherein eine Trennlinie zwischen informell und formell erworbenen Kompetenzen. Von da aus ist die Behauptung nicht mehr weit, manche Kompetenzen könnten eben doch nur formell erworben werden – womit die Privilegien der Paukschule und der klassischen Universität wieder gesichert sind. In Wirklichkeit ist natürlich überhaupt nicht ausgemacht, welche – auch fachlich-methodischen (!) – Kompetenzen informell erworben werden können und auf welche Weise. Euer DISC-Fernstudium belegt ja genau das überzeugend.

Mein Plädoyer wäre also, die Problematik des Lernorts, des *wo* gelernt wird, also des formellen, nicht formellen und informellen Lernens strikt von der Frage zu trennen, *was* da eigentlich gelernt wird. Man kann sich reines Informationswissen formell, nicht formell und informell aneignen. Man kann Kompetenzen in formellen, nicht formellen und informellen Arrangements entwickeln. Ein vernünftiges Kompetenzmessverfahren muss formell erworbene Kompetenzen ebenso gut validieren können wie nicht formell oder informell erworbene. Sonst taugt es nichts.

Jetzt zu Humboldts Selbstorganisationsverständnis. Und generell zu der nächsten in Deiner „Justierung der Justierung" aufgeworfenen Frage nach dem Selbstorganisationsverständnis schlechthin.

Ich habe Dir schon einiges über meine Überlegungen zum Selbstorganisationsdenken geschrieben und behauptet, dass es „eigentlich" von allen Pädagogen geteilt werden müsste, aber durch die mechanistische Idee der Wissensvermittlung konterkariert wird. Eine Spitzenleistung dieses Konterkarierens ist zweifellos die von Dir kritisierte Humboldt – Umdeutung zum Hüter eines fiktiven Bildungskanons.

Ich bin darauf eingegangen, dass ich mich mit der Selbstorganisationsproblematik schon lange – seit dem Ende der sechziger Jahre – beschäftigt habe. Wir stießen in unserer biophysikalischen Laborarbeit auf die so genannten Scholl-Schaafschen Strukturen, ein Beispiel für dissipative Strukturen. In einem Diffusionsrohr bildeten sich, unerklärlich für uns, plötzlich scharf ausgebildete übereinander gelagerte Flüssigkeitsscheiben aus – typische sich selbst organisierende, dynamische, geordnete Strukturen in nichtlinearen Systemen fern des thermodynamischen Gleichgewichts.[11] Nach einigen Jahren verstanden wir diese Selbstorganisationsprozesse etwas besser, wir veröffentlichten ein Buch dazu, mir wurde die Ehre zuteil, das resümierende Nachwort dafür zu schreiben (Erpenbeck 1977, S. 100–121). Die Selbstorganisationstheorie, in meiner wissenschaftlichen Umgebung besonders von Werner Ebeling und Klaus Feistel vorangetrieben (Feistel/Ebeling 2011), lag ähnlich wie die Chaostheorie „quer" zu dem Selbstverständnis der normalen Physik seit Newton, also seit der „Mechanisierung des Weltbildes", auf die ich ja schon eingegangen bin. Sie postulierte, dass komplexe Systeme fernab vom thermodynamischen Gleichgewicht aus sich heraus, eben selbstorganisiert oder selbst gemacht (autopoietisch) Zustände herstellen und Entwicklungsprozesse vollziehen, die prinzipiell nicht deterministisch vorhergesagt, wohl aber „nachhergesagt" werden können, die sich wie biografische oder historische Entwicklungen vollziehen, aber nicht wie „normale" physikalische Prozesse, deren Fortgang man zumindest prinzipiell aus den Anfangs- und Prozessbedingungen berechnen kann. Das ist ein Jahrhundertbruch im Denken, was man gar nicht oft genug betonen kann. Eben deshalb wiederhole ich es hier auch gleich noch einmal.

Sehr schnell löste sich dieses Denken aus den Herkunftsbereichen Physik und Biologie und avancierte zu einer neuen universellen Prozessbeschreibung, wie einst die Kybernetik, weshalb man auch gern von der Kybernetik 2 sprach. Sie wurde bald auf alle möglichen psychologischen, sozialen und historischen Prozesse angewandt und half deutlich, diese besser und tiefer zu begreifen. So beeindruckte mich, wie Peter Kruse damit psychotherapeutisches, aber auch unternehmerisches Verhalten auf neue Weise verstehen lehrte (Kruse 1985/ 1995), wie Christof Nachtigall die verbrecherisch sich selbst organisierenden Ausbrüche von Fremdenfeindlichkeit in Rostock anfangs der 1990er Jahre unerwartet zu interpretieren verstand (Nachtigall 1998) oder wie Werner Ebeling den deutschen Umbruch 1998–1990 plausibel selbstorgansationstheore-

---

[11] Dissipative Strukturen bilden sich in offenen Nichtgleichgewichtssystemen, die Energie, Materie oder beides mit ihrer Umgebung austauschen. Beim Aufbau geordneter Strukturen nimmt die Entropie lokal ab; diese Entropieminderung des Systems muss durch einen entsprechenden Austausch mit der Umgebung ausgeglichen werden.

tisch rekonstruierte (Ebeling/Feistel 1990, S. 436–441). Ich führe diese kon-
kretisierenden Beispiele an, um zu zeigen, dass da eine grundlegend neue
Strukturtheorie zu neuen Einsichten in Psychologie, Soziologie oder
Geschichtswissenschaft führte und der Vorwurf völlig idiotisch war und ist,
man könne von einer aus der Physik oder Biologie hervor gewachsenen Theorie doch nicht erwarten, dass sie sinnvolle Aussagen in Human- und Sozialwissenschaften hervorbringe. Ein Vorwurf, der übrigens ebenso massiv gegen die
klassische Kybernetik geäußert wurde und genau so ins Leere lief. Wenn wir
formulieren, dass Kompetenz die Fähigkeit sei, in offenen Situationen selbstorganisiert und kreativ zu handeln, so wird doch nie die nackte Selbstorganisationstheorie hingestellt und mit den Sachverhalten, um deren Gestaltung es geht,
„drapiert". Die Theorie wird vielmehr als Beschreibungskonstrukt für sehr
komplizierte, dem „gesunden Menschenverstand" oder dem simplifizierenden
„Denken in Zusammenhängen" kaum zugängliche Zusammenhangs- und Ent-
wicklungsformen benutzt. Das ist das Vorgehen jeder der bloßen Belletristik
entwachsenden Wissenschaft.

Das ist aber nur eine Seite der Kritik, die oft von bildungstheoretischer Seite
gegen Kompetenzansätze und ihre Fundierung in selbstorganisiertem mensch-
lichem Handeln vorgebracht wird. Du erwähnst die von mir skizzierten vier
„grundlegenden Kompetenzansätze" und zählst, zurecht wie ich glaube, die
Auffassung, Kompetenzen seien eine „ökonomisierte Art von Bildung" zu den
Input-Formulierungen: Wirkliche Bildung umfasse eine große Vielfalt von psy-
chischem, kulturellem, historischem und sonstigem orientierendem, subjekter-
weiterndem Wissen, würde dieses Wissen nicht „vermittelt", stürbe der Bil-
dungsbürger. Das ist Nürnberger-Trichter-artig gedacht und einfach falsch.
Zumindest aus zwei Gründen.

Zum einen malt diese Auffassung ein Selbstentfaltungsparadies, das es zu
Humboldts Zeiten nicht gab und heute nicht gibt. Natürlich folgten Bildungsan-
sprüche immer den pädagogischen, psychologischen, ökonomischen und
politischen Ansprüchen der Zeit. Zum anderen sind die heutigen Ansprüche
recht klar: Soll Europa zur erstrebten Wissenschaftsweltmacht werden, braucht
es Wissenschaftler, die nicht nur im Weltwissen zu Hause sind, sondern in der
Welt. Die eigenständig, selbstorganisiert und kreativ Neues entdecken und
erfinden. Um Europas ökonomische Spitzenposition weiterhin zu halten, werden Unternehmen gebraucht, die in höchstem Maße kreative Leistungen hervorbringen. Und es werden Facharbeiter und sogar Hilfsarbeiter gebraucht, die
selbstorganisiert und kreativ ihre immer komplizierter werdende Arbeit aus-
führen, die nicht nur sehr viel wissen, sondern auch enorm viel können. Informationswissen weiterzugeben, gelingt aufgrund der modernen Informations-
technologien immer besser und schneller. Handlungsfähigkeiten und Können
aufzubauen, wird immer schwieriger. Am schwierigsten aber ist es, Menschen
zu selbstorganisiertem und kreativem Handeln angesichts der überall zu kon-

statierenden ökonomischen und politischen Beschleunigung (Rosa 2005), der dynamischen und komplexen Weltzusammenhänge, denen sie ausgesetzt sind, zu befähigen.

Da die geistigen und physischen Fähigkeiten, selbstorganisiert und kreativ in (zukunfts)offenen Problem- und Entscheidungssituationen zu handeln, eine so schnell zunehmende, so entscheidende Rolle spielen, möchte man sie so gut wie möglich erfassen und vorhersagen können. „Der beste Prädiktor für zukünftiges Handeln ist vergangenes Handeln" (Decide 2013) wirbt eine Beratungsfirma für ihren Ansatz der Kompetenzfeststellung – und sie hat recht. Eine Untersuchung der Kompetenzmodelle großer deutscher Unternehmen (u.a. Airbus, Audi, BA für Arbeit, Bosch, Daimler, Deutsche Bundesbahn, EON, Globus, Haniel, Münchner Rück, Porsche, Salzgitter, Siemens, SOS Kinderdörfer, Telekom u.a.) hat gezeigt, dass für solche Unternehmen Kompetenzen zunehmend in den Mittelpunkt rücken und dass ihre Modelle durchweg ähnlich aufgebaut sind: Unternehmenswichtige Kompetenzen werden herausgearbeitet, über Handlungsanker definiert, jobgruppenspezifisch differenziert und dann mithilfe von Multisource – Multiratingverfahren für die einbezogenen Arbeitnehmer geratet (Erpenbeck/v. Rosenstiel/Grote 2013). Da nur offensichtliche physische oder geistiger Handlungen und keine verborgenen Persönlichkeitseigenschaften beurteilt werden, ist auch die Akzeptanz solcher Verfahren durch Arbeitnehmervertreter hoch. Kompetenzfeststellungsverfahren werden sich zukünftig auch bei mittleren und kleinen Unternehmen durchsetzen, soviel ist sicher (Heyse/Erpenbeck 2007). Damit steigt aber auch die Nachfrage nach Kompetenzen auf allen Ebenen an. Schulen, Berufsschulen, Universitäten und Weiterbildungseinrichtungen müssen dieser Nachfrage gerecht werden. Da helfen keine rückwärtsgewandten Humboldt – (Um)Deutungen.

Meine bisherige Argumentation folgte, anknüpfend an Deine Warnungen vor den scheinbaren Humboldt-Bewahrern und realen Humboldt-Umdeutern, dem Bestreben, zu begründen, warum wir Ansätze der Selbstorganisationstheorie, der Synergetik wie der Autopoiesetheorie, für besonders geeignet halten, um menschliche Handlungsfähigkeiten unter Bedingungen der globalen ökonomischen, politischen, sozialen und kulturellen Beschleunigungen zu erfassen. Das lässt sich sowohl *historisch* – gerade durch die deutsche Klassik und die Humboldt Epoche legitimiert – als auch vom *sachlichen* Erklärungspotenzial her begründen. Da will ich im Folgenden an das Dir bereits Geschriebene zur Selbstorganisation anknüpfen und es zu erweitern versuchen, ehe ich mich der besonderen Rolle der Fach- und Methodenkompetenzen und ihrer Entwicklung zuwende.

Die Kritiken, die im Namen des Humboldtschen Bildungsverständnisses gegen den Kompetenzansatz und seine Selbstorganisationsbegründung vorgebracht werden, widersprechen, glaube ich, direkt den wirklichen Humboldtschen Intentionen, überhaupt den Subjektauffassungen der deutschen philosophischen, literarischen und auch pädagogischen Klassik. Das war und ist meine Überzeugung, die einen geradezu dazu zwingt, „Humboldt mit der Selbstorganisationstheorie zu vermählen", wie du meine Überlegungen lakonisch zusammenfasst. Lass mich das ein wenig vertiefen.

Natürlich entspringt diese Überzeugung nicht einer Laune. Ich habe Dir früher erzählt, dass ich einen kurzen Aufsatz zu Goethes Wissenschaftsauffassung im Goethe-Jahrbuch und einige weiterführende Überlegungen im Goethe-Handbuch verfassen durfte. Dabei wurde mir klar, dass Goethes Gegnerschaft gegen Newton, die ich wie die meisten Physiker mild belächelt hatte, nicht nur der Verteidigung seiner – großenteils problematischen – physikalischen Ergebnisse, sondern ebenso stark seiner Verteidigung von Selbstorganisationsdenken in Psychologie, Biologie, biologischer Evolution und Geschichte entstammte. Goethes Wissenschaftsauffassung lässt sich nahezu durchgehend als Selbstorganisationsdenken rekonstruieren (Erpenbeck 1988, S. 212–233/ Erpenbeck 1998, S. 1187–1194).

Dazu ein paar Anmerkungen, die sich direkt auf Humboldt ausdehnen lassen. Voraussetzung ist allerdings, dass man Goethes wissenschaftliches Denken ebenso ernst nimmt wie sein dichterisches, auch wenn die Ergebnisse unterschiedlich zu beurteilen sind. Es sind vor allem drei geistige Konstrukte, die eine große Nähe zum Selbstorganisationsdenken haben: Das ist der durchgängige, immer wieder neu aufgenommene Metamorphosegedanke. Da ist der Gedanke eines durchgängigen Hylozoismus, also die Annahme einer ursprünglichen Belebtheit aller Stoffe und eines innewohnenden, über die Kategorien „Polarität" und „Steigerung" vermittelten Bildungstriebes bei allen organischen Wesen. Und da ist der Gedanke einer unauflöslichen Verflechtung von Beobachter und Beobachtungsgegenstand, von Goethe als „Subjekt-Objekt-Schwebezustand" beschrieben. Zustimmend bekräftigt er Friedrich Wilhelm Joseph Schellings Überzeugung: „Ist doch die Natur (…) dem begeisterten Forscher allein – die heilige, ewig schaffende Urkraft der Welt, die alle Dinge aus sich selbst erzeugt und werktätig hervorbringt." Bei Kant, Fichte, Schelling und Hegel hebt Goethe das Entwicklungsdenken als Selbstorganisationsdenken hervor. „Werden und Sein zugleich" ist seine immer wiederkehrende Metapher, die problemlos auch ein Motto von Humboldt sein könnte. Selbstorganisationsdenken ist also der Kern des grandiosen Subjektverständnisses jener Epoche, der letztlich auch Humboldt zuzurechnen ist.

Bildung ist unendlich viel, nur eines sicher nicht: Bloßes Wissen, Fachwissen gar. Schon Kant rückte in den Mittelpunkt jeglicher Pädagogik die Erziehung zur Persönlichkeit, die Erziehung eines frei handelnden Wesens, das sich selbst erhalten und in der Gesellschaft ein Glied ausmachen, für sich selbst aber einen inneren Wert haben kann (Kant 1803). Kann man das Streben nach Fähigkeiten, selbstorganisiert und kreativ zu handeln, also nach Kompetenzen, schlüssiger ausdrücken?

Humboldt verstand unter Bildung die Anregung aller Kräfte des Menschen, die sich über die Aneignung der Welt entfalten und zu einer sich selbst bestimmenden Individualität und Persönlichkeit führen. Er verweist damit nicht auf Wissen, sondern wiederum auf personale, sozial-kommunikative und aktivitätsbezogene Handlungsfähigkeiten, also auf Kompetenzen (Humboldt, W. 1792/ 1960, S. 56–233). Die Polemik gegen Kompetenzdenken mit Umdeutungen Humboldts ist in der Tat geschichtsvergessen und verdreht seinen Bildungsbegriff (Wagner 2008), der – wie viele weitere selbstorganisationstheoretisch rekonstruierbare Ansätze des 18. und 19. Jahrhunderts – inhaltlich dem Kompetenzdenken ganz nahe steht.

Die Selbstorganisationsvorstellungen der deutschen Klassik und Humboldts sind ihrerseits Teile einer viel umfassenderen „Wellenbewegung" zwischen eher mechanistischem und eher selbstorganisativem Denken. Diese Entwicklung von ursprünglich ganz selbstverständlichen Ideen geistiger und sozialer Selbstorganisation über mechanistische Vorstellungen bis hin zu einem neuen, nun einzelwissenschaftlich untermauerten Selbstorganisationsverständnis läuft einer der faszinierendsten „Wellenbewegungen" in der Geschichte menschlichen Denkens parallel. Bei allen Erfolgen auf dem Gebiet praktischer Mechanik waren das antike wie das mittelalterliche „Weltmodell" organismisch und selbstorganisativ geprägt. Der „Prozesscharakter der Natur" wird in der Antike in vielfältigen Facetten behandelt, die Idee eines „weltschöpferischen Chaos" findet sich immer wieder, um Unordnungs-Ordnungs-Übergänge zu beschreiben. Es gibt viele Ideen zur Mechanik, aber kein mechanistisches Weltbild. Im Mittelalter herrscht die

„zyklische Wahrnehmung des Lebens (vor), die vom Rhythmus der Natur, vom Wechsel der Jahreszeiten bestimmt wird (…) Die Erfindung eines Mechanismus zum Messen der Zeit schuf schließlich die Bedingungen dafür, dass sich ein neues Verhältnis zur Zeit herausbildete und diese als einförmiger Strom betrachtet wurde, der in gleich große eigenschaftslose Einheiten unterteilt werden konnte. In den europäischen Städten beginnt zum ersten Mal in der Geschichte die 'Entfremdung' der Zeit vom Leben" (Gurjewitsch 1972, S. 179 und 184).

Erst mit der Renaissance setzt die schon erwähnte, von Dijksterhuis benannte und beschriebene „Mechanisierung des Weltbildes" ein, die sich dann von 1600 an, vor allem aber seit Erscheinen von Newtons „Principia" 1687 vollzieht und bis ins 20. Jahrhundert zunimmt. Sind davon zunächst vor allem die Naturwissenschaften erfasst, greift die Entwicklung in der zweiten Hälfte des 19. Jahrhunderts auch auf die Geisteswissenschaften über. Die „Trennungsgeschichte" von verstehender und erklärender Psychologie und die – für pädagogische Lerntheorien so wichtige – Entwicklung der erklärenden Psychologie zu den mechanistischen Höhepunkten des radikalen Behaviorismus mit seinen Lerntheorien und des etwas weniger radikalen Kognitivismus mit seinen Intelligenzauffassungen liefert dafür exzellente Beispiele (Schmidt 1995).

Natürlich werden die Ideen der Selbstorganisation nicht vergessen. Die „Urgeschichte der Selbstorganisation" (Paslack 1991) rechnet Leibniz, Kant, Goethe, Schelling – und natürlich Humboldt! – zu den Vorvätern. Die Entstehung von modernen Konzepten der Selbstorganisation fällt in den Zeitraum von 1960 bis 1975. Zu diesen Konzepten gehören unter anderem (1) die Theorie dissipativer Strukturen, (2) die Theorie der Synergetik, (3) Chaostheorien, (4) systemtheoretisch-kybernetische Ansätze, (5) Theorien von Autopoiese und Selbstreferentialität und (6) Theorien der Ökosystemforschung (ebenda, S. 7–11). Es handelt sich tatsächlich um eine wissenschaftliche Revolution,

die inzwischen unter dem Sammelbegriff 'Selbstorganisation' zu einem groß angelegten, nahezu alle Wissenschaftsdisziplinen umfassenden Forschungsprogramm ausgereift ist (ebd., S. 1)".

Vielleicht trifft es den Kern des sich vollziehenden Paradigmenwandels wirklich am besten, von einer „Entmechanisierung des Weltbildes" zu sprechen. Der Siegeszug des Kompetenzdenkens ist ganz sicher auch ein Teil dieser Entmechanisierung.

Ursache dieser wissenschaftlichen Revolution ist die Notwendigkeit, sich auf den verschiedensten Gebieten – in der Physik, der Biologie, der Chemie, der Biologie, der Psychologie, der Soziologie, der Pädagogik, der Ökonomie, der Politologie – ungeheuer komplexen Prozessen mit ausgeprägter innerer Dynamik zuzuwenden. Sie lassen sich mit den Denkzeugen der Selbstorganisationstheorien am besten erfassen.

Diese Bemerkung soll zugleich betonen, dass reale Prozesse in Natur oder Gesellschaft nicht mechanisch, kybernetisch oder selbstorganisativ „sind", sondern dass wir Mechanik, Kybernetik oder Selbstorganisationstheorie als Instrumente benutzen, um die Realität in irgend einer Weise zu „packen". Dafür sind die unterschiedlichen Instrumente, abhängig von der zu packenden Realität, ganz unterschiedlich tauglich. Dass wir immer mehr Prozesse aufspüren, die wir am besten mit den Mitteln der Selbstorganisationstheorien erfassen können, ist nicht eine vorübergehende Mode flüchtigen Zeitgeistes, sondern ein wirkungsmächtiger Ausdruck des Geistes unsrer Zeit.

Das gilt insbesondere für Bildungs- und Weiterbildungsprozesse. Das Lernen in der Risikogesellschaft (Weinberg 1999, S. 36–44) ist ein zieloffener, selbstreferentieller, wertgesteuerter Suchprozess, der am zutreffendsten als selbstorganisierter Prozess zu erfassen ist. Das ist zunächst völlig unabhängig von bildungsökonomischen Erwägungen. Es ist die Folge der umrissenen Entwicklung im großen geistesgeschichtlichen Rahmen, die auch eine veränderte Lernkultur fordert und fördert. Hinter dem Siegeszug des Kompetenzdenkens in der Pädagogik verbirgt sich also nicht weniger als ein grundlegender Wandel des

Weltbildes im letzten Viertel des 20. Jahrhunderts, der weit in die Zukunft reichen wird. Die klassische, instruktivistische Pädagogik stützte sich häufig auf mechanistische, bestenfalls kybernetische Vorstellungen und Modelle. Das führte zu einem Optimismus des Machbaren, aber auch zu einer Beschränkung auf das gegenwärtig Machbare. Spätestens mit der Entwicklung der modernen Theorien der Selbstorganisation und der Erkenntnis, dass diese auch auf soziale Prozesse anwendbar sind und oft zutreffendere Modelle als die bisher akzeptierten liefern, wurde dieses Denken aufgebrochen (vgl. Enzyklopädie Philosophie, Stichwort Kompetenz. Sandkühler 2010).

Komplexitäten: „Warum wir erst anfangen, die Welt zu verstehen", hat die Philosophin Sandra Mitchell eine Arbeit genannt. Dieser Titel verdeutlicht sehr schön, dass die auf modernen Komplexitätstheorien und Selbstorganisationstheorien aufbauenden Ansätze zukunftskonform sind, die traditionellen Ansätze aber vereinfachende, oft missleitende Näherungen darstellen. Die modernen Zugänge zur Kompetenz, die sich auf die Selbstorganisationsansätze des Konstruktivismus oder der Synergetik stützen, haben deshalb ein umso größeres Zukunftspotenzial, je unübersichtlicher und komplexer die Lern- und Handlungsprozesse in der zukünftigen Kompetenzgesellschaft werden. Das Bildungsdenken Humboldts muss also in der Tat verteidigt werden – gerade weil es uns gestattet, die Höhe des Selbstorganisationsverständnisses, das er bereits erreichte, in die Neuzeit mit hinüber zu nehmen!

Was bringt der Selbstorganisationsansatz? Darauf möchte ich nun, nach der Erklärung, warum ich Ansätze der Selbstorganisationstheorie – der Synergetik wie der – Autopoiesetheorie für *historisch* besonders legitimiert halte, eingehen. Ich möchte begründen, warum ich auch ihr *sachliches* Erklärungspotenzial für besonders geeignet halte, um menschliche Handlungsfähigkeiten und ihren Erwerb unter Bedingungen der globalen ökonomischen, politischen, sozialen und kulturellen Beschleunigungen zu erfassen und zu entwickeln.

Was heißt selbstorganisiert? Eben nicht, dass jemand etwas selbst tut oder Eigeninitiative entwickelt. Für Selbstorganisationsprozesse ist vielmehr typisch, dass man von einem traditionellen Kausalitätsverständnis und damit von einer äußeren, instruktionalen Beeinflussung des selbstorganisativen Systems und seiner Bestandteile überhaupt nicht mehr ausgehen kann. Was bringt der Selbstorganisationsansatz an neuen Erklärungs- und Gestaltungsmöglichkeiten?

(1) *Berücksichtigung der Selbstorganisation individueller wie kollektiver Subjekte:* Viele kompetente Mitarbeiter bilden, zusammengenommen, noch lange kein kompetentes Unternehmen. MacDonalds ist ein hochkompetentes Unternehmen – der einzelne Brater sollte nicht unbedingt selbstorganisiert und kreativ handeln, muss nicht kompetent sein. Deutsche Universitäten sind von Scharen hochkompetenter Wissenschaftler und Administratoren bevölkert, sie müssen deshalb noch lange keine kompetenten

Unternehmen sein, sind es oft auch nicht. Diese zugespitzte Bemerkung von Margit Osterloh weist darauf hin, dass sich einerseits Kompetenzen nicht „addieren" lassen, dass man aber andererseits Individuen wie kollektiven Subjekten – Gruppen und Teams, Unternehmen und Organisationen, Netzwerken – durchaus Kompetenzen zuordnen kann. Auch ein Unternehmen kann, ja muss in Problemsituationen selbstorganisiert und kreativ handeln und seine Handlungsweisen lassen sich selbstorganisationstheoretisch erfassen. Aber wie das Handeln auf individueller und kollektiver Ebene zusammenwirkt, können nur Selbstorganisationsansätze realistisch beschreiben (Freiling / Rasche / Wilkens 2008).

(2) *Zeitgemäße, auf die Selbstorganisation orientierte Validierung des Lernens:* Sie erfordert andere Formen der Validierung von Lernleistungen und andere Zertifikate. Die üblichen Stellenbeschreibungen in Unternehmen, auf Fachwissen basierend, machen über die Kompetenzen von Einzustellenden kaum Aussage. Die Prüfungsergebnisse von Universitäten und Schulen korrelieren nur schlecht mit späteren selbstorganisativen Handlungsfähigkeiten in offenen Situationen. Kompetenzen sind da der viel bessere Maßstab. Sie erlauben Aussagen, ob Beurteilte in neuen Problemsituationen wirklich selbstorganisiert und kreativ handlungsfähig sein werden, oder ob sie sich nur formell Wissensbestände angeeignet haben, die sie in entsprechenden Prüfungen hervorragend reproduzieren konnten, im Sinne von Gedächtnis- nicht von Handlungsleistungen.

(3) *Selbstorganisierte Überschreitung fachlicher Domänengrenzen:* Kompetenzen dienen der Entwicklung, Kompetenzmessungen der Beurteilung von kreativen Selbstorganisationsfähigkeiten über enge Fach- und Domänengrenzen hinweg. Die Physikerin Angela Merkel kann ihre hoch entwickelten Kompetenzen, z. B. Analysefähigkeit, Problemlösungsfähigkeit und Kommunikationsfähigkeit in ihrer politischen Tätigkeit deutlich sichtbar und erfolgreich einsetzen. Ihr ursprüngliches Fach- und Methodenwissen nützen ihr kaum noch, ihre fachlichen wie überfachlichen Kompetenzen sehr wohl.

(4) *Berücksichtigung der neuropsychologischen Selbstorganisation des Lernens und entsprechender Lernformen:* Neuropsychologisch werden Lernprozesse heute am vorteilhaftesten mit dem Instrumentarium der Selbstorganisation beschrieben; Ermöglichungsdidaktik ist nichts anderes als ein methodisch initiiertes Anstoßen selbstorganisierter Lern- und Handlungsprozesse unter Berücksichtigung der großen Rolle von Emotionen und Motivationen für den Lernprozess selbst; ohne Gefühl geht gar nichts. Die Betonung der Selbstorganisation im Lernprozess legt auch einen Wandel der Lernformen nahe: Der Frontalunterricht, die Vorlesung, das Auswendiglernen gemäß dem Lehrbuch bringen keinen Kompetenzgewinn, weil sie kaum ein selbstorganisiertes, kreatives Handeln anstoßen. Allenfalls er-

möglichen ein emotionales Vor-Interesse, eine emotionale Vor-Prägung durch den bewunderten Pädagogen, auch eine emotionale Vor-Belastung wie Angst vor einer schlechten Beurteilung oder einem Abgehängt-Werden im Zensurenwettbewerb Suchbewegungen in Richtung Kompetenz. Duale Lern- und Studienformen hingegen liefern die emotionale Initialzündung für den Kompetenzerwerb durch die Anforderungen, Belastungen, Schwierigkeiten und Erfolge in der Praxis frei Haus. Schülerfirmen, Schülerprojekte beweisen schlagend, wie schnell sich Kompetenzen entwickeln, wenn die dafür notwendige emotionale Labilisierung vorhanden ist. Zahlreiche Schulformen wie Montessori- oder Waldorfschulen nutzen das Kompetenzvakuum der Normalschulen, um mit ihren Angeboten zu reüssieren. Über 10 Prozent der Berliner Schüler besuchen bereits überwiegend kompetenzorientierte Privatschulen. Weitere selbstorganisationsorientierte Formen des Lernens werden sich durchsetzen, insbesondere Formen von Coaching (einschließlich des Co-Coaching durch gleichgestellte Partner) und Training. Peter Pawlowski und seine Mitarbeiter haben gezeigt, dass in so genannten Hochleistungsberufen (Feuerwehr, Polizei, notärztliche Versorgung …), wo es auf das sekundenschnelle selbstorganisierte, kreative Handeln ankommt, Trainings, die wichtigste Form des Kompetenzerwerbs darstellen (Pawlowsky / Mistele 2008). Ein Feuerwehrmann mit dem Lehrbuch vorm Brandherd veranschaulicht – wie Mittelstraß' Skifahrer – dass Kompetenzerwerb eben kein Wissenserwerb ist, obwohl er sich das Wissen natürlich zuvor angeeignet haben muss. Wenn wir es schaffen, Studierenden klar zu machen, dass sie zumeist in Hochleistungsberufen arbeiten werden, wird das Selbstorganisations- und Kompetenzverständnis deutlich steigen.

(5) *Berücksichtigung der Grundprinzipien von Selbstorganisation:* Das Denken von Seiten der Chaos- und Komplexitätstheorie und der Selbstorganisation her ist immer noch ziemlich neu. In diesem Licht erweisen sich viele bisherige Vorstellungen kausaler Zusammenhänge als Illusionen, als purer Glaube. Das newtonsche mechanistische Denken ist eng begrenzt. Die „Gewissheit der Ungewissheit", um meinerseits Bernhard Pörksen zu zitieren, kommt darin nicht vor (Pörkensen 2002). Wie handelt man unter dieser „Gewissheit der Ungewissheit"? Die Idee, man könne sich selbst organisierende, komplexe Systeme „steuern", wie eine Maschine, wie ein Auto oder ein Schiff, ist absurd, beispielsweise wenn es sich um Individuen, Gruppen, Teams, Organisationen, Unternehmen, Verbände, Netzwerke usw. handelt. Es gelten neben allgemeinen energetischen Prinzipien der Selbstorganisation einige, die das Lernen und die Kompetenzentwicklung unmittelbar berühren. Ich führe Sie ausgehend von der bereits gestreiften Zusammenstellung Werner Ebelings (Ebeling 1989, S. 37–42) hier detaillierter auf und kommentiere sie kurz:

a) das Prinzip der *Nichtlinearität* und der nichtlinearen Dynamik des sich entwickelnden Systems (beispielsweise im Gegensatz zu allen klassischen Psychologievorstellungen) – lineare Prozesse lassen sich, so kompliziert sie auch sein mögen, letztendlich voraussehen, vorausberechnen, und sei es durch statistische Annahmen; das Ergebnis selbstorganisierender Prozesse lässt sich in einem umfassenderen Sinne charakterisieren, aber das konkrete Ergebnis ist unvorhersehbar und jedes Mal anders, wie es Edward Lorenz in der Metapher vom Schmetterlingseffekt so schön veranschaulichte;

b) das *Verstärkungsprinzip* (Fluktuationen werden verstärkt und bilden, oft unerwartet und unvorhersehbar, „emergent", die Keime neuer Strukturen) – jede kreative Leistung, jede völlig unerwartete biografische oder historische Wendung liefert dafür anschauliche Beispiele; kleine Störungen von Systemen erzeugen massive Schwankungen, von denen sich manche gegenseitig verstärken und Keime neuer Strukturen darstellen; die plötzliche Entstehung von Begeisterung für einen Beruf, ein Themengebiet, eine neue Aufgabe, der unerwartete Ausbruch revolutionärer, aber auch fremdenfeindlicher Massenaktionen liefern massenhaft Beispiele;

c) das *Prinzip der inneren Bedingtheit* (die durch Selbstorganisation entstandenen Strukturen sind in der Regel nicht durch äußere, sondern in erster Linie durch innere Faktoren bedingt) – deshalb lassen sich die Strukturen nicht von außen steuern und verändern, sondern nur dadurch, dass komplexe Systeme sich selbst in einer bewusst gesetzten Umgebung zurecht finden – das Grundprinzip jeder Ermöglichungsdidaktik und das Todesurteil jeder Steuerungsdidaktik, sofern es sich nicht um – manchmal äußerst wichtige (!) – quasimechanische Lern- und Handlungsprozesse handelt, wie Auswendiglernen von Sachverhalten oder Vokabeln, Einüben von mechanisch wiederholbaren Verrichtungen, kurzzeitiges Behalten von Lernstoff und Ähnliches;

d) das *Prinzip der Ordnungsparameter*, das Haken-Prinzip (Es existieren in der Regel spezielle Bewegungen bzw. solche Bewegungen erfordernde Regeln, Werte und Normen, die alle Teilbewegungen und die „Teilchen" im System koordinieren und synchronisieren; die Ordner „versklaven" oder „konsensualisieren" die Teilchen) – eine wichtige, vielleicht die einzige wirklich wissenschaftliche Begründung, warum Werte, Bewertungen für jedes Handeln unabdingbar notwendig sind, obgleich sie selbst oft willkürlich und zufällig entstehen, das gilt für soziale Werte von Gruppen, Organisationen und Nationen ebenso wie für individuelle Emotionen und Motivationen, die sich auf diesem Wege gut verstehen lassen;

e) das *Prinzip der Historizität* (jede reale biologische, individuelle oder soziale Evolution kann nur aus der konkreten Entwicklungsgeschichte verstanden und niemals weitreichend prognostiziert werden) – für Pädagogen und Sozialwissenschaftler, die sich mit menschlichen Biografien oder historischen Entwicklungen beschäftigen eine Trivialität, der jedoch jeder Versuch, Menschen nach einem vorgegebenen Bilde zu formen oder Grundgesetze der Geschichte zu entdecken, deutlich zuwiderläuft.

Genau solche selbstorganisationstheoretische Überlegungen werden ja im pädagogischen Konstruktivismus zur Ermöglichungsdidaktik verdichtet (Arnold / Gomez Tutor 2007).

Resümiert man, dass selbstorganisative Handlungsprozesse immer auch kreativ, kreative Prozesse immer auch selbstorganisativ sind, bekommt die Betrachtungsweise von Kompetenzen als Fähigkeiten, in komplexen, zukunftsoffenen Situationen selbstorganisiert und kreativ zu handeln, eine beachtliche Tiefendimension. Es ist kein Zufall, dass sogar die dreibändige Enzyklopädie Philosophie das Thema Kompetenz genau der dargestellten Denkachse folgend aufgenommen hat (Stichwort Kompetenz; Sandkühler 2010).

Der Selbstorganisationsansatz birgt also paradigmatisch so viel an neuen Erklärungs- und Gestaltungsmöglichkeiten, dass er sich voraussagbar durchsetzen wird. Die Didaktik der Zukunft wird ohne Frage eine Ermöglichungsdidaktik sein. Ausgenommen Lernstoffe, die durch mechanischen Drill vorteilhafter angeeignet werden können. Die Entwicklung einer wirkungsvollen *Drilldidaktik* halte ich übrigens für außerordentlich wichtig, damit beispielsweise einfache Lese- und Rechenfertigkeiten nicht großspurig als Lese- und Rechenkompetenzen verkauft und damit vernachlässigt werden, was inzwischen katastrophale Auswirkungen zeitigt (v. Bredow / Hackenbroch 2013, S. 96–105).

Ich glaube, lieber Rolf, dass sich mit diesem Resümee, dein Konzept einbeziehend, bereits ein Bild künftigen pädagogischen Vorgehens zur Kompetenzentwicklung entwerfen lässt. Darin kommen frontal-direktive, aber auch fragend-entwickelnde Ansätze der „Wissensvermittlung" nicht vor. Sach- und Fachwissen, Wissen im engeren Sinne lässt sich vielleicht noch mittels traditioneller Lehrprozesse aufbauen. Erfahrungen, Werte, Kompetenzen können wir uns nur durch emotionsaktivierende Lernprozesse aneignen. Informationsveranstaltungen, Vorträge, Planspiele, Fallbeispiele und viele andere bewährte Methoden zur Wissensaneignung helfen da nicht viel weiter. Es sind neue Inhalte und Formen des Lernens gefragt, wenn es um Kompetenzentwicklung geht. Kompetenzen werden vorrangig im direkten *Praxisbezug*, durch *Coaching, Mentoring, Training* sowie durch weitere emotionsaktivierende, motivationsschaffende *Erlebnis- und Erfahrensformen* angeeignet. Auch *künstlerische Aneignungsformen* zähle ich, wie Du, lieber Rolf, es immer wieder betont hast, zu den Formen der Kompetenzentwicklung, sie sind zuweilen sogar konkurrenzlos. Wie will ich ein kompetentes politisches Handeln angesichts postdemokratischer Gefährdungen der heutigen Demokratie aufbauen, wie will ich historische und politische Erfahrungen aufbauen, ohne künstlerische Medien zu bemühen? Überhaupt wird die *Mediatisierung der Kompetenzentwicklung* – positiv wie negativ – einen um Größenordnungen höheren Stellenwert erreichen.

Aufgrund all dessen lässt sich ein Darbietungs- und Suchraster angegeben, dem sich wahrscheinlich die meisten Kompetenzentwicklungsmethoden einordnen lassen (Erpenbeck / Sauter 2007):

Die erste Frage gilt der *Intentionalität.* Fast immer, wenn man körperlich oder geistig handelt, entwickelt man Kompetenzen. Diese Entwicklung geschieht *nichtintentional,* unbeabsichtigt, nebenbei. Bildung, Weiterbildung will hingegen Kompetenzen *intentional*, absichtsvoll, zielgerichtet entwickeln und weiterentwickeln. Außerdem muss stets unterschieden werden: Will eine Person ihre Kompetenzen selbst weiterentwickeln (*selbstintentional*) oder soll dies aufgrund von Interessen dritter, etwa eines Unternehmens, geschehen (*fremdintentional*).

Die zweite Frage am Anfang aller weiteren Differenzierungen von Kompetenzentwicklungsmethoden betrifft gleichsam axiomatisch drei – unsere bisherigen Überlegungen zusammenfassenden – Grundüberzeugungen, die ein „k. o.-Kriterium" bezüglich der Frage bilden: Kompetenzentwicklungsmethode oder bloße „Weitergabe" von Wissen im engeren Sinne? Wir haben sie das *ELW – Axiom* genannt. Darin bedeuten: E die *Ermöglichung:* Der Kompetenzentwickler kann keine Kompetenzen auf den sich Entwickelnden direkt übertragen. Er kann Kompetenzentwicklung nur ermöglichen (Ermöglichungsdidaktik). Intendierte Kompetenzentwicklung ist das Setzen von Handlungsmöglichkeiten. L die *Labilisierung:* Emotionale Labilisierung ist eine Grundvoraussetzung von Kompetenzentwicklung. Es gibt keine Kompetenzentwicklung ohne emotionale Labilisierung. W die *Weitergabegrenze:* Kompetenzen lassen sich grundsätzlich nicht weitergeben. Ermöglichungsbedingungen zu schaffen, emotionale Labilisierungen zu ermöglichen, ist nicht das Geschäft gängiger Bildung und Weiterbildung, üblicher Seminare, die davon ausgehen, man könne Kompetenzen weitergeben, „vermitteln". Hier liegt eine scharfe Grenze. Kompetenzentwicklung erfordert stattdessen den Aufbau des je eigenen Vermögens, selbstorganisiert und kreativ zu handeln.

Als dritte Frage ist dann – das Zutreffen dieses ELW – Axioms vorausgesetzt – schließlich zu klären:

In welchem *Entwicklungsbereich* soll Kompetenzentwicklung stattfinden? (z. B. Schule, Universität. Arbeit, Unternehmen, Organisation. Führungskräfte, Manager, Mitarbeiter. Projekte, Aufgaben im sozialen Umfeld, soziale Problemgruppen, therapeutische Gruppen …)

Mit welcher *Zielstellung* soll Kompetenzentwicklung stattfinden (beispielsweise Kompetenzentwicklung für künftige Berufsausbildungen oder Studien, Erhöhung des Human- und Kompetenzkapitals eines Unternehmens, Verbesserung interner und externer Unternehmens- und Organisationsabläufe durch kompetentere Mitarbeiter, Erhöhung der Effektivität eines Unternehmens, Bewältigung von Krisen und Konflikten im Unternehmen oder im Individuellen. Klärung persönlicher Probleme …)

Wer sind die *Teilnehmer* der Kompetenzentwicklung (z. B. einzelne Schüler, Azubis, Studenten, Mitarbeiter, Gruppen, Teams, Studiengänge, ganze Organisationen, Schulen, Universitäten usw.)?

Welche *Kompetenzarten* sollen entwickelt werden (z. B.: Grundkompetenzen. Schlüsselkompetenzen. Querschnittskompetenzen wie interkulturelle Kompetenzen, Führungskompetenzen, Medienkompetenzen, Innovationskompetenzen usw.) ?

Welche *Kompetenzentwicklungsstufen* sollen genutzt werden? (Die *Praxisstufe* wählt Handlungsfelder aus, in denen sich Kompetenzen entwickeln, sie kann Erfahrungslernen, Erlebnislernen, Expertiselernen, Lernen durch subjektivierendes Handeln und informelles Lernen einschließen. Die *Coachingstufe* ist eine besondere Art kommunikativ beeinflusster Kompetenzentwicklung, sie schließt Mentoring ein. Lern- und Kompetenzentwicklungsbegleiter müssen sich keinesfalls auf einer hohen pädagogischen, auch emotions- und motivationspädagogischen Reflexionsfähigkeit bewegen, was eher von einem professionellen Trainer erwartet wird; das gilt besonders für Vorgesetzte als Coaches ihrer Mitarbeiter. Die *Trainingsstufe* lässt sich als eine besondere Art von Kompetenzentwicklung begreifen, nicht scharf abtrennbar, doch deutlich abhebbar von Praxis oder Coaching. Die Ermöglichungsumgebung ist meist eine weitgehend umgedeutete oder umfunktionalisierte Wirklichkeit. Sie erfordert, dass Trainer Kompetenzentwicklungsprozesse hinreichend reflektieren, Wertekommunikation als solche bewusst wahrnehmen und die Interiorisationsprozesse, also das emotional-motivationale Umlernen verstehen (Arnold 2005; Giesecke 2009; Härtl-Kasulke 2011).

Praxis, Coaching, Mentoring, Training und andere emotions- und motivationsaktivierende Formen spielen in der Realität vielfältig ineinander.

Dieses „Suchschema" ist natürlich allgemeiner Natur. Schulische und universitäre Bildung und Weiterbildung decken nur einen kleinen Teil des Umrissenen ab. Doch auch in dieser Allgemeinheit ist völlig klar, dass schul- bzw. universitätsspezifische Formen der – vorwiegend dualen – Praxis, des Coaching, Mentoring und Trainings gefragt sein werden, während viele klassische didaktische Formen gar nicht mehr vorkommen. Ich bin davon überzeugt, dass die Zukunft von Bildung und Weiterbildung zunehmend auf Kompetenzentwicklung gerichtet sein wird. Der Kompetenzentwickler wird zum Praxisbegleiter, zum Coach, zum Mentor und Trainer. Er wandelt sich vom „Oberlehrer" zur „Kompetenzhebamme", steht nicht mehr vorn, aber er steht mittendrin in dem sich beschleunigenden Zukunftsgeschehen (Erpenbeck/von Rosenstiel 2009, S. 6–9).

Lieber Rolf, obwohl meine Epistel schon arg lang ist, lass mich noch einen Aspekt wieder aufnehmen, der mich im letzten Jahr sehr beschäftigt hat und meiner Ansicht nach großes Zukunftspotenzial birgt. Wir haben ihn am Beginn unseres Wortwechsels mit deiner Kritik an der „Zentralität der Wissensorientie-rung" und unseren gemeinsamen Überlegungen dazu umkreist. Es ist zudem ein Aspekt, der schulische und universitäre Bemühungen ganz direkt berührt und vielleicht auf die meisten Abwehrreaktionen stößt.

Ich möchte, Bezug nehmend auf den berühmten Artikel von Jürgen Habermas „Erkenntnis und Interesse", etwas zum Thema *Kompetenz und Interesse* bei-steuern. „Bildung ist nicht Wissen, sondern Interesse am Wissen" formuliert, hundertfach zitiert, Hans Margolies (2013) und trifft damit ins Zentrum der Frage nach dem Verhältnis von Fachwissen und Fachkompetenzen. Genau darauf will ich jetzt eingehen.

Wenn ich in Schulen, in Universitäten Vorträge halte, begegne ich zunehmend folgender, bereits skizzierter Entwicklung: Zur Bedeutung der oft so genannten „außerfachlichen" Kompetenzen gibt es inzwischen kaum noch Zweifel. Dass personale, aktivitätsbezogene oder sozial-kommunikative Kompetenzen im Arbeitsalltag immer wichtiger werden, wird oft vernachlässigt, aber kaum noch angezweifelt. Dass Schulen und Universitäten jedoch vor allem Fach- und Methodenkompetenzen vermitteln, steht für die dort Tätigen ziemlich fraglos fest. Genau diese Gewissheit will ich hinterfragen.

Sicher, Schulen und Universitäten taten und tun sich mit den Kompetenzen generell heute noch schwer. Dabei wäre die Unterstellung, Lehrer, Hochschul-lehrer hätten halt ein großes Beharrungsvermögen und scheuten sich vor über-eilten Veränderungen, nur halb richtig und deshalb völlig falsch. Seit sich der heutige Schultypus vor etwa 150 Jahren durchsetzte, gab und gibt es zahlreiche pädagogische Experimente, die unbestreitbar ihr Augenmerk vor allem auf die Kompetenzentwicklung der Schüler richteten (Heitkämper 2000). Eine Vorrei-terrolle kommt dabei der Berufspädagogik zu, die mehr als alle anderen Schul-formen mit der Forderung konfrontiert war und ist, Facharbeiter bereitzustel-len, die nicht nur etwas wissen, sondern auch etwas können (Rauner/Hasler/ Heinemann/Grollmann 2009; Rauner 2009; Rauner/Heinemann/Maurar/Li Ji 2009).

Im Hochschulbereich ist die Situation vertrackter. Es fehlen tief lotende histori-sche Untersuchungen über den universitär veranlassten Wissensaufbau einer-seits und andererseits über die universitär angeregte Kompetenzentwicklung durch die Jahrhunderte (Veith 2003). Ganz sicher scheint mir, dass die moderne Massenuniversität mit ihren überfüllten Hörsälen, mit ihrem weitgehend auf überprüfbare Wissensreproduktion ausgerichtetem Schulbetrieb und ihrer

Absicherungskultur, zur Kompetenzentwicklung der Studenten zu wenig beiträgt. Das gilt übrigens auch hinsichtlich der Fachkompetenzen. Dazu gleich.
Andererseits ist unbestreitbar, dass an den wunderbaren Universitäten dieser
Welt, von Harvard bis Cambridge, von Moskau bis Peking, Fachkompetenzen,
aber auch Schlüsselkompetenzen wie personale, aktivitätsbezogene oder
sozial-kommunikative unvergleichlich gefördert werden. Unbestreitbar ist
auch, dass an dualen Hochschulen, allein durch die spezifische Überschnei-
dungskonstruktion – zum einen die Kompetenz fördernde Mitarbeit in Unternehmen und Projekten, zum anderen der systematische Wissensaufbau, die
Kompetenzerfassung und generalisierte Kompetenzförderung an den Hochschulen – die Kompetenzseite des Studiums nicht zu kurz kommt. Ich veran-
schauliche das gern am Beispiel meiner eigenen Hochschule, der Herrenber-
ger School of International Business and Entrepreneurship (SIBE) (Feix / Keim /
Wittmann 2013).

Ein großer Teil der Kontroversen entfaltet sich um die Diskussion des Kompetenzbegriffs selbst. Seine Benutzung ist seit den Verträgen von Bologna nicht
mehr rückgängig zu machen. Tatsächlich wird in einer Vielzahl von Hochschulen mit Kompetenz- und Schlüsselkompetenzbegriffen hantiert. Die Gesellschaft für Schlüsselkompetenzen in Lehre, Forschung und Praxis e.V. hat es
sich zur Aufgabe gemacht, kontinuierlich zu ermitteln, wer, wo, wie und wie
viele Schlüsselkompetenzen an Hochschulen berücksichtigt. Das reicht von
der Kompetenzerfassung bis zum Training von Schlüsselkompetenzen, von
Tutorenprogrammen bis zu einem kompetenzorientierten Studium Fundamentale (Brinker / Müller 2008).

Andererseits gibt es Hochschullehrer, die sich mit dem Kompetenzbegriff arg
schwer tun. Die lustigste, zugespitzteste Formulierung stellt fest:

*„Kompetenz (ist) irgendwie zwischen Wissen und Wissensnutzung, zwischen
Befähigung und Bewältigung, zwischen Qualifikation und Handlung angesiedelt (…) Wir wissen nicht, ob Kompetenz nun Wort, Sinn, Kraft oder Tat
bedeutet. Des Pudels Kern bleibt uns verschlossen. Es bleibt dabei: Kompetenz
ist nicht sichtbar, nicht greifbar, nicht in Aktenordnern abzulegen. Wenn
Kompetenz nur etwas ‚Dazwischen-Gedachtes‘ zwischen Qualifikation und
Handlung ist, das nicht wirklich wahrnehmbar, nicht direkt messbar und
auch nicht unmittelbar steuerbar ist, dann empfiehlt es sich, den Begriff Kompetenz unverzüglich stillzulegen.“*

Als ob diese Empfehlung nicht gereicht hätte, wird schlussendlich noch einmal
fast in Kasernenhofton gedonnert:

„Der Kompetenzbegriff ist unverzüglich stillzulegen!“ (Becker 2012, S. 32– 39)

Würde man dem zustimmen, müsste man den Kompetenzbegriff verbieten und
alle ihn umrundenden Diskussionen abbrechen. Das wird natürlich nicht

geschehen. Analysiert man genauer, kommt man dagegen zu einem umge-
kehrten Schluss. Nahezu alle Kompetenzforscher gehen, wie gezeigt, davon
aus, dass es sich bei Kompetenzen um – geistige oder physische – Handlungsfähigkeiten handelt. Nicht was in eine Person „eingegeben" wird (Input), sondern was beim Handeln letztlich herauskommt (Outcome), zählt. Betrachten
wir ein weiteres Mal die bereits zusammengestellten vier grundlegenden Kompetenzansätze

- Kompetenzen als ökonomisierte Varianten von Bildung (Bildung-versus-
  Kompetenz-Diskussion) (Vonken 2001, S. 520)

- Kompetenzen als allgemeinste Handlungsfähigkeiten (so im Europäischen
  und im Deutschen Qualifikationsrahmen) (Sloane 2008; Büchter/Dehn-
  bostel/Hanf 2012)

- Kompetenzen als geistige und physische Fähigkeiten, selbstorganisiert und
  kreativ in (zukunfts-) offenen Problem- und Entscheidungssituationen zu
  handeln (wovon hier ausgegangen wird) (Erpenbeck 2009, S. 79–136) und

- Kompetenzen als Fähigkeiten kognitiv zu handeln, als kognitive Leistungsdefinitionen (gemäß PISA und Nachfolgeprojekten) (Klieme/Maag-Merki/
  Hartig 2007)

so ist klar, dass ein je spezifisches Verständnis von Handlung und Handlungsfähigkeit allen diesen Ansätzen zugrunde liegt. Das hab ich bereits ausgeführt
und betont, dass es nur ganz wenige Bereiche in den Sozial- und Geisteswissenschaften gibt, die so übereinstimmend auf einer gemeinsamen Grunddimensionierung aufbauen (vgl. Erpenbeck 2012, S. 7–42).

Mit einer Polemik, die Kompetenzverständnisse seien zu vielfältig und zu
unklar, ist das Kompetenzdenken also nicht auszuhebeln. Eine tiefgründigere,
weiterführendere Polemik ist dagegen, wie Du ja mit dem Hinweis auf die
Humboldt-Umdeutung auch betontest, im ersten Kompetenzverständnis enthalten. Wenn Bildungswissenschaftler davor warnen, fachunabhängige Kompetenzen in den Mittelpunkt zu stellen, so dass die fachlichen Inhalte angeblich
nur noch eine untergeordnete Rolle spielen, wenn sogar von einem „Bluff der
Kompetenzorientierung" gesprochen wird, wäre das eine ernstzunehmende
Warnung vor dem Siegeszug des Kompetenzdenkens. „Fachliche Kompetenzen und Fachwissen rücken also in den Hintergrund?" wird einer der Verfechter
des Kampfes gegen die Kompetenzorientierung gefragt und er antwortet:

*„Genau. Fachwissen belastet das Gehirn, wir vergessen es sowieso, zudem ver-
ändert es sich andauernd und außerdem ist Wissen allgegenwärtig im Internet ständig allzeit verfügbar, deshalb stellen wir die überfachlichen Kompetenzen in den Mittelpunkt, so die Protagonisten dieser Entwicklung ..." (Klein
2012, S. 10).*

Diese Antwort verweist auf das eigentliche Problem – und deckt es auch gleich
wieder zu. Schon die Frage legt nahe, Fachwissen und fachliche Kompetenzen

in einen Topf zu werfen. Der Antwort erstem Teil ist doch nur zuzustimmen: Ja, Fachwissen belastet das Gehirn (wenn es lediglich auswendig gelernt wird), ja, wir vergessen es (und es veraltet unglaublich schnell), ja, es ist im Internet zunehmend verfügbar (und wird es noch mehr sein, wenn semantische Suchalgorithmen die Stichwortsuche ersetzen). Aber dann geht es, dem Befürworter der Kompetenzorientierung unterstellend, weiter, „deshalb" stelle er die überfachlichen Kompetenzen in den Mittelpunkt. So unsinnig denkt jedoch kein wirklicher Befürworter der Kompetenzorientierung!

Ihm geht es um zwei gänzlich andere, viel kompliziertere Sachverhalte. Zum einen spielen personale, aktivitätsbezogene und sozial-kommunikative Kompetenzen für das Handeln in heutigen kulturellen, sozialen, ökonomischen und politischen Zusammenhängen tatsächlich eine schnell zunehmende Rolle. Immer mehr Entscheidungen müssen ohne erschöpfendes Wissen, intuitiv, als „Bauchentscheidungen" gefällt werden (Gigerenzer 2008). Zum anderen ist aber die Gleichsetzung von Fachkompetenz und Fachwissen eine fundamentale Sünde gegen jedes wirkliche Bildungsdenken. Aus der zutreffenden Tatsache, dass es keine Kompetenz ohne Fach- und Methodenwissen, ohne Qualifikationen gibt, folgt doch in keiner Weise, dass die „Weitergabe" solchen Wissens, dass die Qualifizierung eines Menschen schon irgendeine Fachkompetenz zeitigt. Man kann unendlich viel wissen, hoch qualifiziert sein und trotzdem keinerlei Kompetenzen besitzen! Ein Bildungsverständnis, das Savants (Inselbegabungen) zu Hochgebildeten erklärt, ist mindestens ebenso abwegig wie „Goethe ohne Deutsch" …

Die wirklich interessante Frage, die hinter dieser Auseinandersetzung auftaucht, ist die nach dem Unterschied von Fachwissen und Fachkompetenz. *Wann und wie wird Fachwissen zu Fachkompetenz?* Warum setzen wir beinahe automatisch Fachkompetenz und Fachwissen gleich? Wir wissen inzwischen recht gut, wie wir Schlüsselkompetenzen erfassen und trainieren können (Heyse/Erpenbeck 2009), warum fällt es uns besonders schwer, Fachkompetenzen zu erfassen und systematisch zu entwickeln? Nicht die Schlüsselkompetenzen insgesamt, die Fachkompetenzen erscheinen zunehmend als die großen Unbekannten der Kompetenzforschung! Darauf, lieber Rolf, möchte ich jetzt dieses Schreiben abschließend eingehen.

Die großen Unbekannten sind meiner Überzeugung, nach nicht die sogenannten außerfachlichen Kompetenzen, sondern *die Fachkompetenzen.* Man könnte Fach für Fach durchgehen und analysieren, wie sich darin der *Wissens-Sand* in *Kompetenz-Gold* verwandelt. Eine unendliche Aufgabe für künftige Bildungsforscher. Denn diese Verwandlung geschieht in jedem Fach, in jedem Denkbereich anders.

Sie ist aber – ganz im Sinne Deines sehr einleuchtenden Bildes mit dem Emotionsoval – stets mit der *Imprägnierung des jeweiligen Wissens* durch eigene Emotionen, also mit gefühlsmäßigen Wertungen des Wissens verbunden.

Durch emotionale Labilisierung: Begeisterung, Aufregung, Spaß, Neugier, Unsicherheit, Bedenklichkeit, Skepsis, Zweifel, Angst – und immer wieder mit Interesse, durch Erlebnisse und Erfahrungen geprägt, durch Vorbilder und Lehrpersönlichkeiten geweckt[12], durch Anerkennung und Ruhm, aber auch durch Ablehnung und Widerstand bestärkt. „Ohne Gefühl geht gar nichts", um Gerald Hüthers Spruch erneut hervorzuholen; ohne emotionale Labilisierung entstehen keine Kompetenzen, gibt es keine Kompetenzentwicklung (Hüther 2009).

Fachkompetenzen sind die geistigen und physischen Fähigkeiten, selbstorganisiert und kreativ in offenen Problem- und Entscheidungssituationen eines Fachbereichs auf der Grundlage von Fachwissen zu handeln, das hinreichend und handlungsbestimmend mit eigenen interiorisierten Wertungen dieses Wissens, also mit eigenen Emotionen und Motivationen imprägniert ist.

Um diese Feststellung an einem dankenswert problematischen Beispiel zu erläutern, will ich ein gewichtiges Werk über die „Diagnostik mathematischer Kompetenzen" heranziehen. Es handelt sich um einen Bereich, wo die Gleichsetzung von fachlichen Fertigkeiten, Fachwissen und Fachkompetenzen so selbstverständlich ist, dass in dem nahezu 300 Seiten starken Werk keinerlei Reflexion dieses schwierigen Verhältnisses zu finden ist. Vielmehr wird bereits im ersten Beitrag hoch interessant über approximative Mengenrepräsentationen als Grundlage arithmetischer Fertigkeiten nachgedacht, – also über bestimmte Fertigkeiten als grundlegende Voraussetzungen für die späteren Fähigkeiten, im mathematischen Bereich selbstorganisiert und kreativ zu handeln – aber nicht über diese Fähigkeiten selbst. Doch fährt der Beitrag dann fort:

„*Die Entwicklung mathematischer Kompetenzen beginnt nicht erst mit der Einschulung, sondern bereits im frühen Kindesalter. So ist schon bei Säuglingen Wissen über grundlegende arithmetische Gesetzmäßigkeiten erkennbar. Sie verfügen über ein approximatives Verständnis für Mengen und Mengenrelationen, was ihnen ermöglicht, Mengenunterschiede festzustellen und Veränderungen von Mengen zu erkennen. In Anlehnung an aktuelle Theorien zur kognitiven Entwicklung wird dieses approximative Mengenverständnis als die dem Erwerb arithmetischer Fertigkeiten zugrunde liegende Kernkompetenz betrachtet (Hasselhorn u.a. 2013, S. 3)*".

Auch andere Arbeiten des Bandes sprechen über mathematische Fertigkeiten oder über mathematisches Wissen, über Fakten und Routinen. Es wird konstatiert, dass Probleme in Mathematik

---

[12] Hier wäre der Platz der ausufernden, aber hilfreichen Hattie-Diskussion (Hattie/Beywl/Zierer 2013).

*„in aller Regel auf Defiziten in sehr basalen mathematikspezifischen Vorläu-
ferfertigkeiten beruhen ... Die Erfassung mathematischer Basiskompetenzen
birgt somit unter dem Gesichtspunkt der Früherkennung und Prävention
besondere Möglichkeiten." (ebenda S. 225)*

Der in den Zitaten sichtbar werdende Kategorienfehler wiederholt sich fast
durchgehend: Die neurobiologischen und kognitiven Voraussetzungen von
Fähigkeiten werden mit den Fähigkeiten selbst in eins gesetzt. Nur so kann es
zu folgendem Definitionsversuch kommen:

*„Der Begriff 'mathematische Basiskompetenzen' wird in der Literatur als Sam-
melbegriff für basale Voraussetzungen verwendet, die ein Schüler mitbringen
muss, um für die Anforderungen im Mathematikunterricht hinreichend
gewappnet zu sein. Je nach zugrunde liegender Arbeit werden hierunter lediglich pränumerische Einsichten, die Kenntnis der Ziffern und Zahlwortfolge
sowie Zahl-Größen-Verknüpfungen verstanden oder aber auch darüber
hinaus gehende Kompetenzen wie arithmetische Fertigkeiten, Operationsver-
ständnis, das Verständnis des Dezimalsystems oder (halb-)schriftliches Rechnen" (ebenda, S. 226).*

Obwohl es jeder gute Mathematik- oder Physiklehrer besser weiß, werden hier
die Voraussetzungen Interesse, Neugier, Spaß usw. einfach ignoriert – als ob es
ohne sie überhaupt irgendeine echte mathematische Kompetenz geben
könnte!

An kaum einer Stelle wird auf die Notwendigkeit der „Imprägnierung" von Fertigkeiten und Wissen mit den Emotionen und Motivationen der Lernenden eingegangen. Lediglich der Emotion Mathematikangst werden – bei einem solchen Herangehen natürlich zurecht – ausführliche Überlegungen gewidmet.
Die Begriffe Begeisterung, Aufregung, Spaß, Neugier, Interesse, aber auch
Unsicherheit, Bedenklichkeit, Skepsis usw. sucht man in den Texten so gut wie
vergeblich. Doch wie will man bei lebendigen Menschen die Fähigkeiten zu
einem selbstorganisierten, kreativen mathematischen Handeln anders heraus-
bilden?[13] Mit rein kognitiv orientierten Mathematiktests und schlauer Diagnostik ganz sicher nicht. Eine rein kognitive Kompetenzdiagnostik, die aus ihren
Ergebnissen einen angeblich Kompetenz orientierten Unterricht generieren zu
können glaubt, kann nur Anpasser und Versager erzeugen.[14] Es sei denn, die
Schüler, Lehrlinge oder Studenten entwickeln, wo möglich emotional bestärkt
durch Erfolg und Bewunderung, echte mathematische Kompetenzen im Frei-
zeitbereich, beim Umgang mit moderner Informationstechnologie oder mit

---

[13] Sehr viel differenzierter hierzu: Dörge 2013.

[14] So z.B. durch die Theorie und Praxis grauseliger „Bildungsstandards", vgl. Schott/Ghanbari,
2008. Ein Buch übrigens, in dem zwar von Motiven die Rede ist, aber kein einziger Satz zu lesen ist,
welche echten internen emotional-motivationalen Antriebe Schüler oder Studenten haben sollten, um sich die formalen Vorgaben anzuzeigen.

intelligenter Spielesoftware, aber auch einfach beim Lösen spannender – nicht bloß pädagogisch vorgegebener – mathematischer Probleme.

Der berühmte europäische Mathematiker Bartel Leendert van der Waerden (1903–1996) hat in seinen „Beiträgen zur Psychologie des mathematischen Denkens" auf eigene Weise dem Zusammenhang von Fachwissen und Fachkompetenz nachgespürt und ihn auf die Formel gebracht: „Zur Lösung eines mathematischen Problems ist zweierlei notwendig: Überlegung und Einfall." Während Überlegung auf das bewusste, entweder streng logische oder mehr analogiemäßig und anschaulich vorhandene bewusste Denken verweist, ist der Einfall oft aus dem Unbewussten, also dem Emotional-Untergründigen geboren. Gefühle der Schönheit oder der unmittelbaren Evidenz führen den Mathematiker zur Fähigkeit, selbstorganisiert und kreativ immer wieder Neues zu entdecken und zu entwickeln. „Das Unbewusste ist also imstande, nicht nur zu assoziieren und zu kombinieren, sondern auch zu urteilen. Das Unbewusste urteilt intuitiv, aber das Urteil ist unter günstigen Umständen ganz sicher" (Van der Waerden 1973; auch Gigerenzer 2007).

Wenn man mathematische Kompetenz in Höchstform erleben will, muss man sich „Das lebendige Theorem" von Cedric Villani (2013), einem Gewinner der Fields Medaille – des „Nobelpreises für Mathematiker" – zu Gemüte führen. Ein Mathematiker der Spitzenklasse, ein Text, gespickt mit aktuellster Mathematik, doch dann solche Bemerkungen:

„Aber vielleicht wird uns das Verständnis der Lösung dieser kleinen Übung auf den Weg bringen, um das große Rätsel zu lösen. Und dann ist es ja auch ein Spiel!" (Ebd., S. 11)

Oder:

„Das schätze ich vor allem in meinem Labor, das so klein und doch so leistungsstark ist: die Art und Weise, wie sich die Themen in den Gesprächen zwischen Forschern mit verschiedenem mathematischem Hintergrund um eine Kaffeemaschine herum oder in den Fluren miteinander vermischen, ohne dass man thematische Hindernisse zu befürchten bräuchte. Es gibt so viele neue Lösungsstrategien zu erforschen!" (Ebd., S. 24)

Oder:

„… um das Problem zu lösen, müssen wir zunächst genau wissen, wie die Frage lautet! In der mathematischen Forschung ist die deutliche Zielsetzung ein erster entscheidender und heikler Schritt" (Ebd., S. 17).

Natürlich kann nicht jeder, ja kaum einer ein van der Waerden oder ein Villani werden. Aber an den Beispielen lässt sich schnell der Unterschied zwischen Fach- und Methodenwissen und trainierbarer mathematischer Kompetenz klar machen. Die Wissensvoraussetzungen sind notwendig. Aber sie sind lästig und langweilig, wenn sie nur zu vorhersehbaren Überlegungen und nicht zu echten

Einfällen, wenn sie nicht zu Lösungen des Gedankenspiels, zu neuen Lösungsstrategien, zu neuen spannenden Zielsetzungen führen.

Was der Mathematik recht ist, ist der Informatik, der Physik, der Biologie, der Technik, der Ökonomie und vielen weiteren Studienrichtungen nur billig, in denen ständig Fachwissen mit Fachkompetenzen zusammengerührt werden. Schlimmer: In denen Fachwissen als Fachkompetenzen verkauft werden. Wir wissen über wirkliche Fachkompetenzen noch ziemlich wenig. Aber eines wissen wir sicher: Dass ihnen zwar eine Fülle von fachlichem Wissen, von fachlichen Fertigkeiten und Qualifikationen zugrunde liegt, dass sie aber kein Fachwissen *sind*. Die Lehrer, die uns Mathematik oder Physik als Kristallpaläste vorführen, in die man bewundernd eintreten kann, in denen man aber nichts berühren darf, erzeugen schlimmstenfalls Furcht, bestenfalls Ehrfurcht, aber keinesfalls den Wunsch, in diesen Räumen eine schöpferische Zerstörung zu veranstalten, oder gar ihre Tore weit zu öffnen. Der Physiklehrer, der Mathematiklehrer der sich als kleiner Physiker oder Mathematiker gebärdet, hat seine eigentliche Aufgabe nicht begriffen: Nicht bloßes Wissen, sondern Interesse am Wissen zu vermitteln.

Wir haben in unseren gemeinsamen Überlegungen an vielen Punkten das Problem gestreift, wie wir Fach- und Methodenwissen und Emotionen „zusammenbringen" können. Ich benutze gern den Ausdruck „imprägnieren" dafür. Ein bloßes Zusammenbringen ebnet die Unterschiedlichkeit der zusammengebrachten Partner ein. Es geht darum, Fach- und Methodenwissen mit unseren je eigenen Emotionen und Motivationen zu imprägnieren, so dass aus dem Wissen *an sich* ein Wissen *für uns* wird. Das ist leicht gesagt und schwer getan – vor allem im Rahmen einer anders angelegten Schule oder Universität.

Bausteine haben wir in unserem Wortwechsel bereits viele zusammengetragen.

Praxis: Der Medizinstudent vom ersten Studientag an am Krankenbett. Der Ökonom in reale Wirtschaftsprozesse einbezogen, am besten dual. Oder als Gründer neben dem Studium. Der Schüler in Schülerfirmen, die auch Pleite machen können. Zumindest in intensiven Praktika in Unternehmen unterschiedlichster Art. Berufsausbildung mit Abitur – ganz sicher keine dumme Idee.

Coaching, Mentoring: Solche Prozesse dienen nie allein dem Wissensgewinn. Über die emotionale Anerkennung des Coaches oder Mentors wird die emotionale Imprägnierung des Wissens im gemeinsam bearbeiteten Gebiet angeregt und übertragen.

Training: Es werden Situationen mit hohem emotionalem Labilisierungspotenzial systematisch durchlebt und handelnd bewältigt; der Hochseilgarten, das Outdoortraining, um Sozialkompetenzen, Jugend forscht, um Fachkompetenzen zu generieren, Arbeitsgemeinschaften, die Kompetenzentwicklungsdefizite, besonders im sportlichen oder künstlerischen Bereich auffangen.

Erlebnislernen: Schaffen echter Erlebnissituationen im Unterricht, im Studium, teilweise über Medien vermittelt.

Erfahrungslernen: Schaffung echter Erfahrungsmöglichkeiten, natürlich ganz unterschiedlich je nach Schulfach- oder Studienbereich, aber eben so, dass die emotionale Labilisierung gesichert ist, teilweise ebenfalls über Medien vermittelt.

Historienlernen: Nachspielen historischer Erfindungs- und Entdeckungssituationen, um die innovative Wucht zu ihrer Zeit zu begreifen und nachzufühlen

Rollenspiele: Um historische Situationen zu erfühlen und gegenwärtige – wirtschaftliche, politische, soziale, kulturelle, religiöse – Auseinandersetzungen zu erleben, dabei kann man sehr gut mit Kamerafeedback und Beobachtergruppen arbeiten.

Künstlerisches Arbeiten: Um Wissen und Emotionen spielerisch zu vereinen und auf anderen als vorgegebenen Denk- und Fühlwegen zu wandeln

Vorbildwirkung: Wird der Lehrer oder Dozent zum begeisternden Vorbild, kann er seine Wissensimprägnierungen auf die Schüler oder Studenten übertragen. Das ist ohne Frage der Kern der begeistert aufgenommenen Hattie-Kritik an neueren Schul- oder Studienreformen (Hattie/Beywl/Zierer 2013). Leider sind nur wenige Prozent von Lehrern und Dozenten wirklich Vorbild (einer Gaußschen Glockenkurve entsprechend), alle anderen erreichen eher das Gegenteil; also eine zweischneidige Kritik.

Sicher fallen Dir, lieber Rolf, als Pädagogen und Didaktiker noch viele andere Möglichkeiten ein, sinnvoll emotional zu labilisieren und dadurch Fach- und Methodenwissen emotional zu imprägnieren.

Ich mag diese Epistel nicht schließen, ohne auf den berühmten Aufsatz von Jürgen Habermas einzugehen:„Erkenntnis und Interesse" (Habermas 1965, S. 1139–1153). Scheinbar berührt der Aufsatz ganz unmittelbar das Thema, indem er, nach Disziplinen natürlich unterschieden, nachzuweisen versucht, dass Objektivität und „Wertfreiheit" von Fach- und Methodenwissen nichts anderes als Illusionen seien. Habermas betont, dass eine solche „Wertfreiheit" natürlich nur naturwissenschaftlichen Theorien zugeschrieben werden könne und auch das nur, indem man alle Aspekte der Wissensproduktion selbst, der Vor- und Verwertung, systematisch ausklammert. Weitausholend, von der Antike über den Positivismus bis zur Phänomenologie Husserls will er zeigen, dass sich der Positivismus bis in die Sozialwissenschaften hinein durchgesetzt hat, wodurch diese genau so normativ-analytisch (und langweilig) vorgebracht werden können, wie Mathematik und Physik. Damit würden aber die Wissenschaften an spezifischer Lebensbedeutsamkeit einbüßen, weil die sie antreibenden Interessenlagen und handlungsorientierenden Bildungselemente nicht mehr sichtbar würden. Die unaufhebbare Verflechtung des Wissens, der Erkenntnisse mit den Interessen der Lebenswelt ginge im objektivistischen Schein verloren. Man müsse stets nach dem erkenntnisleitenden Interesse

fragen: nach der letztendlichen technischen Verfügung, nach dem traditionsge-
leiteten Selbstverständnis oder, bei den systematischen Handlungswissen-
schaften Ökonomie, Soziologie und Politik nach den wirtschaftlichen, sozialen
oder politischen Zielen gesetzesförmigen Handelns.

„Im Begriff des erkenntnisleitenden Interesses sind die beiden Momente schon
zusammengenommen, deren Verhältnis … geklärt werden soll: Erkenntnis
und Interesse … Die erkenntnisleitenden Interessen bilden sich im Medium
von Arbeit, Sprache und Herrschaft (Habermas 1965, S. 1149).

Wenn ich von einer emotionalen Imprägnierung von Fach- und Methodenwissen gesprochen habe, so geht es natürlich zunächst ganz einfach um die Verbindung des als „wertfrei" gedachten und gelehrten natur- und sozialwissenschaftlichen Wissens mit der je eigenen emotional-motivationalen, erlebnis-
und erfahrungsgetränkten Lebenswelt, ob sie sich nun als Lebens- oder
Arbeitspraxis, Coaching oder Training darstellt. In diese Emotionen und Motivationen sind aber viele soziale Werte, die wir lebenslang verinnerlicht haben,
eingeflossen. Sie betreffen unsere Genusswerte (Spaß, Begeisterung, Kultur...),
Nutzenswerte (Vorteil, Gewinn, Aufstieg …), ethischen Werte (Gerechtigkeit,
Gleichheit, Nächstenliebe …) und politischen Werte (Überzeugungen, Weltan-
schauungen, Zukunftsvorstellungen …). Insofern meine ich mit der emotionalen Imprägnierung, abgesetzt von Habermas, nicht ein Aufgeben des methodo-
logischen Wertfreiheitsanspruchs – wo kämen wir hin, wenn Einsteins berühmtes E = mc^2 in der Erstpublikation mit Anmerkungen wie „fürchterlich", „ver-
heerend", „tödlich", „politisch machtverändernd" gespickt wäre – sondern
einen Kompetenzgewinn, um wissenschaftsintern forschend oder das fachlich-
methodisch Wissen benutzend, selbstorganisiert und kreativ handlungsfähig
werden zu können.

Ohne Gefühl geht gar nichts – ohne emotional tief verankertes *Interesse* geht in
Bezug auf fachlich-methodische Kompetenzen gar nichts.

Lieber Rolf, Deinen Bestätigungen wie Entgegnungen sehe ich mit großem
Interesse entgegen!

Dein John

7. Brief

worin Rolf Arnold überlegt, wie modernes Kompetenzdenken langsam aber
sicher in das sozialwissenschaftliche Denken von Pädagogen einsickert und
welche Rolle der sogenannte Deutsche Qualifikationsrahmen und der Hochschulqualifikationsrahmen dabei spielen.

Lieber John,

vielen Dank für Deine differenzierte und anregende Reaktion auf meinen letzten Brief. Die Fragen nach dem Verhältnis von Kompetenzentwicklung und
informellem Lernen, nach der Unterscheidung von Fachwissen und Fachkompetenz sowie nach den Möglichkeiten und Grenzen einer emotionalen Labilisierung haben mich in den letzten Wochen bei meinem Versuch, ein sozialwissenschaftliches Kompetenzprofil im Kontext der Vorgaben des Deutschen
Qualifikationsrahmens (DQR) und des Qualifikationsrahmens für Deutsche
Hochschulabschlüsse (HQR) zu begründen, immer wieder beschäftigt.

Dabei wurde mir deutlich, dass dieses Unterfangen auch deshalb schwierig,
wenn nicht gar unmöglich ist, weil die genannten „Rahmen" sich bei genauerer
Betrachtung als Ausdruck genau des eher mechanistischen Konzeptes von Bildung zeigen, welches Du so schonungslos kritisierst. Es freut mich zu lesen,
dass nach Deiner Einschätzung die Didaktik der Zukunft eine Ermöglichungsdidaktik sein wird. Das sehe ich genauso. Deshalb habe ich mich auch in meinem Buch „Ermöglichen" darum bemüht, deren Implikationen für das Initiieren und Begleiten von Prozessen der Kompetenzreifung gründlich auszuloten
(Arnold 2012 c). Dass ich dabei noch nicht zu einem wirklich zufrieden stellen-
den Ergebnis gelangt bin, wird mir besonders deutlich, wenn ich Deine mutige
Auslotung des Selbstorganisationsansatzes für die Begründung einer wirklich
überzeugenden Kompetenzdidaktik lese. Mir gefällt, was Du über die „Entmechanisierung des Weltbildes" schreibst, und es trifft meine eigene über drei
Jahrzehnte umfassende Erfahrung in der universitären Lehre, wenn Du daran
erinnerst, dass „die Prüfungsergebnisse von Universitäten und Schulen nur
schlecht mit späteren selbstorganisativen Handlungsfähigkeiten in offenen
Situationen (korrelieren)" – eigentlich ein Armutszeugnis. Das inputorientiert-
mechanistische Weltbild der Pädagogik harrt noch einer wirklichen Aufweichung und Ablösung durch intransitive Konzepte, mit deren Hilfe es gelingen
kann, die Inside-out-Prozesse der Kompetenzreifung adäquater zu beschreiben und fördernd zu begleiten – berücksichtigend, „dass Kompetenzerwerb
eben kein Wissenserwerb ist", wie Du es ausdrückst.

Die Frage *„Was müssen professionelle Sozialwissenschaftler und Sozialwissenschaftlerinnen tatsächlich können?",* hat die sozial- und gesellschaftswissen-
schaftlichen Fakultäten deutscher Hochschulen und Universitäten noch nicht

umfassend erreicht. Erst vereinzelt reagieren sie wirklich substanziell auf die Anforderungen der Akkreditierungsbehörden und ringen sich dazu durch, auch über Kompetenz-Wirkungen ihrer Angebote Auskunft zu geben. Die dabei entstehenden Kompetenzbeschreibungen bleiben jedoch meist noch deutlich hinter den Anforderungen der empirischen Kompetenzforschung einerseits und den Empfehlungen der Kompetenzdidaktik andererseits zurück. Beide liefern nicht nur Klärendes (z. B. Begriffe, Kategorien oder pragmatische Verfahren), sondern verbreiten auch durchaus Ernüchterung:

„Denn was auch immer wir uns von Mess- oder Feststellungsverfahren auf diesem Gebiet erhoffen, wir sollten daran denken, dass Vögel zwar in Käfigen geliefert werden, aber meist um den Preis, dass sie nicht mehr fliegen" (Langemeyer 2013, S. 23).

Die folgenden Überlegungen nehmen das Thema der sozialwissenschaftlichen Kompetenzprofilierung in den Blick, wobei es darum gehen wird, sich zu begrifflichen und konzeptionellen Klärungen vorzuarbeiten, die (Er-)klärungen mit Wirksamkeit („Fliegen")verbinden und stets im Blick haben dass „Fachwissen keine Fachkompetenz" und „methodisches Wissen keine Methodenkompetenz" ist, wie Du klarstellst.

Dabei entsteht in Umrissen ein sozialwissenschaftliches Kompetenzprofil, das zwar hypothetischen Charakter hat, aber die wesentlichen Anliegen und Impulse der europäischen Kompetenzdebatte für die Bereiche des akademischen Lernens aufgreift. Nur perspektivisch-tastend vermag ich dabei, mich Deiner grundlegenden Frage zu nähern, „welchen pädagogischen Wandels (es) bedarf, um wirklich Fachkompetenzen (…) zu entwickeln". Dabei gehe ich davon aus, dass wir zunächst die Outcomes klar und deutlich und auch verbindlich in der Form von Kompetenzprofilen beschreiben müssen – auch um den Preis eines Sich-Arrangierens mit den Vorgaben aus der mechanistischen Welt der Hochschulpolitik. Doch kann eine Transformation in Richtung Kompetenzreifung, so frage ich, wirklich gelingen, wenn wir uns nicht zu den *Bedingungen des Reifenden* bewegen, zumal, wenn es sich dabei um Bedingungen handelt, die letztlich – unbestellt – auch eine selbstorganisierende Logik freisetzen?

Die systematischen Anläufe zu einer *empirischen Klärung der sozialwissenschaftlichen Kompetenzfrage* stecken noch in den Kinderschuhen einer Bestandsaufnahme, wie unter anderem das vom Bundesministerium für Bildung und Forschung (BMBF) geförderte Vorhaben von Roland Brünken und anderen (Hochschulsektor 2013) zeigt. In diesem Sinne stellt Reinhold Hedke bereits 2005 fest:

„Eine klare Vorstellung von sozialwissenschaftlichen Kompetenzen, die fach- und disziplinübergreifend sind, fehlt bisher. Auch bleibt oft unklar, was Integration von politischer und ökonomischer Bildung bedeuten soll und wie man

sie praktizieren kann. So bleibt die fachdidaktische Debatte unterkomplex und das sozialwissenschaftliche Lernen meist zusammenhanglos" (Hedke 2005, S. 1).

Nimmt man einschlägige professionellen Selbstbeschreibungen in den Blick, so bestätigt sich dieser Eindruck einer eher *diffusen Kompetenzbasis.* Die Selbstbeschreibungen sind inputgetrieben; beschrieben werden die *inhaltlichen* Ausstattungen, mit denen die wissenschaftliche Ausbildung die angehenden Sozialwissenschaftler versieht, nicht die spezifischen Formen ihres professionellen *Handelns* in komplexen Problemlagen, durch das sie sich von anderen Fachkräften klar unterscheiden. Und schon gar nicht finden sich ernsthafte Bemühungen, um zu gewährleisten, dass sozialwissenschaftliche Kompetenzen reifen können, also spezifische Fähigkeiten, „in offenen Situationen selbstorganisiert und kreativ zu handeln", wie Du das Kompetenzanliegen zusammenfasst. So findet man z. B. beim Bundesverband Deutscher Soziologinnen und Soziologen nur vage Andeutungen zum Kompetenzprofil der Verbandsmitglieder:

„Gemeinsam ist ihnen die Identität der sozialwissenschaftlichen Ausbildung, ihre theoretische Basis und Fachmethodik. Sie nutzen ihre sozialwissenschaftliche Kompetenz und ihr soziologisches Wissen in diversen Anwendungsfeldern: In der Organisationsentwicklung, der systemischen Beratung, der Personalentwicklung, der Politikberatung, der Markt- und Sozialforschung, im Marketing, der Gesundheitsvorsorge usf. Gemeinsam ist ihnen allen eine sozialwissenschaftliche Ausbildung mit ihren spezifischen Theorien, Methoden und dem damit einhergehenden Selbstverständnis" (Bundesverband Soziologen 2013).

Ähnlich inputgetrieben und selbstbezüglich kommen auch die Beschreibungen zahlreicher Hochschulen daher: *Sozialwissenschaftliche Kompetenz ist danach die Kompetenz, Sozialwissenschaften zu verstehen (und zu unterrichten),* ohne dass präzisiert wird, *worin* sich die spezifisch sozialwissenschaftliche Professionalität von anderen Formen des Umgangs mit Gesellschaft, Politik und Wirtschaft tatsächlich unterscheidet. Oder wie gewährleistet werden kann, *dass* die Tiefendimension wirksam wird, aus der die Fähigkeiten, in komplexen, zukunftsoffenen Situationen selbstorganisiert und kreativ zu handeln, von denen Du sprichst, tatsächlich reifen können.

So heißt es beispielsweise in einer amtlichen Verlautbarung der Universität Oldenburg für das „Fach Sozialwissenschaften / Unterrichtsfach Politik-Wirtschaft":

„Mit dem Master-Studium der Sozialwissenschaften wird die Kompetenz erworben, die fachlichen Gegenstände und die Unterrichtsfächer der Politischen Bildung wissenschaftlich zu analysieren und zu erforschen. Die Studierenden erweitern ihre sozialwissenschaftliche Kompetenz im Hinblick auf

Lehrarbeitsfelder im Unterrichtsfach „Politik-Wirtschaft" des Gymnasiums. Es wird großer Wert auf eine forschungsbasierte Ausbildung gelegt. Das Studium vermittelt einen exemplarischen Einblick in die Erkenntnisinteressen, Gegenstände und Methoden sozialwissenschaftlicher Forschung. Das Master-Studium vertieft politologische, soziologische und ökonomische Aspekte der Sozialwissenschaften und reflektiert diese im Kontext Politischer Bildungsprozesse" (Oldenburg 2008).

Die Beispiele zeigen: *Die sozialwissenschaftlichen Kompetenzbeschreibungen bedienen sich vielfach rhetorisch Formeln, hinter denen sich viel Inhalt, aber wenig tatsächliche „Can Dos"*[15] zeigen.

Dadurch bleiben die von Dir erwähnten „Fähigkeiten, selbstorganisiert und kreativ in (zukunfts-)offenen Problem- und Entscheidungssituationen zu handeln" unbestimmt. Die feststellbaren Bestimmungen markieren letztlich Kenntnisse und vernachlässigen eine Präzisierung der personalen, aktivitätsbezogenen und sozial-kommunikativen und erst recht der fachlich-methodischen Handlungsfähigkeiten – die eigentliche Substanz des Kompetenzbegriffes. In die Vorstellungen, die ein Sozialwissenschaftler über das Soziale zu entwickeln vermag, fließen nicht allein nüchtern Einsichten ein, sondern auch seine inneren Bilder von Zuwendung, von sozialer Kohäsion sowie von der Gestaltbarkeit der Gegebenheiten von sozialer Macht und Ungleichheit. Ohne eine selbstreflexive Einbeziehung dieser Formen des „Umgang mit sich selbst" (gemeint: mit den inneren Bildern bzw. Gewissheiten) kann eine tragfähige sozialwissenschaftliche Kompetenz meines Erachtens nicht reifen. Diese erfordert vielmehr bis tief in die methodische Finesse hinein eine selbstreflexive Klärung des Verhältnisses von erkennendem Subjekt und zu untersuchendem oder gestaltendem „Objekt", dessen Teil man selbst ist. SozialwissenschaftlerInnen treten ihrem „Gegenstand" nicht mit kalter Nüchternheit gegenüber, sie sind aus diesem vielmehr selbst hervorgegangen, weshalb das Gesellschaftliche ihnen nicht nur im Gegenüber, sondern auch im eigenen Inneren begegnet. Eine Einsicht, von der allein bereits eine emotional labilisierende Wirkung auszugehen vermag, wobei ich es vorziehe, Begriffe, wie Selbstreflexion oder Selbstbetroffenheit zu verwenden (vgl. Schülein 1986), statt von „Labilisierung" zu reden.

Für die Entwicklung eines sozialwissenschaftlichen Kompetenzprofils lässt sich aus diesem „Subjekt-Objekt-Schwebezustand", wie Du ihn mit Goethe nennst, für *Selbstreflexion* und *Selbstbetroffenheit* folgern:

• Sozialwissenschaftliche Kompetenz ist keine nüchtern auf einen – äußeren – Gegenstand bezogene Expertise.

---

[15] „Can Dos" bezeichnen in der Fremdsprachendidaktik „handlungsnotwendige Kenntnisse". Diese sind „Wissenselemente, die das Erreichen einzelner Handlungsziele unterstützen" (Modulidentifikationen 2013)

- Für eine professionelle sozialwissenschaftliche Reflexion ist vielmehr die „Selbstbetroffenheit" grundlegend und auch sinnvoll.
- Es ist insbesondere die beobachtungs- und erkenntnistheoretische Reflexion, durch welche SozialwissenschaftlerInnen sich selbst zum Gegenstand werden und sich selbst verändern (können).

Von dieser Feststellung aus kann man an *weitere substanzielle Klärungen* herangehen.

Die Reifung sozialwissenschaftlicher Kompetenzen bedarf vielfältigerer Bezugnahmen als einer bloß inhaltlichen Begründung. Diese müssen einerseits deutlich spezifische Subjektqualitäten markieren, die als Ausdruck dieser Kompetenzen gewertet werden können. Sie verweisen aber zugleich auf typische didaktische Arrangements, in deren Rahmen sich *die* professionellen Verhaltensweisen entwickeln können, auf die es aus domänenspezifischer Perspektive ankommt. Wobei als *Domänen* spezifische fachliche Anwendungsbereiche, keine Disziplinen bezeichnet werden (vgl. Muis / Bendixen / Hearle 2006).

In diesem Sinne markierst Du in deinem Brief *drei grundlegende Voraussetzungen einer wirksamen Kompetenzreifung*, die auch für die Ermöglichung und Förderung sozialwissenschaftlicher Kompetenzen, wie ich meine, die grundlegenden Ansatzpunkte markieren:

„Erstens: Vor jeder beabsichtigten Kompetenzaneignung steht ein so genanntes ELW-Axiom: Kompetenzentwicklung kann man nur ermöglichen (Ermöglichungsdidaktik), nicht direkt veranlassen (E); Kompetenzentwicklung setzt emotionale Labilisierung zwingend voraus (z. B. Interesse, Begeisterung, Aufregung, Spaß, Neugier, auch Unsicherheit, Bedenklichkeit, Skepsis, Zweifel, Angst ...) (L); Kompetenzen lassen sich grundsätzlich nicht wie Informationswissen 'weitergeben' (W)".

Konkret bedeutet dies, dass Hochschulen vielfältige Lernräume („Frames") gestalten müssen, in denen aktive Suchbewegungen, selbstgesteuerte Aneignung sowie probehandelnde Problemlösung geübt, verändert und routiniert werden können. Die sozialwissenschaftliche Kompetenzentwicklung ist so gesehen das Ergebnis einer im Lernenden reifenden und zunehmend selbständig genutzten Expertise. Diese Kompetenzreifung kann durch einseitig lehrorientierte hochschuldidaktische Settings eingeengt werden. Es bleibt dann dem Zufall überlassen, ob und in welcher Weise sich diese Reifungsschritte trotz einer eher hinderlichen didaktischen Infrastruktur einzustellen vermögen.

„Zweitens: Fachwissen ist keine Fachkompetenz, methodisches Wissen keine Methodenkompetenz. Der Aufbau von Fachwissen und methodischem Wissen im Kopf von Studenten hat noch nichts mit dem Vorhandensein von Fach- und Methodenkompetenzen zu tun. Fach- und Methodenwissen muss emotional so

„imprägniert" werden, dass es zu Fach- und Methodenkompetenzen wird. Es gilt das Hüthersche Axiom: 'ohne Gefühle geht gar nichts.'"[16].

Dieser Hinweis auf die emotionale Konstruktion der sozialen Wirklichkeit berührt eine bislang eher vernachlässigte Dimension des akademischen Lernens. Hochschulen und Universitäten gelten als Räume der Ratio, weshalb das Spüren von sich selbst und anderen sowie die intuitiven Muster des jeweiligen Wirklichkeitskonstruktion routinemäßig eher in den Bereich des Unwissenschaftlichen verbannt wurden, obgleich sie auch das wissenschaftliche Beobachten, Denken und Schlussfolgern in nicht unerheblichem Maße bestimmen. Das zeigt unter anderem die bekannte Bootstrapping-Theorie von Clark Glymour: „Es so zu empfinden bewirkt, dass es so ist" (de Sousa 1997, S. 22). Sozialwissenschaftliche Kompetenz beinhaltet das ständige Bemühen, solchen Mechanismen in der eigenen Beobachtung und Beurteilung des Sozialen auf die Schliche zu kommen, und das Eigene vom Beobachteten denkerisch in Abzug zu bringen.

Wie Du weißt, haben wir uns in Kaiserslautern in den letzten Jahren verstärkt mit den Formen einer emotional labilisierenden Erwachsenenbildung beschäftigt. Dabei ist unter anderem deutlich geworden, dass die Konzepte aus der *systemischen Beratung* auch erwachsenendidaktisch anregend sind (vgl. Arnold 2013 e). Mit ihrer Hilfe kann es gelingen, die inneren Kräfte, die unsere Entscheidungen und unsere Handlungen bestimmen, gewissermaßen nach außen hin sichtbar zu machen. Dadurch werden sie verstehbar und integrierbar. Nicht selten müssen diese Mechanismen der eigenen emotionalen Konstruktion der Wirklichkeit erst hervorgelockt oder heraus gekrempelt werden. Eine erwachsenenpädagogisch nicht unumstrittene, in der Führungskräftequalifizierung aber gebräuchliche Form der emotionalen Labilisierung. Letztlich geht es bei all diesen Ansätzen darum, dass der Verantwortliche die Lernenden aus der persönlichen Komfortzone des Bekannten führt, um ihnen Unbekanntes zu eröffnen. Wie diese führungsdidaktischen Erfahrungen auch für die Hochschuldidaktik fruchtbar gemacht werden können, weiß ich derzeit noch nicht, obgleich wir an entsprechenden didaktischen, aber auch architektonischen Raumkonzepten arbeiten.

„Drittens: Auch das gilt axiomatisch: Solange es keine juristisch abgesicherte Validierung von Kompetenzbeurteilungen gibt, werden sich solche Beurteilungen im Universitätsbetrieb (und auch sonst) nicht durchsetzen. Die juristisch abgesicherte Validierung ist die zentrale Voraussetzung einer fachgerechten Kompetenzorientierung."

---

[16] In einem neueren Interview stellt Gerald Hüther fest: „Damit sich im Hirn Umbauprozesse vollziehen, muss etwas dazukommen, was die Neurobiologen die Aktivierung emotionaler Zentren und die damit einhergehende vermehrte Freisetzung so genannter neuroplastischer Botenstoffe nennen. Diese neuroplastischen Botenstoffe werden aber nur dann freigesetzt, wenn einem etwas unter die Haut geht. Das heißt, das Hirn hat einen unbestechlichen Selbstorganisationsmechanismus. Es lernt nicht alles, sondern es lernt nur, was für die betreffende Person wirklich bedeutsam ist" (Hüther 2013, S. 53).

Ein wichtiger Schritt in diese Richtung wurde nach einer mehr als sechsjährigen Entwicklungsphase mit der Einführung des Deutschen Qualifikationsrahmens (DQR) getan. Dieser bildet, wie es auf der offiziellen Homepage heißt,

„in der akademischen und in der beruflichen Bildung erzielte Lernergebnisse bildungsbereichsübergreifend ab und bietet so einen Rahmen für Lebenslanges Lernen" (DQR 2013).

Dies bedeutet, dass auch die Hochschulen und Universitäten es sich zukünftig gefallen lassen müssen, dass vor dem Hintergrund der DQR-Matrix nicht nur die von ihnen im jeweiligen Studiengang ermöglichte spezifische „Fachkompetenz" (hier eher „Wissen" und „Fertigkeiten") kompetenztheoretisch genauer hinterfragt werden wird: Sie werden auch zunehmend gehalten sein, die tatsächliche Leistungsfähigkeit zur Förderung der Personalen und Sozialen Kompetenzen ihrer Studierenden („Sozialkompetenz" und „Selbständigkeit") auf den Prüfstand zu stellen.

In diesem Sinne dürfen auch und gerade die Absolventen sozialwissenschaftlicher Studiengänge nicht nur über *Erklärungsmodelle* verfügen. Sie müssen vielmehr über *Verstehensformen* (Schmidt 1995) in der Lage sein, die Balance in sozialen Beziehungen (z. B. Arbeitsbeziehungen), in Organisationen (z. B. in Bildungseinrichtungen) in Kultur, Politik und Gesellschaft (z. B. in einer wirksamen Entwicklungsförderung) nachhaltig zu gestalten. Etwa beratend, durch Zusammenarbeit, oder sogar durch eigenes Führungshandeln. Und all das nicht nur in einer an Standards orientierten professionellen Weise nüchtern zu erforschen.

Das Gelingen einer sozialwissenschaftlichen Kompetenzreifung muss sich deshalb auch in den Fähigkeiten der Absolventen zu sozialer Balance und ihrer Gestaltung zeigen. Womit zwei weitere Anforderungen an die Entwicklung eines sozialwissenschaftlichen Kompetenzprofils umrissen wären:

Zum einen die Anforderung in Bezug auf *Soziale Balance:* Der Erfolg sozialer Kooperation und Kommunikation kann erhöht werden, wenn man die Ergebnisse der Forschungen über die menschliche Identitätsentwicklung sowie das menschliche Lernen und Verhalten kennt. Dieses Know How lässt sich zwar nicht einfach „umsetzen", es liefern aber die Standards für eine professionelle Gestaltung von Kooperation und Führung

Zum anderen die Anforderung in Bezug auf *Gestaltung:* Wer Sozialwissenschaften studiert, wird kontinuierlich mit den Ergebnissen von Zeitdiagnostik konfrontiert. Diese liefert ihm nicht bloß ein nüchternes Bild darüber, wie die gesellschaftliche Lage „ist", sie beleuchtet stets auch problematische Entwicklungen (z. B. die „Risikogesellschaft") sowie neu entstehende Potenziale (z. B. die „Netzwerkgesellschaft"). Eine moderne sozialwissenschaftliche Zeitdiagnostik drängt nach politischer Gestaltung. Die Frage nach den Bedingungen und Möglichkeiten dieser Gestaltung ist selbst eine sozial- und politikwissenschaftliche Frage.

Lass mich den folgenden Teil meines Schreibens dazu nutzen, Dir die vielfältigen Probleme und Auseinandersetzungen beispielhaft nahe zu bringen, die bei
der weiteren Ausgestaltung von DQR und HQR entstanden und die bei weitem
noch nicht überwunden sind. Vieles davon mag Dir kleinkariert erscheinen,
doch Du musst bedenken, dass dies die ersten juristisch verbindlichen Dokumente sein werden, die es erlauben, Kompetenzbeurteilung und -entwicklung
abzusichern. Sie werden damit für das berufliche und vielleicht sogar persönliche Leben von tausenden Sozialwissenschaftlern eine große Bedeutung
haben. Deshalb will und muss ich ein bisschen ins Detail gehen. Wo es allzu
speziell zu werden droht, werde ich Skizzen, die bei uns in Kaiserslautern entstanden sind, einem Anhang überantworten in der Hoffnung, dass Du sie gele-
gentlich anschaust.

Hochschulen und Universitäten begegnen den Anforderungen aus DQR und
HQR oft noch mit *Abwehr und Abgrenzung*. Sie erleben die Regelungen bisweilen als Angriff auf die akademische Bildung, wie unter anderem die äußerst
kritische Stellungnahme der Hochschulrektorenkonferenz vom 23. Februar
2010 zeigt. Darin wurde der DQR mit dem Hinweis abgetan, dass er „dem eigenen Anspruch nicht gerecht (werde)" (HRK 2012, S. 2). Ja, es sei damit zu rechnen, dass

*„der Stellenwert von forschungs- und entwicklungsbezogenen Kompetenzen,
die in einem Studium erworben werden und die weitgehend auf wissenschaftlich generiertem Wissen basieren, gegenüber den in der Berufsausbildung
erworbenen Kompetenzen sinken (werde)".*

Auch „das Profil der Hochschulbildung als wissenschaftliche Qualifikation zum
Schöpfen neuen Wissens, neuer Methoden und neuer Problemlösungen würde
geschwächt (ebd., S. 3). Schwerwiegende Folgen, durch deren Drohung
gerade eine wissensintensive Dienstleistungsgesellschaft aufgeschreckt werden sollte, wenn sie denn zuträfen.

Doch stimmen solche pauschalen Katastrophisierungen? Kann man wirklich
übersehen, dass die Abschottungen zwischen beruflicher und akademischer
Kompetenzentwicklung mehr Fragwürdigkeiten und Nachteile als Vorteile mit
sich bringt? Wissen solche pauschalen Abgrenzungen gegenüber der beruflichen Bildung tatsächlich, wovon sie reden? So verliert auch in den nicht-aka-
demischen Berufsbereichen das Arbeitshandeln mehr und mehr seinen Charakter als „zielgerichtetes, zweckrationales Handeln", weil es – wie Michael
Brater u. a. vor dem Hintergrund einschlägiger industriesoziologischer Studien
betonen –

*„(…) in der gegenwärtigen Erwerbsarbeit – ganz besonders dort, wo diese
Dienstleistungscharakter annimmt – immer mehr um das Gestalten offener
Prozesse geht. Demgegenüber geht das klassische Arbeitsverständnis implizit
von geschlossenen Prozessen mit klaren Zielvorgaben und Zweck-Mittel-
Zuordnungen aus" (Brater u. a. 2011, S. 10).*

Doch es gibt auch uninformierte, oberflächliche und abwegige Positionen, wie etwa die – unbelegten – Mutmaßungen, „Kompetenzdefinitionen (hätten) ein gestörtes Verhältnis zu Wissen". Oder, die ganze Kompetenzdiskussion habe „etwas von einer Tugendethik" (Reinmann 2013, S. 220ff. und 222ff.) – eine Kritik, welche die sozialwissenschaftliche Kompetenzdebatte im Kern treffen könnte. Denn diese hat in der Tat auch Praxen des sozialen Handelns zum Gegenstand, die durch Wertorientierungen, kulturelle Traditionen sowie Sozialisation und Gewohnheiten (an)geleitet werden. Allerdings ist ihr Bezug zur Wertfrage kein normativer, sondern ein reflexiver: Sozialwissenschaftliche Kompetenzen dienen dazu, das soziale Handeln „werttransparenter" zu machen (vgl. Beste 1987). Sie dienen einem letztlich selbstreflexiveren Umgang mit den eigenen Wertorientierungen. Eine solche Bezugnahme auf professionsethische Normen trägt der Tatsache Rechnung, dass Sozialwissenschaften keine *nur* nüchterne Bestandsaufnahme der gesellschaftlichen Verhältnisse liefern. Vielmehr interpretieren sie diese seit dem in der Aufklärung begonnen Projekt der gesellschaftlichen Modernisierung stets im Lichte des – prinzipiell möglichen – „rechten Vernunftgebrauchs", um Perspektiven und Empfehlungen zur wirksameren Gestaltung humaner und gerechter sozialer Verhältnisse zu entwickeln.

Versucht man, ein *sozialwissenschaftliches Kompetenzprofil* zu definieren, so kann man nicht umhin, sich mit den *„Besonderheiten eines akademischen Kompetenzbegriffs"* (Schaper u.a. 2012, S. 22ff.) auseinanderzusetzen. Dazu gehört die Betrachtung der Besonderheiten akademischer Reflexionskompetenzen.

Studiengänge an Hochschulen und Universitäten können, entgegen den auch der Bolognareform zugrund liegenden Erwartungen, in „nur begrenztem Maße" (ebd., S. 22) beruflich unmittelbar nutzbare Kompetenzen vermitteln. Akademische Studiengänge können Berufsbefähigungen nur anbahnen, „(...) da diese stark auf Habitualisierung und Erfahrungslernen in beruflichem Kontext aufbauen" (ebd.).

Eine im Hochschulstudium zu entwickelnde *akademische bzw. wissenschaftliche Kompetenz* ist von der Qualität und der grundlegenden Entwicklung her zum einen *reflexiv und explikationsfähig*. Die Fähigkeit zur Reflexion des eigenen Handelns ist ein zentrales Element sowohl in der Erwerbs- und Bildungsphase als auch in Tätigkeitsfeldern von Akademikern. Reflexivität setzt allerdings auch voraus, dass Kompetenzen und ihre Grundlagen erklärt werden können. Kompetente Handlungsfähigkeit in neuen Kontexten wird im akademischen Bereich somit nicht vorrangig als Funktions- und Verhaltenslernen begründet, sondern durch eine reflexive Strukturierung neuer Situationen.

Eine im Hochschulstudium zu entwickelnde *akademische bzw. wissenschaftliche Kompetenz* ist zum anderen *erkenntnisbasiert*. Ein systematisches, methodenkritisches, theorie- und erkenntnisgeleitetes Herantreten an theoretische und praktische Situationen im Bewusstsein der Vorläufigkeit von Erkenntnis zeichnet die Hochschulbildung gegenüber allen anderen Formen formaler Bildung aus *(ebd.)*.

Akademische Kompetenz ist vom Inhalt und Zweck her *disziplinär organisiert*. Kompetenzentwicklung erfolgt an Hochschulen aus der Perspektive und dem Paradigma der gewählten fachlichen Disziplin Es ist daher sowohl am Fach als auch an praktisch-konkreten Problemstellungen orientiert, die sich durch eine hohe Interdisziplinarität auszeichnen.

Akademische Kompetenz ist auf *komplexe neuartige Situationen und Aufgaben* bezogen. Bei akademikeradäquaten Arbeitsplätzen ist der Umgang mit Neuartigkeit und Komplexität eine bestimmende Eigenschaft. Akademisch geprägte wissenschaftliche Routinen beziehen sich daher oftmals weniger auf das konkrete Vorgehen in spezifischen Situationen als vielmehr auf grundlegende Herangehensweisen und Handlungspläne sowie den systematischen Einsatz von wissenschaftlichen Methoden in generischen Situations- und Aufgabenklassen.

Akademische Kompetenz ist schließlich *tätigkeitsfeldbezogen*. Eine prinzipielle Befähigung zum Eintritt und Erfolg in adäquate berufliche Tätigkeitsfelder gehört zur zentralen Zielkonzeption eines Studienabschlusses im Hinblick auf die „Employability"-Anforderung. Bis auf bestimmte Ausnahmen (z. B. Lehramtsstudiengänge oder das Medizinstudium) ist damit nicht die Ausrichtung und Festlegung auf einen bestimmten Beruf gemeint, sondern die flexible Beschäftigungsfähigkeit in einem der Disziplin affinen Tätigkeitsfeld. (ebd., S. 23).

Soweit *allgemeine* Charakteristika akademischer Kompetenz.

Sozialwissenschaftliche Kompetenz, als Vorbereitung auf einen professionellen Umgang mit sozialen Situationen, misst meines Erachtens dem Aspekt der *Habitualisierung* eine grundlegende Bedeutung zu. Das berührt auch Deine Hinweise auf die unhintergehbare Informalität der Persönlichkeitsreifung. Auch Sozialwissenschaftler und Sozialwissenschaftlerinnen sind soziale Wesen. Diese reagieren angesichts „komplexer neuartiger Situationen und Aufgaben" (ebd.) wie alle Menschen zunächst unmittelbar auf der Basis biographisch gewachsener Gewissheiten. Die von Schaper und anderen zu Recht betonte Reflexions- und Explikationsfähigkeit sowie eine wirksame Erkenntnisbasierung des eigenen gestaltenden Umgangs mit solchen Situationen und Aufgaben ist deshalb ohne Selbstreflexion und Berücksichtigung des eigenen „blinden Flecks" nicht zu haben, – ein Sachverhalt, den die Hochschulbildung bislang zu wenig in den Blick nimmt.

„Damit das gelingt", schreibt C. Otto Scharmer vom MIT in Boston gelte es, „ein Teleskop neuen Typs" zu entwickeln, womit er eine andere Form der Beobachtung meint, durch die auch angehende Sozialwissenschaftlerinnen und Sozialwissenschaftler lernen,

„(...) den Beobachterstrahl (zu) krümmen, (zu) wenden und schließlich auf
seinen Ursprungsort zurücklenken (zu) können: auf den blinden Fleck, d.h.
auf das hervorbringende Selbst im blinden Fleck des Beobachters" (Scharmer
2009, S. 39).

Die Einübung einer solchen „selbsteinschließenden Reflexion" (Varela u.a.
1992) könnte helfen,

„(...) die festgelegten und festlegenden Wahrnehmungen zu überwinden, da
sie heute – vor dem Hintergrund der neueren Wahrnehmungs-, Bewusstseins-,
Gehirn- und Emotionsforschungen – immer genauer zu beschreiben vermö-
gen, wie auch das Soziale in uns selbst entsteht, dort stets bereits angelegt ist
und unser Denken, Fühlen und Handeln 'hinterrücks' bestimmt" (Arnold
2013a, S. 261).

Eine solche selbsteinschließende sozialwissenschaftliche Qualifizierung stellt
eine grundlegende Voraussetzung für eine wirklich substanzielle und tragfähige hochschuldidaktische Ausgestaltung der erwähnten Reflexions- und
Explikationsfähigkeit dar (vgl. Schaper und andere 2011). Es geht letztlich um
die Profilierung anderer Formen des Umgangs mit Gewissheit. Sozialwissenschaftler und Sozialwissenschaftlerinnen müssen über das erwähnte „Teleskop
neuer Art" (Scharmer 2009, S. 39) verfügen, d.h. sie kennen die Arten, mit
denen Menschen sich routinemäßig vergewissern und verfügen über Verfahren und Standards, um sich – nachvollziehbar – um die Evidenz, Transparenz,
Stringenz und Kohärenz der eigenen Handlungsbegründungen zu bemühen.
Die Formen der sozialwissenschaftlichen Vergewisserung habe ich probehal-
ber in einer Übersicht zusammengefasst und im Anhang widergegeben[17]

Diese für sozialwissenschaftliche Kompetenz und entsprechende Professionalität gewiss grundlegenden Reflexionskompetenzen werden in den aktuellen
Debatten um DQR und HQR nur unzureichend abgebildet, da diese sich um
eine umfassende, auch die unmittelbar auf berufliche Verwendbarkeit bezoge-
nen Handlungskompetenzen umschließende Kompetenzmatrix bemühen.
Dabei geraten die spezifisch akademischen Reflexionskompetenzen aus dem
Blick, die denkerische Voraussetzungen angemessener – professioneller – Problemlösungen markieren, wie sie u.a. Bernhard Pörksen in seinem Konzept
einer „konstruktivistischen Universität" (Pörksen 2012) beschrieben hat. Dort
heißt es:

„Die Einsicht in die unumgängliche Vorläufigkeit allen Erkennens bringt intel-
lektuell unfruchtbare Hierarchien zum Einsturz; man ist – mit einer solchen
Epistemologie im Gepäck – eher geneigt, sich immer wieder selbst umzukondi-
tionieren und die Ruhebank fester Wahrheiten zu verlassen. Derjenige, der
weiß, dass er weiß bzw. der glaubte zu wissen, wird zu demjenigen, der weiß,

---
[17] vgl. Anhang 1

dass er nichts oder noch nicht weiß und deshalb – seltsam genug – wissen möchte. Wer mag, kann hier ein fernes Echo auf Wilhelm von Humboldts Wissenschaftsverständnis heraushören, das dem Wissensbegriff und der allgemeiner ansetzenden Erkenntnisidee des Konstruktivismus in erstaunlicher Weise gleicht. Schon bei Wilhelm von Humboldt heißt es, dass es die Wissenschaft im Gegensatz zur Schule nicht mit 'fertigen und abgemachten Kenntnissen' (Humboldt 1956, S. 378) zu tun habe. Es sei zentral, 'dass bei der inneren Organisation der höheren wissenschaftlichen Anstalten alles darauf beruht, das Prinzip zu erhalten, die Wissenschaft als etwas noch nicht Gefundenes und nie ganz Aufzufindendes zu betrachten, und unablässig sie als solche zu suchen' (ebd., S. 378)" (Pörksen 2012, S. 34).

Es sind keine inhaltlichen Fragen, wohl aber die persönlichen Dimensionen zum Umgang mit dem Inhaltlichen, die mit diesen Hinweisen zur Ausgestaltung einer konstruktivistischen Universität in den Vordergrund gerückt werden – nicht in der scharfen Abgrenzung eines Entweder-Oder, sondern in der Perspektive eines „aktionsfähigen Wissens" (Argyris 1997), das seine Berechtigung nicht nur der Überlieferung, sondern der gelungenen Integration von nüchterner Analyse und individueller Problemlösungsfähigkeit verdankt. Reflexionskompetenzen im Sinne des Programms einer konstruktivistischen Universität benötigen somit beides: die Forschungsergebnisse, Theorien und Methoden der Disziplinen einerseits und die persönliche Aneignung, Anwendung und Weiterentwicklung dieses „Bestandes" im Sinne der angepassten und nachhaltigen Gestaltung von Lösungswegen andererseits.

Für die sozialwissenschaftliche Kompetenz ein weiterer wesentlicher Bezugspunkt ist die *soziale Nachhaltigkeit.* Sozialwissenschaftliches Knowhow ist auch und insbesondere bei der politischen Gestaltung gesellschaftlicher Veränderungen von grundlegender Bedeutung. Die modernen Sozialwissenschaften „wissen" um die Logiken des Misslingens, und sie verfügen über Verfahrensweisen und Standards, um den mit der gesellschaftlichen Modernisierung aufbrechenden Paradoxien wirksam zu begegnen.

Ist für die Entwicklung sozialwissenschaftlicher Kompetenz die Nutzung der durch den Deutschen Qualifikationsrahmen vorgegebenen Kompetenzdefinitionen, Niveauunterscheidungen und Matritzen sinnvoll? Das wäre sie nur, wenn es gelänge, akademische Reflexionskompetenzen wie die erwähnten, in diesem Regelwerk tatsächlich adäquat abzubilden. Für diese Möglichkeit spricht allerdings wenig, da eindeutige Zuordnungen nur schwer oder kaum möglich sind, wenn man von solchen Beschreibungen ausgeht:

„SozialwissenschaftlerInnen sind in der Lage, ihre Deutungen und Erklärungen des Sozialen evidenzbasiert und emergenzoffen überzeugend zu begründen; Sie nutzen vorliegende Daten zur Erklärung dessen, was der Fall ist, und versuchen, die unterhalb der Datenebene wirkenden Zusammenhänge zu verstehen."

Tatsächlich setzt beispielsweise die auf Evidenz bezogene Reflexionskompetenz sowohl fachliche Kenntnisse (z. B. „Welche Konzepte und Theorien zur Erklärung des Kommunikativen liegen vor?") als auch Fertigkeiten zum professionellen Umgang mit empirischen Daten voraus. Eine Feststellung, die das aufgreift, was Du darüber schreibst, wie aus Fachwissen Fachkompetenz werden kann. Eine solche Evidenzorientierung erfordert zudem eine professionelle Nüchternheit, die ohne eine personale Kompetenz, insbesondere eine Selbständigkeit im Denken, Beurteilen und Schlussfolgern nicht zu haben ist. Diese gewissermaßen inneren Kompetenzdimensionen nimmt der DQR nur unzureichend in den Blick. Für ihn sind Kompetenzen die im äußerlichen Agieren sichtbaren Verhaltensdispositionen, welche ein Mensch bei seinen Versuchen, komplexe – in diesem Fall: soziale – Problemlagen selbstständig und wirksam zu gestalten, an den Tage legt.

Als unverzichtbare Bestandteile jedes akademischen Kompetenzprofils lassen sich die spezifischen Reflexionskompetenzen (Umgang mit Evidenz, Transparenz, Stringenz und Kohärenz) (vgl. Anhang 1) nicht auf den Gestaltungsebenen des DQR adäquat in ihrer personalen Verankerung abbilden. Sie müssen deshalb vorgeklammert definiert werden. In ihnen drückt sich eine spezifische Haltung gegenüber den Themen, Fragen und Problemlagen des Sozialen aus, ohne die eine sozialwissenschaftliche Professionalität nicht denkbar ist.

Diese für die Profilierung sozialwissenschaftlicher Kompetenzen gefundenen Einschränkungen im Hinblick auf die Eignung des DQR dürfen nicht als Rückkehr zu den vielerorts anzutreffenden Vorgehensweisen bei der Planung, Gestaltung und Durchführung sozialwissenschaftlicher Studienangebote verstanden werden. Dort trifft man – wie erwähnt – auf inhaltsgetriebene Herangehensweisen, die irgendwie von der Annahme getragen werden, dass eine Aneignung wissenschaftlichen Wissens, wie es Forschung und Theoriebildung hervorbringen, schon eine sinnvolle Vorbereitung auf spätere Handlungssituationen für Sozialwissenschaftler darstellt, um welche Situationen es sich auch immer handeln mag. Solche Überlegungen greifen zu kurz, wie Du zeigst. Sie unterstellen die Reifung von personalen Kompetenzen in einem Zusammenhang, der nicht didaktisch begründet für die Förderung solcher Kompetenzreifungen ausgelegt ist. Das ist misslich, denn ihre professionellen Wirkungen können auch sozialwissenschaftliche Inhalte bloß entfalten, wenn sie die Formen des Denkens, Fühlens und Handelns der Lernenden berühren und diese dauerhaft so verändern, dass eine *professionelle Haltung* entstehen kann:

Sozialwissenschaftliche Professionals analysieren nicht nur das soziale Handeln in dem nüchternen Bemühen um Evidenz, Transparenz, Stringenz und Kohärenz sowie um Wirksamkeit der eigenen Erkenntnisse und Argumentationen, sondern beraten auch soziale Akteure und gestalten soziale Kontexte. Dabei sind sie in ihrem Handeln einer professionellen Ethik verpflichtet, die durch die Menschenrechte, das Prinzip der freien Entfaltung der Persönlich-

keit sowie die Orientierung an der Gestaltung gerechter Formen des Zusammenlebens geprägt ist.

Obgleich die sozialwissenschaftlichen Debatten sich bereits seit den 1970er Jahren auch gründlich um die Klärung der reflexiven Dimensionen der sozialen Praxis bemühten (vgl. u. a. Weingart 1976) und dabei auch zu einer deutlichen Kritik und Relativierung der „wissenschaftszentrischen Vorstellungen von Praxis" (Beck/Bonß 1989, S. 24) sowie zur Frage nach der „Integration von Selbsterfahrung und distanzierter Betrachtung" (Giesecke/Rappe-Giesecke 1997) gelangten, liegen bislang kaum tragfähige Konzepte eines reflexiven sozialwissenschaftlichen Lernens vor. In der Frage nach den Kompetenzen, der Kompetenzentwicklung und -anwendung ihrer eigenen Studienabsolventen gehen die sozialwissenschaftlichen Studiengänge mehrheitlich wesentlich gröber zu Werke als es sich etwa der zunehmend an Bedeutung gewinnende DQR vorstellt. Hartnäckig hält sich zudem die zwar sicherlich nicht ganz abwegige, aber weitgehend unbegründete Annahme, eine gelingende wissenschaftliche Reflexion würde per se in dem Studierenden spezifische fachliche und personale Kompetenzen reifen lassen, die auf andere Weise nicht entstehen würden. Für diese Annahme spricht sicherlich, dass die von Humboldt beschriebene Bewegung des forschend Studierenden als eine „in Einsamkeit und Freiheit" sich vollziehende innere Entwicklung schon immer auch vieles von dem bewirken konnte, worum es heute den wesentlich „nüchterner" daherkommenden Kompetenzansätzen in ihren herausragenden Niveaus auch zu tun ist: Um die Ablösung des *Bescheidwissens* durch *nachdenklichere Bemühungen* um Evidenz, Transparenz, Stringenz sowie Kohärenz des Argumentierens sowie um tatsächliche Wirksamkeit des eigenen Handelns in komplexen sozialen Lagen. Grundlage ist dafür eine Herausbildung „angemessener epistemologischer Überzeugungen" (Merk 2003, S. 41), die vielleicht die entscheidende Dimension einer gelungenen sozialwissenschaftlichen Kompetenzentwicklung markieren.

Wer in diesem Sinne über sozialwissenschaftliche Kompetenzen verfügt, kann sich vergewissern und folgt in der Beurteilung sozialer Wirkungszusammenhänge nicht länger der jedem Menschen eigenen intuitiven Gewissheit.

Die eigene intuitive Gewissheit wird bei sozialwissenschaftlich begründeten Problemlösungen durch reflektierte wie selbstreflexive Formen der eigenen Handlungsorganisation ersetzt. Diese Bewegung findet vor allem in einem stärkeren Abrücken von absolutistischen Grundüberzeugungen und einer deutlicheren Positionierung gegenüber relativistischen oder postrelativistischen Grundüberzeugungen ihren Ausdruck (vgl. Trautwein/Lüdke 2005).

Diese Fähigkeiten sind Ausdruck einer Personalen Kompetenz, einer *Selbstkompetenz* – der DQR spricht von „Selbständigkeit" –, deren theoretische Bestimmung noch viele Fragen offen lässt, wodurch eine „theoretische Lücke"

(Lerch 2013, S. 25) entsteht, die auch didaktisch folgenreich ist: Wenn die Selbstkompetenz die Kompetenz des Selbst ist, sich in der jeweiligen Domänenwelt zu orientieren und diese kreativ und selbstorganisiert zu gestalten, so wäre es sinnvoll und nötig, genauer zu prüfen,

„(…) welche Möglichkeiten der Förderung für bestimmte Einzelkompetenzen (u.a. Organisationsfähigkeit, Konfliktfähigkeit) oder für ein Bündel von Teilkompetenzen (z.B. zur Förderung eines umsichtigen Mitarbeitenden) bestehen. Dabei muss auch berücksichtigt werden, dass einige Selbstkompetenzen (u.a. Eigeninitiative, Reflexionsfähigkeit) kaum didaktisch begleitet werden können, sondern lebensgeschichtlich erworben werden" (ebd., S. 33).

Wenn dem so wäre, dann müsste die hochschulische Kompetenzdidaktik vor den Anforderungen kapitulieren. Ihr bliebe nur das erwähnte vage Vertrauen auf die reflexionsbildende Kraft der kritischen und kriteriengeleiteten Auseinandersetzung mit Texten. Gegen eine solche Kapitulation spricht allerdings, dass wissenschaftliches Lernen keineswegs überall den Anforderungen eines forschenden Lernens à la Humboldt gerecht zu werden vermag; auch konnten sich die Hochschulen und Universitäten dem Verschulungstrend der letzten Jahre nicht wirklich entziehen und haben das „forschende Lernen" mehr und mehr aus ihren Hörsälen und Seminarräumen verbannt.

Es ist jedoch nicht allein die Vagheit der beschworenen Selbstkompetenzen und der zugrunde gelegten Didaktik eines reflexiven Lernens. Auch die Domänenspezifität sozialwissenschaftlicher Kompetenzen bedarf der genaueren Begründung und einer differenzierten Beschreibung.

Bei dem Versuch, die *typischen Handlungsdimensionen einer sozialwissenschaftlich professionellen Problemlösung* zu bestimmen, wird zugleich ein weiteres Manko der DQR-Konzeption bearbeitet: die Ausblenden domänenspezifischer Gestaltungsdimensionen. Während beispielsweise ein Ingenieur gehalten ist, in nüchterner Kenntnis gebotene Möglichkeiten zu erwägen und mathematisch exakte Lösungen zu entwickeln, ist die professionelle Beurteilung und Gestaltung sozialer Gegebenheiten in Kommunikationssituationen, in Organisationen, in Gesellschaft und Kultur – wie bereits angedeutet – stets auf Sachverhalte bezogen, die den Agierenden umwölben, einbeziehen und durchdringen. Seine Gestaltungsbereiche sind spezifischer Art, ebenso wie auch die Gestaltungsbereiche eines Mediziners andere sind als die eines Juristen.

In einer ersten groben Definition kann man deshalb im *Blick auf die Profilierung sozialwissenschaftlicher Kompetenzen* feststellen: Sozialwissenschaftliche Professionals sollen über spezialisierte Reflexions- und Gestaltungskompetenzen in den Handlungsdimensionen verfügen:

Umgang mit sich selbst,

Umgang mit anderen,

Umgang mit Organisationen und

Umgang mit Gesellschaft und Kultur

In diesen Handlungsdimensionen einer sozialwissenschaftlichen Praxis müssten laut DQR Fachkompetenzen (eben nicht nur Wissen und Fertigkeiten) einerseits sowie personale Kompetenzen (soziale Kompetenz und Selbständigkeit) andererseits genauer definiert werden, will man den Anforderungen einer kompetenzorientierten Studienganggestaltung tatsächlich Rechnung tragen. Eine Perspektive, die bislang in den Studien- und Prüfungsordnungen sozialwissenschaftlicher Fakultäten allerdings noch kaum entschlossen aufgegriffen worden ist.

Vorherrschend sind demgegenüber die von vielen akademisch Lehrenden vorgetragenen Klagen über die *Verschulung* des heutigen akademischen Lernens – ein Trend, den man in rückwärtsgewandter Idealisierung gerne der Bolognareform anlastet. Diese Verschulung hat jedoch wenig mit der Massenuniversität oder gar der Bologna-Reform zu tun. Sie ist vielmehr Ausdruck einer Tendenz, die diese Institutionen bereits immer in sich trugen: *Es ist die Tendenz zu einer Gleichsetzung von Inhalt und Form im Wissensbegriff.* Der dabei herauskommende Wissensbegriff ist jedoch völlig unterkomplex, weil er alle wissenstheoretischen Differenzierungen ausblendet und in die einfach Gleichung flüchtet: *Wissen ist das, was sich in der Form der Lehre ausdrückt, während das akademische Lernen sich im Wesentlichen auf die Aneignung und Wiedergabe des Ausgedrückten beschränkt. Aus diesem Grunde führen auch sozialwissenschaftliche Studiengänge meist lediglich zu Qualifikationen, aber nicht zu Kompetenzen.* Ein Manko, das auch in einem eher diffusen und wenig domänenspezifischen Zusammenhang zwischen den im Studium erworbenen und den in den sozialwissenschaftlichen Berufsfeldern tatsächlich geforderten Handlungsfähigkeiten seinen Ausdruck findet. So werden von Absolventen im Rückblick etwa die Fähigkeiten, sich „schnell in neue Aufgaben einarbeiten" zu können, sowie die Kompetenzen, „Probleme erkennen und analytisch denken" zu können, für die erste berufliche Tätigkeit hoch eingeschätzt (Habenicht u. a. o. J., S. 69) – begleitet von der zu oberst gerankten „fachlichen Qualifikation", sich „neue Wissensgebiete erschließen" zu können (ebd., S. 71), während erst ab der zweiten Stelle Wissenselemente, wie „Soziologisches Wissen", „statistisch-methodische Kenntnisse", „sozialpsychologisches Wissen" oder „sozialpolitische Kenntnisse" gerankt werden (ebd.).

Doch legt die Bologna-Reform es tatsächlich nahe, höhere domänenspezifische Kompetenzreifungen den Masterstudierenden vorzubehalten? In diesem Sinne schreiben die Bielefelder Soziologen:

*„In einem Bachelorstudium kann es Sinn machen, Studierenden ein wenigs-
tens teilweise kanonisiertes Wissen beispielsweise über Theorien der Soziologie,
Methoden der empirischen Sozialforschung oder einzelne Bindestrichsoziolo-
gien zu vermitteln. Dafür können im Prinzip auch eine ganze Reihe von
Modulen vorgeschrieben werden, in denen sich die Studierenden dieses kano-
nisierte Wissen aneignen und ihre Fähigkeiten zur Anwendung dieses Wissens
in Prüfungen nachweisen. Im Master kommt es dagegen darauf an, dass Studierende selbst forschungsorientierte Fragestellungen definieren und selbständig nach Antworten auf diese Fragen suchen. Von Studierenden kann deswe-
gen ein deutlich höheres Maß an Eigenverantwortung bei der Gestaltung ihres
Studiums erwartet werden" (Fakultät 2011, S. 3).*

Diese Argumentation kann so gelesen werden, dass die Bielefelder Soziologen
das Bachelorstudium als eine Phase verstehen, in der überwiegend Fachwissen
„vermittelt" und „in Prüfungen nachgewiesen" wird, während für das Master-
studium eher personale Kompetenzen (ausdrücklich genannt werden Selbständigkeit und Eigenverantwortung) und echte Fachkompetenzen charakte-
ristisch sind – eine Orientierung, die an den Festlegungen des DQR eher vor-
beigeht. Dort ist bereits in der Niveaubeschreibung der Bachelorstufe von der
Fähigkeit zur „eigenverantwortlichen Steuerung" die Rede, und auch die Kompetenzbeschreibungen verweisen auf den Umgang mit „komplexen fachlichen
Problemen" einerseits und eine „eigenständige und nachhaltige Gestaltung"
andererseits.

Solche einschränkenden Festlegungen können als Beleg dafür angesehen werden, dass die Möglichkeiten, durch „eindeutige Beschreibungen und Begriff-
lichkeit" (Gehmlich 2009, S. 35) auf der Deskriptorenebene klare Profilabgren-
zungen entwickeln zu können, nur teilweise eingelöst werden können. Zudem
sind die Festlegungen des Qualifikationsrahmens vor dem Hintergrund der
unterschiedlichen nationalen Bildungssysteme sowie im Kontext der Vielspra-
chigkeit der EU-Mitgliedstaaten durch die nicht deckungsgleichen Begrifflichkeiten verschieden belegt und scheitern an dem Bemühen, Unterschiedliches
gleich zu behandeln. Im Hinblick auf den Europäischen Qualifikationsrahmen
(EQR) stellt Volker Gehmlich in einem Gutachten für das BMBF fest:

*„Bedeutsam ist die Benutzung eines einheitlichen Vokabulars, das gebräuch-
lich ist und sicherstellt, dass nicht nur das Wort als solches konsistent verwendet wird, sondern vor allem der Begriffsinhalt. Beim EQR-LLL – LLL steht als
Abkürzung für „Lifelong Learning" – trifft dies besonders auf die dritte Spalte
zu, die mit 'competence' bezeichnet wird. Die Terminologie wirkt fremd und
würde ohne weitere Erklärungen missverstanden werden, da der Kompetenzbegriff unterschiedlich ausgelegt und umstritten ist. Im EQR-LLL sind deshalb
Definitionen von Begriffen vorgenommen worden, die sich speziell auf den
Rahmen beziehen und auch nur in dem Kontext so anzuwenden sind. Dies gilt*

nicht so sehr für 'knowldege' und 'skills'. Die Begrifflichkeiten müssen eigentlich linear unabhängig voneinander sein, was aber nicht der Realität entspricht. Letztlich ist die Handhabung entscheidend, was verbunden ist mit einem einheitlichen Set an Deskriptoren. Weiterhin sind die unterschiedlichen Blickwinkel der Nutzergruppen zu berücksichtigen, die Begriffe aus verschiedenen Zusammenhängen kennen" (ebd.).

Dieser Rückzug auf die „Nutzergruppen" kommt aber letztlich einer Aufweichung gerade *der* bürokratischen Harmonisierungserwartungen gleich, die das Bemühen um einheitliche Deskriptoren ausgelöst haben und bis heute leiten. Dass eine trennscharfe Definition auf der Deskriptorenebene ein schier unmögliches Unterfangen darstellt, wurde bereits im „Fachliche(n) Prüfbericht zu den Grundbegriffen und Deskriptoren des Entwurfs für einen Europäischen Qualifikationsrahmen", den das Bundesinstitut für Berufliche Bildung (BIBB) auf Anfrage des BMBF vorlegte, im Jahre 2005 festgestellt. Dort heißt es:

„Die Deskriptoren bedürfen dringend einer Überarbeitung. So ist eine stimmige qualitative Niveausteigerung zwischen einzelnen Stufen (z. B. in der Subkategorie Verantwortung von Stufe 3 zu 4) nicht durchgängig gegeben. Teilweise werden sogar innerhalb einer Stufe unterschiedliche Niveaus adressiert (z. B. Subkategorie Selbständigkeit und Verantwortung Stufe 4). Eine erfahrungsbasierte Befähigung sollte in der Diktion nicht niedriger angesiedelt werden als eher kognitiv erworbene" (BIBB 2005).

Die Unklarheit der Deskriptoren wird auch bei der Abgrenzung des Bachelorniveaus vom Masterniveaus, wie sie der DQR vornimmt, deutlich. Nach der dortigen Differenzierung sind Bachelorabsolventen vorwiegend mit „umfassenden fachlichen Aufgaben- und Problemstellungen" betraut, während Masterabsolventen auf die „Bearbeitung von komplexen Aufgaben- und Problemstellungen" vorbereitet werden sollen – eine wenig trennscharfe Unterscheidung, ist doch das fachlich Umfassende stets komplex, wie das Komplexe stets fachliche Zugänge erfordert. Beide Absolventengruppen sollen nach ihrem Studium zur „eigenverantwortlichen Steuerung von Prozessen" in der Lage sein: die Bachelorabsolventen „in Teilbereichen eines wissenschaftlichen Faches oder in einem beruflichen Tätigkeitsfeld", die Masterabsolventen „in einem wissenschaftlichen Fach oder in einem strategieorientierten beruflichen Tätigkeitsfeld" – eine Abgrenzung, die deutlicher zu sein scheint, aber den informierten Betrachter doch ratlos werden lässt, *da sie* ausblendet, dass – wie Du schreibst – „personale, aktivitätsbezogene oder sozial-kommunikative Kompetenzen im Arbeitsalltag immer wichtiger werden" – nicht nur im Arbeitsalltag der Akademikerinnen und Akademiker, sondern auch und gerade im Arbeitsalltag zahlreicher Facharbeiterinnen und Facharbeiter. Es ist deshalb wenig überzeugend, wenn der DQR verschämt den thematischen Gehalt der fachlichen Anforderung als Abgrenzungskriterium wiederbelebt, dessen Dominanz er doch im Ansatz selbst aufzuweichen bemüht ist.[18]

Der Kompetenzansatz der EU-Bildungspolitik sprengt den disziplinären Blick auf die anzubahnenden Kenntnisse, Fähigkeiten und Fertigkeiten und versteht Kompetenz als „umfassende Handlungskompetenz", d. h. als

„(...) die Fähigkeit und Bereitschaft des Einzelnen, Kenntnisse und Fertigkeiten sowie persönliche, soziale und methodische Fähigkeiten zu nutzen und sich durchdacht sowie individuell und sozial verantwortlich zu verhalten" (BMBF 2013, Anhang III, S. 8).

Es ist deshalb erstaunlich, dass als Differenzierungskriterium zwischen Niveau 6 und 7 wiederum auf ein *„wissenschaftliches Fach"* und nicht auf eine wissenschaftlich tief begründete – professionelle – *Problemlösungsfähigkeit* abgehoben wird, welche dann allerdings zu spezifizieren wäre. Kehrt hier die dominante Inhaltsgetriebenheit akademischer Studienangebote, welche die Bolognareform durch die Vordertür rauswarf, durch die Hintertür der nationalen Qualifikationsrahmen wieder zurück? Auch der Hinweis darauf, dass Masterabsolventen sich auch in einem „strategieorientierten beruflichen Handlungsfeld" im Unterschied zu einem bloß „beruflichen Handlungsfeld" kompetent zu verhalten wüssten, ist eigentlich wenig erhellend, da selbst auf der Facharbeiterebene heute – wie erwähnt – zunehmend strategische und kreative Problemlösungen gefragt sind (vgl. Brater u. a. 2011) – ein Trend, der bereits in den 1980er Jahren als „Re-Professionalisierung der Facharbeit" (Kern/Schumann 1984) beschrieben wurde. Du siehst, lieber John, der Teufel liegt hier im Detail, das oft schwer zu vermitteln ist.

Die Versuche des DQR, der – öffnenden – Geister, die man beschwor auch wieder Herr zu werden, scheinen letztlich wieder an die Orte inhalts- und nicht handlungsorientierter Unterschiedsbestimmungen zurückzuführen, von denen man dereinst aufgebrochen war

Besonders deutlich ist dieses Rollback bereits in dem Hochschulqualifikationsrahmen (HQR) aus dem Jahre 2005 angelegt, den der DQR ausdrücklich integriert, obgleich er eigentlich gar nicht integrierbar ist, da er kompetenztheoretisch fragwürdig und in seinen Festlegungen völlig antiquiert ist. Sichtbar wird

---

[18] **Bachelor-Niveau 6**
Über Kompetenzen zur Planung, Bearbeitung und Auswertung von umfassenden fachlichen Aufgaben- und Problemstellungen sowie zur eigenverantwortlichen Steuerung von Prozessen in Teilbereichen eines wissenschaftlichen Faches oder in einem beruflichen Tätigkeitsfeld verfügen. Die Anforderungsstruktur ist durch Komplexität und häufige Veränderungen gekennzeichnet.
Master-Niveau 7
Über Kompetenzen zur Bearbeitung von komplexen Aufgaben- und Problemstellungen sowie zur eigenverantwortlichen Steuerung von Prozessen in einem wissenschaftlichen Fach oder in einem Strategie orientierten beruflichen Tätigkeitsfeld verfügen. Die Anforderungsstruktur ist durch häufige und unvorhersehbare Veränderungen gekennzeichnet.

dies bereits an der kategorialen Auffächerung der Kompetenzdimensionen „Wissen und Verstehen" sowie „Können (Wissenserschließung)", die keinen Platz für haltungsbezogene und selbstreflexive oder gar emotionale Fähigkeiten lässt.

Der HQR kommt ohne eine personale Kompetenzdimension aus, und er igno-riert dadurch genau die tragende Dimension einer durch Selbständigkeit und Selbstorganisation charakterisierten professionellen Problemlösungsfähigkeit, die das Kernanliegen jeglicher akademischen Bildung darstellen muss.

Die Öffnung des HQR gegenüber der Kompetenzorientierung ist somit bei genauer Betrachtung überhaupt keine, da sie sowohl auf der Einstellungs-, wie auch auf der Verhaltensebene unpräzise bleibt und ihr auch die Abgrenzung der Niveaustufen nicht überzeugend gelingt. So ist beispielsweise nur schwer nachvollziehbar, worin der Unterschied wirklich besteht zwischen der Formu-lierung

„Sie (die Bachelorabsolventen; R.A.) verfügen über ein kritisches Verständnis der wichtigsten Theorien, Prinzipien und Methoden ihres Studienprogramms und sind in der Lage, ihr Wissen vertikal, horizontal und lateral zu vertiefen. Ihr Wissen und Verstehen entspricht dem Stand der Fachliteratur, sollte aber zugleich einige vertiefte Wissensbestände aus dem aktuellen Stand der For-schung in ihrem Lerngebiet einschließen"

und

„Ihr (der Masterabsolventen; R.A.) Wissen und Verstehen bildet die Grundlage für die Entwicklung und/oder Anwendung eigenständiger Ideen. Dies kann anwendungs- oder forschungsorientiert erfolgen. Sie verfügen über ein breites, detailliertes und kritisches Verständnis auf dem neuesten Stand des Wissens in einem oder mehreren Spezialbereichen"

So ist ein „kritisches Verständnis der wichtigsten Theorien, Prinzipien und Methoden" (Bachelorniveau) nicht ohne „eigene Ideen" (Masterniveau) zu haben. Und ein Wissen, das „dem Stand der Fachliteratur" entspricht, aber „zugleich einige vertiefte Wissensbestände aus dem aktuellen Stand der For-schung" einschließt (Bachelorniveau), ist kaum trennscharf von einem „detail-lierten und kritischen Verständnis auf dem neuesten Stand des Wissens in einem oder mehreren Spezialbereichen" (Masterniveau) zu unterscheiden.

Ähnlich problematisch sind die Unterscheidungen, die der HQR zwischen der „Kommunikativen Kompetenz" von Bachleor- und Masterabsolventen treffen zu müssen glaubt. So sollen Bachelorabsolventen z. B. in der Lage sein

„fachbezogen Positionen und Problemlösungen zu formulieren und argu-mentativ zu verteidigen",

während von Masterabsolventen erwartet wird, dass sie in der Lage sind

„auf dem aktuellen Stand von Forschung und Anwendung Fachvertretern und Laien ihre Schlussfolgerungen und die diesen zugrunde liegenden Beweggründe in klarer und eindeutiger Weise zu vermitteln."

Eine Gegenüberstellung von Fähigkeiten, die eigentlich dasselbe bedeuten – ähnlich wie auch die den Bachelorabsolventen zugeschriebene Rolle „Verantwortung in einem Team übernehmen" nur schwer von „in einem Team herausgehobene Verantwortung übernehmen" zu unterscheiden ist.

Solche hilflosen Abgrenzungsversuche zeigen: Mit dem HQR kehrt nicht nur der Geist der dominanten Inhaltsgetriebenheit in die Hochschulen und Universitäten zurück, er verheddert sich vielmehr auch bei dem Versuch, dem Anspruch einer Kompetenzpräzisierung wirklich gerecht zu werden, die eben andere denkerische und begriffliche Formen benötigt als die eines materialen Bildungskonzeptes! (Zu den Grenzen eines materialen Bildungsbegriffs vgl. im einzelnen Arnold 2013 a).

Es spricht somit einiges dafür die *Welt der Deskriptoren endgültig hinter sich zu lassen.* Schon um nicht bei der Neugestaltung der akademischen Bildung letztlich mit viel Klamauk nur den Teufel mit einem Beelzebub auszutreiben und so eine Fragwürdigkeit (die dominante Inhaltsgetriebenheit) durch eine andere Fragwürdigkeit (die Vorstellung von der exakten Zuordnung) zu ersetzen. Kernelement eines solchen Wandels der Kompetenzdebatte wäre es, die Deskriptoren des DQR nicht als Zuordnungsraster zu verwenden, sondern als *Dimensionen zur Einordnung von Kompetenzreifungen.* Diese Unterscheidung ist wesentlich, da dadurch dem dort so genannten *„Inklusionsprinzip"*, d.h. der Tatsache,

„(...) dass die höheren Niveaustufen grundsätzlich die Kompetenzbeschreibungen der niedrigeren Stufen mit einschließen" (deutscherqualifikationsrahmen 2013),

nachvollziehbarer Rechnung getragen werden kann. Im konkreten Fall bedeutet dies, dass eher bürokratische Bemühungen um Trennschärfe durch plausible Experteneinschätzungen ersetzbar werden – mithin das *„Konsensprinzip"*, wie es akademische Studiengangplanungen seit jeher kennen, wieder strukturierende Kraft zu entfalten vermag[19]. Gleichwohl dürfen die Akteure dabei nicht wieder zu den traditionellen, aber fragwürdig gewordenen *inputorientierten* Kriterien, wie der jeweiligen Zugangsberechtigungen sowie der Verweildauer in Bildungseinrichtungen, zurückkehren[20]; sie müssen ihre An-

---

[19] Inklusions- und Konsensprinzip sind für die aktuelle „zweite Umsetzungsphase" des DQR leitend. Dabei verfährt man folgendermaßen: „Wurde in Einzelfällen ein einheitliches Votum nicht erreicht, wurden die Gründe für die abweichenden Einschätzungen dokumentiert." (deutscherqualifikationsrahmen 2013)

[20] Dies ist im HQR der Fall, wenn z.B. die „Wissensverbreiterung" der Bachelorabsolventen mit den Worten beschrieben wird: „Wissen und Verstehen von Absolventen bauen auf der Ebene der Hochschulzugangsberechtigung auf und gehen über diese wesentlich hinaus".

gebote vielmehr auf die Niveaustufen 6 und 7 bezogen *outcomeorientiert* neu legitimieren. Die Begründung für diesen Neustart lautet:

Substanzielle Kompetenzprofile sollten die DQR-Deskriptoren als Dimensionen verstehen, auf denen unterschiedliche Reifungen derselben Kompetenz abgebildet werden können. Eine solche – dimensionale – Lesart würde den Zuordnungsgestus durch das Bemühen um eine fachlich plausible Einordnung ersetzen und auch den Hochschulen Möglichkeiten eröffnen, die im DQR angelegten Widersprüchlichkeiten zu vermeiden[21].

Sicherlich erleichtert eine solche Aufweichung nicht nur die Flexibilität der Handhabung, sie kann auch als Einfallstor unterschiedlicher Interessengruppen mit ihren jeweils spezifischen – häufig auf Abschottung und Aufwertung der je eigenen Klientel gerichteten – Lesarten der DQR-Vorgaben missbraucht werden (vgl. Gebrande 2011). Diese wohl unvermeidbaren interessenpolitisch motivierten Interventionen verfälschen das Bemühen um Gleichwertigkeit der Kompetenzen, indem sie vom Berechtigungseffekt her auf die zu begründenden Zuordnungen blicken. Andererseits vermag der DQR-Impuls mit seiner mehr auf *Vergleichbarkeit statt Verbindlichkeit* zielenden Stoßrichtung[22] auch die Hochschulen dazu zu motivieren, ihre Learning-Outcomes deutlicher zu profilieren. Die anstehende Arbeitslinie ist dabei nicht durch Stringenz und Ableitung als vielmehr durch Plausibilität und Zuordnung gekennzeichnet.

Einer kompetenzorientierten Studiengangbeschreibung kann es nicht um die einer linear-stringenten Logik folgende Ableitung – aus nationalen oder inter-

---

[21] Diese sind trotz der bemerkenswerten Bemühungen um begriffliche Klärung im DQR-Glossar (vgl. DQR 2013, S. 43 ff.) nach wie vor gegeben. So verweis Susanne Ast auf Inkonsistenzen bei der Abgrenzung der Niveaustufen sowie der einzelnen Kompetenzbereiche: So erscheinen beispielsweise die „(...) Unterschiede zwischen den Niveaustufen 4 und 5 sowie 5 und 6 bzgl. Der Kategorie „Selbstkompetenz bzw. Selbständigkeit" diffus. Insbesondere bei den höheren Stufen 6–8 beanstandeten die Experten aller Gruppen die unzureichende Abbildung beruflich erworbener Kompetenzen zugunsten wissenschaftlicher Kriterien, was zu einer niedrigeren Einstufung beruflicher oder fachspezifischer Handlungskompetenzen führen könne. Auch zwischen den Kompetenzbereichen werden teilweise Inkonsistenzen und Abgrenzungsprobleme festgestellt. Da es am Ende zu einer berufsbildbezogenen Gesamteinschätzung (ganzheitliche Betrachtung) käme, wäre dies allerdings weniger ausschlaggebend. Trotz der teilweise schwierigen Zuordnungsmöglichkeit und der Abgrenzungsprobleme bei der Fachkompetenz (Wissen/ Fertigkeiten) auf der einen und der Personalen Kompetenz (Sozial-/Selbstkompetenz bzw. Selbständigkeit) auf der anderen Seite kann aus Sicht der Experten auf keine der Kategorien verzichtet werden" (Ast 2011, S. 17).

[22] Der DQR hat noch keine rechtliche Verbindlichkeit, wohl aber ein perspektivisches Gewicht. So eröffnet der gemeinsame Einführungsbeschluss der deutschen Bundesländer und des Bundes vom Mai 2013 den Absolventen unterschiedlicher Schul-, Ausbildungs- oder Studienabschlüsse lediglich das Recht, die in ihren Ausbildungen erworbenen Qualifikationen und Kompetenzen ab dem Sommer 2013 nach den Maßgaben des DQR einstufen zu lassen. Ziel dieses Vorgehens ist es, die Wertigkeit der jeweiligen Abschlüsse auch im europäischen Vergleich deutlicher sichtbar werden zu lassen. Anregungen werden u. a. durch das OECD-Projekt AHELO („Assessment of Higher Education Learning Outcomes") geliefert. (vgl. Braun/ Donk/Schramm 2013).

nationalen Vorgaben – der jeweiligen Kompetenzprofile gehen. Im Vorder-grund steht vielmehr das Bemühen um plausible Einordnung in die Rahmen-vorgaben des DQR. Dieses Vorgehen ist induktiv bzw. „eduktiv" (Blankerz 1973, S. 123), nicht deduktiv.

Diese Klarstellung ist wichtig. Sie öffnet nämlich den Blick für die schon längst in Vergessenheit geratenen Verfahren einer „eduktiven Strategie" der Curricu-lumentwicklung wie sie Herwig Blankertz (1927–1983) in der Auseinander-setzung mit der Robinsohnschen Strategie profilierte, indem er ein Verfahren vor-schlug, „nach dem Curriculum-Elemente auf reverse Weise gewonnen werden" (ebd.):

„Curriculum-Forschung setzt demnach mit der Identifikation von Inhalten ein, untersucht diese Inhalte in Bezug darauf, den Erwerb welcher Qualifikati-onen ihre Vermittlung zu fördern imstande ist, und schließlich welche Realität ein Individuum zu einer Lebenssituation gestalten kann, das in Besitz dieser Qualifikationen ist. Aufgabe der Organisation des Curriculum ist es dann, die für die Gegenwart und die Zukunft der lernenden Individuen zu erwartende Realität korrespondierenden Inhalte einschließlich der Methoden (und Medien) zusammenzustellen" (ebd., S. 123f.).

Diese „eduktive Strategie" greift die Nutzerperspektive, von der die Rede war, deutlich auf. Gleichzeitig werden durch sie auch die Hochschulen eingebun-den, da sie Lehrende bei dem abholen, was sie besonders gut können: Bei der Entwicklung und Bereitstellung von – wissenschaftlichem – Wissen. Es käme dann strategisch darauf an, die in den Studienplänen und Modulhandbüchern vielfach dokumentierten inhaltlichen Anforderungen in gezielten angeleiteten Dialogen im Hinblick auf Kompetenzprofile zu befragen. In der Weise, dass die beteiligten Fachbereiche Rede und Antwort stehen. Erst in einem weiteren Schritt könnten die anbietenden Institutionen sich dann – etwa im Austausch mit Repräsentanten der Berufspraxis – detaillierter der Frage zuwenden, „ob und inwieweit diese Kompetenzprofile auch aus der Sicht der angestrebten Verwendungen als vollständig, innovativ und handlungswichtig beurteilt wer-den können" (Arnold 2012, S. 102).

Versucht man, die bisherigen Argumentationen in einem sozialwissenschaftli-chen DQR-Profil zusammenzuführen, so gelangt man zu einer deutlich inte-grierten Sicht der Dinge. *Sozialwissenschaftliche Kompetenzen geraten dabei als spezifische professionelle Handlungsfähigkeiten in den Blick,* die zwar wis-senschaftliche Kenntnisse, Fähigkeiten und Fertigkeiten voraussetzen, sich in diesen aber nicht erschöpfen. Sozialwissenschaftliche Kompetenzen finden vielmehr ihren Ausdruck in einem spezifischen – professionellen – Umgang mit sich selbst und mit anderen sowie mit Organisation, Kultur und Gesell-schaft.

Die Reifung dieser sozialwissenschaftlichen Kompetenzen ist durch folgende drei Elemente gekennzeichnet:

- Das Bachelor- und Masterniveau markiert unterschiedliche *Reifungsgrade derselben Kompetenzdimensionen*; ein Masterabsolvent verfügt nicht über andere, wohl aber über vertiefte Kompetenzen in den Dimensionen einer sozialwissenschaftlichen Handlungskompetenz.

- Grundlage ist eine *spezifische professionelle Haltung* („sozialwissenschaftliche Haltung"), deren Ausformung durch geeignete Lernarrangements sowie Formen einer Lernbegleitung angeregt, begleitet und unterstützt werden kann – ein Aspekt, auf den auch Du mit Deinen hochschuldidaktischen Hinweisen zu den Dualen Hochschulen einerseits und zu der Notwendigkeit einer „emotionalen Labilisierung" andererseits hinweist.

- Die spezifischen sozialwissenschaftlichen Kompetenzen können in den *DQR-Rahmen ein*geordnet, aber nicht *zu*geordnet werden.[23]

Die professionelle Haltung ist auch Ausdruck der je individuellen emotionalen Positionierung zur Welt. Diese folgt – nach allem, was wir heute wissen – frühen Spuren und innerlichen Festlegungen, was insbesondere auch für die wertbezogenen Orientierungen gilt, weshalb man auch davon ausgehen kann, dass Menschen mit bestimmten Wertorientierungen zu bestimmten Studiengängen neigen, während andere diese Studiengänge eher meiden. Solche Eingangsorientierungen können durch reflexive Lernprozesse in das Bewusstsein gehoben und z.B. mit den Anforderungen einer professionellen Ethik sowie mit den Erfolgskriterien eines modernen Leaderships verknüpft werden – eine „reflexive Wende", welche die Hochschuldidaktik bislang weitgehend verschlafen hat (vgl. Kade / Seitter 2004).

Betrachtet man die Dimensionen einer sozialwissenschaftlichen Kompetenzreifung auf der Bachelor- und Masterebene, so kann man, wenn man den eingangs skizzierten *Bezugsthemen* einer sozialwissenschaftlichen Professionalität (Selbstbetroffenheit, Gestaltung, soziale Balance, soziale Nachhaltigkeit) folgt, zu einleuchtenden *Einordnungen der Dimensionen, Umgang mit sich selbst, Umgang mit anderen, Umgang mit Organisationen und Umgang mit Gesellschaft und Kultur* gelangen. Das dabei entstehende Kompetenzprofil konkretisiert die Haltung sowie die Reflexionskompetenzen auf der Handlungsebene.[24] Wir haben aber auch weitere Darstellungen des sozialwissenschaftlichen Kompetenzprofils in Hinblick auf die eben genannten Bezugsthemen und Dimensionen erprobt.[25]

Die von uns ausgearbeiteten *Strukturen eines sozialwissenschaftlichen Kompetenzprofils* haben natürlich einen bloßen Vorschlagscharakter. In ihnen werden die Ergebnisse aus den Debatten um die Kompetenzorientierung einerseits sowie aus den Kompetenzrahmen (EQR, DQR sowie HQR) andererseits aufgegriffen und mit Einsichten aus der sozialwissenschaftlichen Professionalisie-

---

[23] Vgl. Anhang 2
[24] Vgl. Anhang 3
[25] Vgl. Anhang 4

rungsdebatte in Verbindung gebracht. Ein *sozialwissenschaftlich kompetentes Handeln* wird dadurch als eine professionelle Praxis sichtbar, die das *Können,* der Studienabsolventen in den Vordergrund rückt. Dieses professionelle Tun im Umgang mit sich und anderen (als soziale Wesen) sowie im gestaltenden Umgang mit Organisationen sowie mit Kultur und Gesellschaft ist – wie Du immer wieder betonst – kein schlüssiges Ergebnis der überlieferten curricular-didaktischen Rahmen, wie sie Hochschulen und Universitäten üblicherweise kennen, sondern bedarf innovativer Formen der Inszenierung und Gestaltung von geeigneten Aneignungsszenarien.

Zu der Frage, wie solche Szenarien gestaltet sein müssten, haben wir bereits vor einigen Jahren einen Denkrahmen skizziert, den wir mit der schönen Abkür-zung SILKE überschrieben haben, was so viel bedeutet, wie „Selbstwirksam-keitserleben durch Integrierte Lernkultur-Entwicklung". Dieser Rahmen bein-haltet nach meinem Eindruck auch viele Anknüpfungspunkte für Dein Anlie-gen, „wirkliche Fachkompetenz in (den) Köpfen, den Herzen – und Händen – zu entwickeln", wobei ich mir erlaubt habe, die Herzen zu ergänzen, da Du ja an anderer Stelle darauf hinweist, dass es darauf ankommt, das Selbstwirksam-keitserleben, das gewissermaßen die emotionale Begleitmusik gelingender Kompetenzreifung zum Schwingen bringt, auf jeden Fall zu gewährleisten. Wir benötigen dringend Lern- und Studienformen, in denen das möglich wird, was Du beschreibst: „die emotionale Initialzündung für den Kompetenzerwerb durch die Anforderungen, Belastungen, Schwierigkeiten und Erfolge in der Praxis" sowie „Formen von Coaching (einschließlich des Co-Coaching durch gleichgestellte Partner) und Training".

Ohne solche hochschuldidaktischen – oder sollte ich besser sagen: kompe-tenzdidaktischen – Vorkehrungen müssen auch die ausgefeiltesten Kompe-tenzprofile letztlich wirkungslos bleiben. Es nützt nichts, dass die Bahn immer schnellere Züge baut, diese benötigen auch die Trassen, auf denen sie sich bewegen können. Auch eine gelingende Kompetenzreifung braucht Infra-struktur, wie wir das in unserer SILKE – Strategie skizzieren.[26]

Sozialwissenschaftlich professionell kann nur handeln, so mein Fazit, wer über die skizzierten Handlungskompetenzen verfügt. Diese kann man sich kaum nachhaltig aneignen, wenn man nicht bereits in seinem Studiengang gelernt hat, sich selbstverantwortlich und aktiv um die eigene Kompetenzentwicklung zu kümmern. Notwendig ist dafür die Bereitstellung einer Lernarchitektur (wie beispielsweise SILKE), die auf das Selbstlernen vorbereitet, zum Selbstlernen einlädt und in der die Studierenden auch über Möglichkeiten verfügen können, aus einer Vielfalt von Lernformen (einschließlich dem Selbstlernen) auszuwäh-len.[27] Ich bin der festen Überzeugung, lieber John, dass wir auch mit unseren

---

[26] Vgl. Anhang 5
[27] Ohne diesem offenen Selbstlernen vorzeitig Grenzen zu setzen, wie es in dem Buch des Erzie-hungswissenschaftlers Rolf Schulmeister „MOOCs – Massive Open Online Courses. Offene Bildung oder Geschäftsmodell" (Schulmeister 2013), in welchem dieser auch schwachen Pro-domo-Denkern ein Forum bietet, versucht wird.

DQR-kompatibel gestalteten Kompetenzprofilen nicht erfolgreich sein werden, wenn wir nicht zu dem Wie? und insbesondere dem Wo? der Kompetenzreifung, also der Lernortfrage, die Du eher am Rande einbeziehst, didaktisch tief begründet Stellung genommen haben.

Ähnliches gilt im Übrigen für die Frage nach den prüfungsdidaktischen Konsequenzen, da die größere Nüchternheit des Kompetenzansatzes ja schließlich auch in nüchternen Verfahren der Feststellung, Validierung und Zertifizierung der erreichten Grade der Kompetenzreifung ihren Ausdruck finden muss (vgl. HRK 2013) – ein Aspekt, den ich hier nur berühren, aber nicht klären kann. Vielleicht ist dies ja Gegenstand einer Fortsetzung unseres Briefwechsels? Übersehen dürfen wir diesen Aspekt auf keinen Fall, da nicht ganz abwegig ist, was der Dozent für Erwachsenenbildung mir kürzlich mit auf den Weg gab: „Vergessen Sie nicht," – sagte er, „dummes Prüfen zwingt zu dummen Lernen!"

Kompetenzreifung – so ließe sich eine Art Quintessenz aus meinen Überlegungen ziehen – benötigt eindeutige Kompetenzprofile, die so sind, dass sie ihren Namen zu Recht tragen. Die Top-Down-Rahmen von HQR und DQR stellen wichtige Schritte in Richtung einer nüchternen Outcomeorientierung und Vergleichbarkeit dar. Sie sind aber zur Zuordnung in Kompetenzfenster nicht geeignet, sondern lediglich zur Einordnung auf Kompetenzdimensionen.

Hochschulen und Universitäten sollten deshalb Kompetenzprofile mittlerer Reichweite entwickeln, die in einer überschaubaren und an die DQR-Logik anschließenden Form die in einer Fakultät definierten wesentlichen Kompetenzen nüchtern benennen. Sie sollten sich aber vor übereilter Detaillierung hüten. Entscheidend ist die Nüchternheit eines Profils, nicht dessen Detailverstiegenheit, die ja, wie ich zu zeigen versuchte, meist einer problematischen Inhaltsgetriebenheit entstammt.

Kompetenzreifung setzt aber auch eine Infrastruktur voraus: Räume der Kompetenzreifung, wenn Du so willst. Bei ihnen handelt es sich um eine didaktische Infrastruktur, die den von mir skizzierten „10 Geboten einer Kompetenzdidaktik" Rechnung tragen.[28] Erst mit Hilfe einer solchen didaktischen Infrastruktur kann es meiner Überzeugung nach gelingen, diejenigen Kompetenzen zur Reife kommen zu lassen, um die es uns beiden geht: „Nicht, was in eine Person 'eingegeben' wird (Input), sondern was beim Handeln letztlich herauskommt (Outcome), zählt!"

In diesem Sinne grüße ich Dich herzlich und danke Dir für die Begegnungen und den anregenden Dialog, den Du mit mir in den letzten Monaten geführt hast.

Dein Rolf

---

[28] Vgl. nochmals Anhang 5

Anhang

Anhang 1:
Akademische Reflexionskompetenzen

Formen der sozialwissenschaftlichen Vergewisserung

Evidenz
Es gibt Statistiken, Häufigkeiten und Tendenzen sowie Methoden, solche selbst zu erarbeiten. Ohne diese Bemühungen um eine Einsicht in das, was tatsächlich der Fall zu sein scheint, ist ein sozialwissenschaftlicher Vernunftgebrauch nicht denkbar. Allerdings liegt nicht alles, was der Fall ist, offen zu Tage, und Wissenschaft bekommt auch häufig nur darauf Antwort, was sie fragt und – vor allem – wie sie fragt. Deshalb weiß Sozialwissenschaft auch um die Grenzen der Evidenz und die Wirkmacht der Emergenz.

D. F. die Reflexionskompetenz:
SozialwissenschaftlerInnen sind in der Lage, ihre Deutungen und Erklärungen des Sozialen evidenzbasiert und emergenzoffen überzeugend zu begründen; Sie nutzen vorliegende Daten zur Erklärung dessen, was der Fall ist, und versuchen, die unterhalb der Datenebene wirkenden Zusammenhänge zu verstehen.

Transparenz
Sozialwissenschaften bemühen sich um die Klärung dessen, was die sozialen Formen des Zusammenlebens bewirken und was in ihnen seinen Ausdruck gewinnt. So gesehen sind sozialwissenschaftliche Forschung und Theoriebildung um Transparenz bemüht hinter dem ersten Augenschein und der raschen Schlussfolgerung. Insbesondere in den Arbeiten der Kritischen Theorie wurden das Hintergründige und auch die ungewollten (aber unvermeidbaren) Nebenwirkungen von Wirtschaft, Politik und Gesellschaft thematisiert.

D. F. die Reflexionskompetenz:
SozialwissenschaftlerInnen sind in der Lage, hinter die Wirkungsmechanismen des Sozialen zu blicken und zu diesen aus einer distanzierten Beobachterposition heraus Stellung zu nehmen.

Stringenz
Wissenschaftliche Argumentation folgt der Logik. Diese fragt nach Voraussetzungen, Bedingungen und Folgen, und der schlüssigere Gedanke löst die tastende Suche und die Vermutung ab. Die stringente Folgerung gelangt zu Erklärungsansätzen (Theorien), die so lange Gültigkeit beanspruchen können, solange sie durch keine bessere oder universaler gültige Theorie abgelöst werden kann.

D. F. die Reflexionskompetenz:
SozialwissenschaftlerInnen sind in der Lage, vor-urteilslos nach den Bedingungen und Folgen sozialen Handelns zu fragen und diese entsprechend nüchtern zu prüfen. Ihre Erklärungen und Beurteilungen sind vorläufig und setzen sich stets selbst der Hinterfragung und Kritik aus, um zu besseren – tragfähigeren – Schlussfolgerungen zu gelangen.

Kohärenz
Auch das sozialwissenschaftliche Denken beginnt nicht bei Null, sondern fußt auf Paradigmen, Einsichten und Ergebnissen vorangegangener Deutungen des Sozialen und seiner Wirkungszusammenhänge. Sozialwissenschaftliches Denken knüpft an solchen Vorarbeiten an, kennt deren Argumente und arbeitet neue Thesen, Ergebnisse und Argumente an diesen ab bzw. ordnet sich in den Gedankengang des historisch erreichten Erklärungsstandes ein.

D. F. die Reflexionskompetenz:
SoziawissenschaftlerInnen sind in der Lage, die vorliegenden Erklärungsansätze („Theorien") und Erkenntnisse („Forschungsergebnisse") zu gesellschaftlichen Entwicklungen, Problemen und Fragestellungen zu rezipieren und ihre eigenen professionellen Schlussfolgerungen und Handlungsbegründungen entsprechend zu begründen

Anhang 2:
Einordnung des im Text zu den DQR-Kategorien Festgestellten

Kompetenzen eines sozialwissenschaftlichen Studiums gemäß der Niveau- und Struktur-Vorgaben des DQR

Bachelor-Niveau 6 [29]

Über Kompetenzen zur Planung, Bearbeitung und Auswertung von umfassenden fachlichen Aufgaben- und Problemstellungen sowie zur eigenverantwortlichen Steuerung von Prozessen in Teilbereichen eines wissenschaftlichen Faches oder in einem beruflichen Tätigkeitsfeld verfügen. Die Anforderungsstruktur ist durch Komplexität und häufige Veränderungen gekennzeichnet.

Master-Niveau 7

Über Kompetenzen zur Bearbeitung von komplexen Aufgaben- und Problemstellungen sowie zur eigenverantwortlichen Steuerung von Prozessen in einem wissenschaftlichen Fach oder in einem strategieorientierten beruflichen Tätigkeitsfeld verfügen. Die Anforderungsstruktur ist durch häufige und unvorhersehbare Veränderungen gekennzeichnet.

Präambel: Sozialwissenschaftliche Haltung

Sozialwissenschaftliche Professionals analysieren nicht nur das soziale Handeln in dem nüchternen Bemühen um Evidenz, Transparenz, Stringenz und Kohärenz sowie Wirksamkeit der eigenen Erkenntnisse und Argumentationen, sondern beraten auch soziale Akteure und gestalten soziale Kontexte.

Dabei sind sie in ihrem Handeln einer professionellen Ethik verpflichtet, die
– durch die Menschenrechte,
– das Prinzip der freien Entfaltung der Persönlichkeit sowie
– die Orientierung an der Gestaltung gerechter Formen des Zusammenlebens
geprägt ist.

Grundlegend für eine sozialwissenschaftliche Professionalität sind dabei folgende Reflexionskompetenzen:

(1) SozialwissenschaftlerInnen sind in der Lage, ihre Deutungen und Erklärungen des Sozialen evidenzbasiert und emergenzoffen überzeugend zu begründen; Sie nutzen vorliegende Daten zur Erklärung dessen, was der Fall ist, und versuchen, die unterhalb der Datenebene wirkenden Zusammenhänge zu verstehen.

(2) SozialwissenschaftlerInnen sind in der Lage, hinter die Wirkungsmechanismen des Sozialen zu blicken und zu diesen aus einer distanzierten Beobachterposition heraus Stellung zu nehmen.

(3) SozialwissenschaftlerInnen sind in der Lage, vor-urteilslos nach den Bedingungen und Folgen sozialen Handelns zu fragen und diese entsprechend nüchtern zu prüfen. Ihre Erklärungen und Beurteilungen sind vorläufig und setzen sich stets selbst der Hinterfragung und Kritik aus, um zu besseren – tragfähigeren – Schlussfolgerungen zu gelangen.

(4) SoziawissenschaftlerInnen sind in der Lage, die vorliegenden Erklärungsansätze („Theorien") und Erkenntnisse („Forschungsergebnisse") zu gesellschaftlichen Entwicklungen, Problemen und Fragestellungen zu rezipieren und ihre eigenen professionellen Schlussfolgerungen und Handlungsbegründungen entsprechend zu begründen.

---

[29] Die Beschreibung der Niveaustufen sowie der Kompetenzen folgt im Originalton den Definitionen des DQR (vgl. Fußnote 5).

Anhang 3:

Kompetenzprofil mit konkretisierten Haltungen und Reflexionskompetenzen auf der Handlungsebene. Dabei werden die im Regelfall erst auf der Masterebene zur vollen Reife gelangenden Kompetenzen kursiv gehalten. Die nicht-kursiven Kompetenzreifen sind nach dem hier entwickelten Vorschlag bereits auf der Bachelorebene zu erreichen

	Bachelor (Niveau 6)	Master (Niveau 7)	Kompetenzen
Fach-kompe-tenz	**Wissen:** Über breites und integriertes Wissen einschließlich der wissenschaftlichen Grundlagen, der praktischen Anwendung eines wissenschaftlichen Faches sowie eines kritischen Verständnisses der wichtigsten Theorien und Methoden (entsprechend der Stufe 1 (Bachelor-Ebene) des Qualifikationsrahmens für Deutsche Hochschulabschlüsse **oder** über breites und integriertes berufliches Wissen einschließlich der aktuellen fachlichen Entwicklungen verfügen. Kenntnisse zur Weiterentwicklung eines wissenschaftlichen Faches **oder** eines beruflichen Tätigkeitsfeldes besitzen über einschlägiges Wissen an Schnittstellen zu anderen Bereichen verfügen	**Wissen:** Über umfassendes, detailliertes und spezialisiertes Wissen auf dem neuesten Erkenntnisstand in einem wissenschaftlichen Fach (entsprechend der Stufe 2 (Master-Ebene) des Qualifikationsrahmens für Deutsche Hochschulabschlüsse) **oder** über umfassendes berufliches Wissen in einem strategieorientierten beruflichen Tätigkeitsfeld verfügen. Über erweitertes Wissen in angrenzenden Bereichen verfügen.	**Umgang mit Gesellschaft und Kultur** Professionelle SozialwissenschaftlerInnen sollen in der Lage sein, (01) ... soziale (z. B. politische) Vorhaben zu analysieren, zu bewerten und ggf. mit zu gestalten (02) *... in den Bereichen der Nachhaltigkeit, der Friedenssicherung sowie der Entwicklungszusammenarbeit konzeptionell gestaltend zu wirken* (03) ... Maßnahmen der politischen Bildung mitzugestalten (04) *... in internationalen Organisationen sachgemäß und zielführend zu kooperieren* (05) *... mit Diversity (Heterogenität) integrativ und synergetisch umzugehen*
	Fertigkeiten: Über ein sehr breites Spektrum an Methoden zur Bearbeitung komplexer Probleme in einem wissenschaftlichen Fach (entsprechend der Stufe 1 (Bachelorebene) des Qualifikationsrahmens für Deutsche Hochschulabschlüsse), weiteren Lernbereichen **oder** einem beruflichen Tätigkeitsfeld verfügen. Neue Lösungen erarbeiten und unter Berücksichtigung unterschiedlicher Maßstäbe beurteilen, auch bei sich häufig ändernden Anforderungen	**Fertigkeiten:** Über spezialisierte fachliche oder konzeptionelle Fertigkeiten zur Lösung auch strategischer Probleme in einem wissenschaftlichen Fach (entsprechend der Stufe 2 (Master-Ebene) des Qualifikationsrahmens für Deutsche Hochschulabschlüsse) **oder** in einem beruflichen Tätigkeitsfeld verfügen. Auch bei unvollständiger Information Alternativen abwägen. Neue Ideen oder Verfahren entwickeln, anwenden und unter Berücksichtigung unterschiedlicher Beurteilungsmaßstäbe bewerten.	**Umgang mit Organisationen** Professionelle SozialwissenschaftlerInnen sollen in der Lage sein, (06) ... organisationale Abläufe zu gestalten und zu optimieren (07) ... Formen der Projektplanung und des Projektmanagements sicher anzuwenden (08) *... Führungs- und Managementkonzepte auszuwählen und zu implementieren* (09) *... Team- und Personalentwick-lungskonzepte in Organisationen zu gestalten* (10) *... Programme zu evaluieren und Qualitätssicherungsverfahren zu nutzen*

Personale Kompetenz

Sozialkompetenz:
In Expertenteams verantwortlich arbeiten
oder
Gruppen und Organisationen verantwortlich leiten.

Die fachliche Entwicklung anderer anleiten und vorausschauend mit Problemen im Team umgehen.

Komplexe fachbezogene Probleme und Lösungen gegenüber Fachleuten argumentativ vertreten und mit ihnen weiterentwickeln.

Sozialkompetenz:
Gruppen oder Organisationen im Rahmen komplexer Aufgabenstellungen verantwortlich leiten
und ihre Arbeitsergebnisse vertreten.

Die fachliche Entwicklung anderer gezielt fördern.

Bereichsspezifische und –übergreifende Diskussionen führen.

Umgang mit anderen
Professionelle Sozialwissenschaft-lerInnen sollen in der Lage sein,

(11) … unterschiedliche Ausdrucksformen und Eigenarten des menschlichen Verhaltens sachverständig zu analysieren und adäquat zu reagieren
(12) … wertschätzend und zielführend zu kommunizieren und Konflikte friedlich zu lösen
(13) … Lernprozesse so zu arrangieren, dass andere die Gelegenheit erhalten, nachhaltig ihre Kompetenzen zu entwickeln
(14) *… andere Menschen bei der Lösung von Problemen erfolgreich zu beraten und zu begleiten*
(15) *… Führungsverantwortung in einer akzeptanzsichernden sowie resonanten Weise wahrzunehmen*

Selbständigkeit:
Ziele für Lern- und Arbeitsprozesse definieren, reflektieren und bewerten und Lern- und Arbeitsprozesse eigenständig und nachhaltig gestalten

Für neue anwendungs- oder forschungsorientierte Aufgaben Ziele unter Reflexion der möglichen gesellschaftlichen, wirtschaftlichen und kulturellen Auswirkungen definieren, geeignete Mittel einsetzen und hierfür Wissen eigenständig erschließen.

Umgang mit sich selbst
Professionelle SozialwissenschaftlerInnen sollen in der Lage sein,

(16) … die Beobachterabhängigkeit der eigenen Konstruktionen von Wirklichkeit zu erläutern
(17) … die eigene Identität als Ausdruck lebensweltlicher und gesellschaftlicher Erfahrungen zu analysieren
(18) *… biographisch verfestigte sowie zeittypische Formen des eigenen Denkens, Fühlens und Handelns zu reflektieren und zu relativieren*
(19) *… eigene Eindrücke und Meinungen unter Nutzung evidenzbasierten Wissens zu überprüfen und zu transformieren*
(20) … Formen eines methodisch kontrollierten Fremdverstehens anzuwenden bzw. deren Ergebnisse bei der Profilierung des eigenen Weltbildes zu berücksichtigen

Anhang 4:

Eine andere – eher zusammenfassende – Darstellung des sozialwissenschaftlichen Kompetenzprofils im Kontext der im Text erwähnten Referenzräume

Selbstreflexion

Sozialwissenschaftliche Kompetenz ist keine nüchtern auf einen – äußeren – Gegenstand bezogene Expertise.

Für eine professionelle sozialwissenschaftliche Reflexion ist vielmehr die „Selbstbetroffenheit" grundlegend und auch sinnvoll.
Es ist insbesondere die beobachtungs- und erkenntnistheoretische Reflexion, durch welche SozialwissenschaftlerInnen sich selbst zu Gegenstand werden und sich selbst verändern (können).

Umgang mit sich selbst

Professionelle Sozialwissen-schaftlerInnen sollen in der Lage sein,

(16) … die Beobachter-abhängigkeit der eigenen Konstruktionen von Wirklichkeit zu erläutern
(17) … die eigene Identität als Ausdruck lebensweltlicher und gesellschaftlicher Erfahrungen zu analysieren
(18) … biographisch verfestigte sowie zeittypische Formen des eigenen Denkens, Fühlens und Handelns zu reflektieren und zu relativieren
(19) … eigene Eindrücke und Meinungen unter Nutzung evidenzbasierten Wissens zu überprüfen und zu transformieren
(20) … Formen eines methodisch kontrollierten Fremdverstehens anzuwenden bzw. deren Ergebnisse bei der Profilierung des eigenen Weltbildes zu berücksichtigen

Gestaltung

Wer Sozialwissenschaften studiert, wird kontinuierlich mit den Ergebnissen der Zeitdiagnostik konfrontiert. Diese liefert ihm nicht bloß ein nüchternes Bild darüber, wie die gesellschaftliche Lege „ist", sie beleuchtet stets auch problematische Entwicklungen (z. B. „Risikogesellschaft") sowie Potenziale (z. B. „Netzwerkgesellschaft").

Diese moderne sozialwissenschaftliche Zeitdiagnostik drängt nach politischer Gestaltung. Die Frage nach den Bedingungen der Mög-lichkeit dieser Gestaltung ist selbst eine sozial- bzw. politikwissenschaftliche Frage.

Umgang mit Organisationen

Professionelle Sozialwissen-schaft-lerInnen sollen in der Lage sein,

(06) … organisationale Abläufe zu gestalten und zu optimieren
(07) … Formen der Projektplanung und des Projektmanagements sicher anzuwenden
(08) … Führungs- und Managementkonzepte auszuwählen und zu implementieren
(09) … Team- und Personalentwick-lungskonzepte in Organisationen zu gestalten
(10) … Programme zu evaluieren und Qualitätssicherungsverfahren zu nutzen

Sozialwissenschaftliche Haltung

SozialwissenschaftlerInnen analysieren nicht nur das soziale Handeln, sondern beraten und gestalten auch.
Dabei sind sie einer professionellen Ethik verpflichtet, die durch
– die Menschenrechte,
– das Prinzip der freien Entfaltung der Persönlichkeit sowie
– die Orientierung an der Gestaltung gerechter Formen des Zusammenlebens
geprägt ist.

Grundlegend für eine sozialwissenschaftliche Professionalität sind dabei die oben erwähnten Reflexionskompetenzen.

Umgang mit Gesellschaft und Kultur

Professionelle Sozialwissen-schaft-lerInnen sollen in der Lage sein,

(01) … politische Vorhaben zu analysieren, zu bewerten und ggf. mit zu gestalten
(02) … in den Bereichen der Nachhaltigkeit, der Friedenssicherung sowie der Entwicklungszusammenarbeit konzeptionell gestaltend zu wirken
(03) … Maßnahmen der politischen Bildung mitzugestalten
(04) … in internationalen Organisationen sachgemäß und zielführend zu kooperieren
(05) … mit Diversity (Heterogenität) integrativ und synergetisch umzugehen

Soziale Balance

Der Erfolg sozialer Kooperation und Kommunikation kann erhöht werden, wenn man die Ergebnisse der Forschungen über die menschliche Identitätsentwicklung sowie das menschliche Lernen und Verhalten kennt.

Dieses Know How lässt sich zwar nicht einfach „umsetzen", es liefern aber die Standards für eine professionelle Gestaltung von Kooperation und Führung.

Umgang mit anderen

Professionelle Sozialwissenschaft-lerInnen sollen in der Lage sein,

(11) … unterschiedliche Ausdrucksformen und Eigenarten des menschlichen Verhaltens sachverständig zu analysieren und adäquat zu reagieren
(12) … wertschätzend und zielführend zu kommunizieren und Konflikte friedlich zu lösen
(13) … Lernprozesse so zu arrangieren, dass andere die Gelegenheit erhalten, nachhaltig ihre Kompetenzen zu entwickeln
(14) … andere Menschen bei der Lösung von Problemen erfolgreich zu beraten und zu begleiten
(15) … Führungsverantwortung in einer Akzeptanz sichernden sowie resonanten Weise wahrzunehmen

Soziale Nachhaltigkeit

Sozialwissenschaftliches Know How ist auch und insbesondere bei der politischen Gestaltung gesellschaftlicher Veränderungen von grundlegender Bedeutung.

Die modernen Sozialwissenschaften „wissen" um die Logiken des Misslingens, und sie verfügen über Verfahrensweisen und Standards, um den mit der gesellschaftlichen Modernisierung aufbrechenden Paradoxien wirksam zu begegnen.

Anhang 5:
Skizze der SILKE-Hypothese und Erläuterung am Beispiel eines kompetenzbilden-den sozialwissenschaftlichen Studienganges

Die SILKE-Konzeption geht von einem Köcheransatz aus, der On-Campus- und Off-Campus-Lernen ebenso miteinander in Verbindung bringt, wie kognitive und emotionale Anstrengungen. Die didaktische Entscheidung, welche Inszenierungs-weise in welcher Lernphase angemessen ist, sollte den individuellen Vorlieben Rechnung tragen. Gleichwohl gibt es für ein sozialwissenschaftliches Masterstu-dium einige Festlegungen, an denen ein Lernender nicht vorbei kommt. Ich erlaube mir, diese Festlegungen als „Man-sollte-Regelungen" im Sinne von „**10 Geboten einer Kompetenzdidaktik**" aufzulisten, ohne, dass ich damit irgendwelche dogmatischen Absichten transportiere:

(1)   Man sollte in der Life-long-University die Lernangebote grundsätzlich multimodal vorhalten (z.B. Blended Learning) und dadurch auch die überlebte Trennung zwischen Präsenz- und Fernuniversitäten aufhe-ben![30]

(Leitfrage: Welche Vielfalt der Distribuierungsformen ist im Interesse des not-wendigen Scaffolding und der erforderlichen Transparenz des Lernprozesses möglich und sinnvoll?)

(2)   Man sollte dabei auch darauf achten, dass man überflüssige Lehre ein-stellt, und auch die didaktischen Formate der Präsenzlehre überdenkt!

(Leitfrage: Welche Kompetenzanliegen erfordern zwingend die persönliche Begegnung mit einem Lehrenden?)

(3)   Man sollte keine Zusammenkunft der Lernenden zu Themen und Anwendungserfahrungen veranlassen, die sich jeder Lernende selbst aneignen muss und die bereits im Lehrbuchmarkt oder bei Youtube „erhältlich" sind!

(Leitfrage: Zu welchen Kompetenzentwicklungs-Anliegen des Zielprofils sind welche didaktischen Inszenierungsformen angezeigt?)

(4)   Man sollte ggf. neue Distance-Learning-Materialien in angemessener Didaktisierung als Selbstlernmaterialien bzw. als Kompetenzer-schließungsmaterialien mit deutlicher Situationsorientierung – er-gänzt um Reflexions-, Anwendungs- oder Transfer-Tools entwickeln!

---

[30] Auch der Studierende, der bestimmte Module im Selbstlern-Modus studiert, ist ein Fernstudent. Er steht zwar in einer engeren räumlichen Beziehung zu „seinem" Campus, indem er z.B. am Universitätsstandort lebt, ist aber im Selbstlernstadium in derselben Situation, wie der Studie-rende, der sein gesamtes Studium in diesem Modus absolviert. Die Problematik der Distanzü-berbrückung, welche das Entstehungsmotiv der Distance-Learning-Universities auf der ganzen Welt war, ist in der digitalen Welt, in der die Ferne mehr und mehr verschwindet, keine tragfä-hige Begründung mehr; es bedarf deshalb in jedem einzelnen Fall einer didaktischen Bestim-mung der für die Aneignung, Übung und Kompetenzentwicklung des Lernenden notwendigen didaktischen Nähe.

(Leitfrage: Wie können Theorien und Forschungsergebnisse einerseits sowie Anwendung und Selbstreflexion andererseits auf der Ebene von Lernmaterialien bzw. Lernarrangements gestaltet werden?)[31]

(5)   Man sollte sich gezielt um die Förderung der Selbstlernkompetenzen der Lernenden bemühen!

(Leitfrage: Welche Selbstlernkompetenzen lassen sich unterscheiden und wie kann man diese gezielt und wirksam trainieren?)[32]

(6)   Man sollte die hypertextuale Strukturierbarkeit der neuen Technologien gezielt für die Individualisierung des akademischen Lernens nutzen (z.B. durch Nachschlage-, Vertiefungs- und Veranschaulichungsebenen im Sinne eines didaktischen Additum)

(Leitfrage: Welche standardisierten Kenntnisse zählen unabdingbar zu dem Mindestinventar einer professionellen Gruppe und welche sind ergänzend oder vertiefend?)

(7)   Man sollte die Formen der Begegnung und Interaktion so gestalten, dass diese sich didaktisch rechtfertigen (z.B. Begegnung mit Ressourcepersons, welche die Lernenden befragen, provozieren und auf ihre Reise mitnehmen können)!

(Leitfrage: Insistieren die praktizierten Formen der Lehre auf dem Ownership der Lernenden und ermöglichen dieses?)

(8)   Man sollte den Lernende bewusst machen, dass sie die Inhaber und Gestalter ihres Lernprozesses im Rahmen der durch das Kompetenzprofil markierten Leitlinien sind – ein To Do, welches die Hochschule –

---

[31] So sind wir z.B. beim „Distance and Independent Studies Center" (DISC) der TU Kaiserslautern darum bemüht, unsere Studienmaterialien in Zukunft durchgängig situationsorientiert zu gestalten. Sie bestehen dann aus einer komplexen Ausgangssituation, auf die im Material selbst immer wieder Bezug genommen wird, theoretischen Kommentaren und der Darstellung von relevanten Forschungsergebnissen sowie aus einem Tool-Teil, in dem den Lernenden nach Möglichkeit Checklists, Algorithmen oder Einschätzungs- und Empfehlungs-Tools für ihre eigene Transferpraxis an die Hand gegeben werden. Es geht uns darum, das Selbstlernen zu initiieren, nicht ausschließlich darum, Informationen weiter zu geben, und es geht uns auch nicht allein darum, die Studierenden an Fällen lernen zu lassen, sondern darum, sie zu aktivieren und zu eigenen Lösungen zu motivieren.– ganz so, wie Du dies auch mit dem Hinweis anregst, wenn Du ernüchternd feststellst: „Sach- und Fachwissen, Wissen im engeren Sinne lässt sich vielleicht noch mittels traditioneller Lehrprozesse aufbauen. Erfahrungen, Werte, Kompetenzen können wir uns nur durch emotions- und motivationsaktivierende Lernprozesse aneignen. Informationsveranstaltungen, Vorträge, Planspiele, Fallbeispiele helfen da nicht weiter. Es sind neue Inhalte und Formen gefragt, wenn es um Kompetenzentwicklung geht."

[32] Wir bemühen uns deshalb in eigens entwickelten Veranstaltungsformen darum, in den sogenannten „Diemersteiner Selbstlerntagen", alle Studierenden bei der Verbesserung ihrer Wissenskompetenz, ihrer Lernkompetenz, ihrer kommunikativen Kompetenz sowie ihrer Emotionalen Kompetenz zu begleiten (vgl. Arnold 2013a; Arnold/Lermen 2013; Arnold/Wolf 2014).

wie bei Fernstudierenden – kommentarlos einfordern kann, wenn sie ihren Defizitblick auf die Studierenden zu transformieren vermag[33]!

(Leitfrage: Werden die Studierenden wirksam in die Verantwortung genommen oder nimmt ihnen eine entmündigende Struktur mit Standards, Vorgaben und Erwartungen alle Eigeninitiative ab?)

(9) **Man sollte Authentizität leben und diese auch von den Studierenden einfordern, da akademische Kompetenzentwicklung einen „Selbst-Actus" (im Sinne von Humboldt) darstellt und voraussetzt.**

(Leitfrage: An welchen Stellen kann das Selbst aneignend, reflektierend und gestaltend tatsächlich in Erscheinung treten – virtuell und in realer Begegnung?)

(10) **Man sollte sich gezielt um die emotionale Kompetenz der Studierenden kümmern, d. h. um ihre Fähigkeiten, frei von Stress oder anderen emotionalen Kontaminierungen mit sich selbst und anderen Ziel führend umgehen zu können!**

(Leitfrage: Führen wir die Studierenden zu einem entspannten, aber wirksamen Umgang mit sich selbst, mit anderen, mit Organisationen sowie mit Gesellschaft und Kultur?)

---

[33] Dieser Defizitblick ist tief in unsere Kultur eingespurt, wie der dänische Erziehungs- und Konfliktberater Jesper Juul verdeutlicht: „Soweit ich sehe, machen wir einen entscheidenden Fehler, wenn wir davon ausgehen, dass Kinder bei ihrer Geburt noch keine ›richtigen‹ Menschen sind. Lange Zeit wurden Kinder gewissermaßen als asoziale Halbmenschen angesehen, die der massiven Einflussnahme und Manipulation der Erwachsenen bedürfen und zudem ein gewisses Alter erreichen müssen, ehe man sie als vollwertige Menschen betrachtet" (Juul 2013, S. 11).

SILKE: Übersichtsskizze:

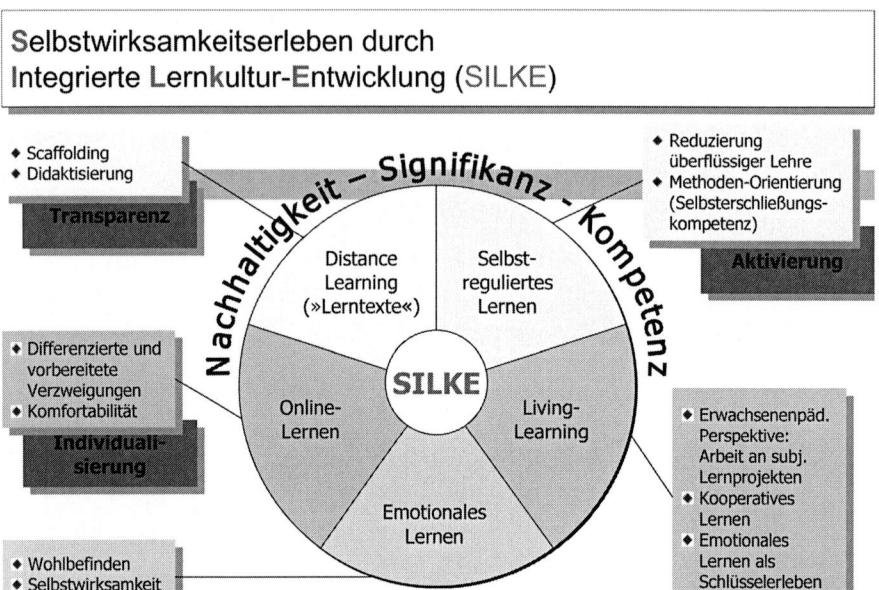

Selbstwirksamkeitserleben durch
Integrierte Lernkultur-Entwicklung (SILKE)

- Scaffolding
- Didaktisierung

Transparenz

- Reduzierung
  überflüssiger Lehre
- Methoden-Orientierung
  (Selbsterschließungs-
  kompetenz)

Aktivierung

Nachhaltigkeit – Signifikanz - Kompetenz

Distance
Learning
(»Lerntexte«)

Selbst-
reguliertes
Lernen

- Differenzierte und
  vorbereitete
  Verzweigungen
- Komfortabilität

Individuali-
sierung

SILKE

Online-
Lernen

Living-
Learning

- Erwachsenenpäd.
  Perspektive:
  Arbeit an subj.
  Lernprojekten
- Kooperatives
  Lernen
- Emotionales
  Lernen als
  Schlüsselerleben

Interaktivität

Emotionales
Lernen

- Wohlbefinden
- Selbstwirksamkeit

Authentizität

»Blended Learning«
(Verbund-Lernen)

Literatur

Literatur

Argyris, C.: Wissen in Aktion. Eine Fallstudie zur lernenden Organisation. Stuttgart 1997.

Arnold, R.: Selbstbildung. Oder: Wer kann ich werden und wenn ja, wie? Baltmannweiler 2011; 2. Auflage. Baltmannsweiler 2013 a.

Arnold, R.: Von der Veränderung des Fachlichen in Prozessen der Kompetenzreifung. In: Arnold, R./Gómez Tutor, C./Menzer, C. (Hrsg.): Didaktik im Fokus. Bd. 76 der Reihe „Grundlagen der Berufs- und Erwachsenenbildung". Baltmannsweiler 2013 b, S. 221–229.

Arnold, R.: Wie man lehrt, ohne zu belehren. 29 Regeln für eine kluge Lehre. Heidelberg 2013 c.

Arnold, R.: Wie radikal ist die „Konstruktivistische Erwachsenenbildung wirklich? Plädoyer für einen konsequenten Konstruktivismus. In: Weiterbildung. Zeitschrift für Grundlagen, Praxis und Trends, 4/2013 d, S. 28–30.

Arnold, R.: Systemische Erwachsenenbildung. Zur transformierenden Kraft begleiteten Selbstlernens. Balmannsweiler 2013 e.

Arnold, R.: Wie man lehrt, ohne zu belehren. 29 Regeln für eine kluge Lehre. Das LENA-Modell. Heidelberg 2012 a.

Arnold, R.: Wie man führt, ohne zu dominieren. 29 Regeln für ein kluges Leadership. Heidelberg 2012 b.

Arnold, R.: Ermöglichen. Texte zur Kompetenzreifung. Baltmannsweiler 2012 c.

Arnold, R.: Ermöglichungsdidaktik. In: Arnold, R./Nolda, S./Nuissl, E. (Hrsg.): Wörterbuch Erwachsenenbildung. Bad Heilbrunn/OBB 2011 a, S. 79–80.

Arnold, R.: Systemische Erwachsenenbildung. Anmerkungen zur Radikalisierung der Teilnehmerorientierung. In: Jäpelt, B./Schildberg, H. (Hrsg.): Wi(e)der die Erfahrung. Zum Stand der Kunst systemischer Pädagogik. Dortmund 2011 b, S. 61–70.

Arnold, R.: Assisted Learning. A Workbook. Landau 2011 d.

Arnold, R.: Die emotionale Konstruktion der Wirklichkeit. Beiträge zu einer emotionspädagogischen Erwachsenenbildung. Hohengehren 2005.

Arnold, R./Gomez Tutor, C.: Grundlinien einer Ermöglichungsdidaktik. Bildung ermöglichen – Vielfalt gestalten. Augsburg 2007.

Arnold, R./Hammerer, R.: LENA-Methoden. Impulse für eine lebendige und nachhaltige Erwachsenenbildung. Pädagogische Materialien der Technischen Universität Kaiserslautern. Nr. 38. Kaiserslautern 2012.

Arnold, R./Holzapfel, G. (Hrsg.): Emotion und Lernen. Die vergessenen Gefühle in der (Erwachsenen-) Bildung. Baltmannsweiler 2008.

Arnold, R./Lermen, M. (Hrsg.): Intependent Learning. Die Idee und ihre Umsetzung. Baltmannsweiler 2013.

Arnold, R./Wolf, K. (Hrsg.): Herausforderung: Kompetenzorientierte Hochschule. Baltmannsweiler 2014.

Ast, S.: Der Deutsche Qualifikationsrahmen (DQR). Stand und Weiterentwicklung. Reihe „texte.online" des DIE. Bonn 2011 (www.die-bonn.de/doks/2011-dqr-01.pdf).

Bauer, H./Brater, M./Dufter-Weis, A./Maurus, A.: Lernprozessbegleitung in der Ausbildung. Wie man Lernende begleiten und Lernprozesse gestalten kann. Ein Handbuch. Bielefeld 2007.

Baumgartner, P./Reinmann, G. (Hrsg.): Überwindung von Schranken durch E-Learning. München 2007.

Beck, U./Bonß, W.: Verwissenschaftlichung ohne Aufklärung? Zum Strukturwandel von Sozialwissenschaft und Praxis. In: Beck, U./Bonß, W. (Hrsg.): Weder Sozialtechnologie noch Aufklärung. Analyse zur Verwendung sozialwissenschaftlichen Wissens. Frankfurt 1989, S. 7–48.

Becker, M.: Im Humpty-Dumpty-Rausch der Kompetenz. Plädoyer für die Stilllegung eines unbrauchbaren Begriffs. In: Personalführung 12/2012, S. 32–39.

Beste, D.: Sozialwissenschaftliche Kompetenz und die Praxis redaktioneller Arbeit. In: Sozialwissenschaften und Berufspraxis, 10 (1087), 1, S. 4–14.

BIBB (Bundesinstitut für Berufsbildung (: Fachlicher Prüfbericht zu den Deskriptoren des Entwurfs für einen Europäischen Qualifikationsrahmen. www.bibb.de/de/25717.htm

Blankertz, H.: Curriculumforschung – Strategien, Strukturierung, Konstruktion. 3., unveränderte Auflage. Essen 1973.

BMBF (Bundesministerium für Bildung und Forschung): Handbuch zum Deutschen Qualifikationsrahmen. Struktur – Zuordnungen – Verfahren – Zuständigkeiten. Herausgeber: Bund-Länder-Koordinierungsstelle für den Deutschen Qualifikationsrahmen für lebenslanges Lernen. Berlin 2013 (www.kmk.org/fileadmin/veroeffentlichungen_beschluesse/2013/130823 _Handbuch_mit_nicht-barrierefreier_Anlage_MAM.pdf).

bmwi: Wissensbilanz made in Germany. Leitfaden 2.0 zur Erstellung einer Wissensbilanz. Bonn 2008. (http://www.akwissensbilanz.org/Infoservice/Infomaterial/WB- (http://www.akwissensbilanz.org/Infoservice/Infomaterial/WB-Leitfaden_2.0.pdf)

Bundesverband Soziologen: www.xing.com/net/bundesverbandsoziologen. gepostet 2013

Böhle, F.: Kann die höhere Bildung von der beruflichen Bildung lernen? Die Verbindung von institutionalisiertem Lernen und praktischem Tun eröffnet neue Lernfelder und -orte. In: Berufsbildung in Wissenschaft und Praxis, 2/2010, S. 6–9.

Brater, M./Freygarten, S./Rahmann, E./Rainer, M.: Kunst als Handeln – Handeln als Kunst. Was die Arbeitswelt und Berufsbildung von Künstlern lernen können. Bielefeld 2011.

Braun, E./Donk, A./Bülow-Schramm, M. (Hrsg.): AHELO goes Germany? Dokumentation des GfHf- & HIS-HF-Workshops. HIS: Forum Hochschule 2/2013. Hannover 2013.

Brinker, T./Müller, E. (Hrsg.): Wer, wo, wie und wie viele Schlüsselkompetenzen? Wege und Erfahrungen aus der Praxis an Hochschulen. Recklinghausen 2008.

Büchter, K./Dehnbostel, P./Hanf, G.: Der Deutsche Qualifikationsrahmen (DQR): Ein Konzept zur Erhöhung von Durchlässigkeit und Chancengleichheit im Bildungssystem? Bielefeld 2012.

Butterfly – The Secret Life of Chaos – BBC 4 Preview: http://www.youtube.com/watch?v=R6NnCOs20GQ (aufgenommen 2013)

Ceylan, F./Fiehn, J./Paetz, N.-V./Schworm, S./Harteis, C.: Die Auswirkungen des Bologna-Prozesses – eine Expertise der Hochschuldidaktik. In: Nickel 2011, S. 106–122.

COM(2012): 485 final, 2012/0234 (NLE) – Vorschlag für eine EMPFEHLUNG DES RATES zur Validierung der Ergebnisse nichtformalen und informellen Lernens {SWD(2012) 252 final}{SWD(2012) 253 final}Brüssel, den 5.9.2012.

Corssen, J.: Der Selbstentwickler. Das Corssen Seminar. Wiesbaden 2004.

Damasio, A. (9. Aufl. 2011): Ich fühle, also bin ich. Die Entschlüsselung des Bewusstseins. München

de Sousa, R.: Die Rationalität des Gefühls. Frankfurt 1997.

Decide (2013): http://www.managementpotenzial.de/1-0-Anlaesse.html

Dehnbostel, P.: Berufliche Kompetenzentwicklung im Kontext informellen und reflexiven Lernens – Stärkung der Persönlichkeits- und Bildungsentwicklung? In: Barre, K./Hahn, C. (Hrsg.): Kompetenz. Fragen an eine (berufs-)pädagogische Kategorie. Helmut Schmidt Universität, Hamburg 2012, S. 9–30.

deutscherqualifikationsrahmen: www.deutscherqualifikationsrahmen.de/de/der_dqr/stand_der _umsetzung/vorgehen-in-der-zweiten-erarbeitungsphase_fvwgxxa.html. Gelesen 2013

Dijksterhuis, E. J.: Die Mechanisierung des Weltbildes. Berlin, Göttingen, Heidelberg 1956.

Dohmen, G.: Das informelle Lernen. Die internationale Erschließung einer bisher vernachlässigten Grundform menschlichen Lernens für das lebenslange Lernen Aller. Bonn 2001.

Dörge, Ch.: Informatische Schlüsselkompetenzen – Vermittlung von Konzepten der Informationstechnologie im Sinne einer informatischen Allgemeinbildung. Oldenburg, Berlin 2013.

DQR: www.deutscherqualifikationsrahmen.de / de / aktuelles / der-deutsche-qualifikationsrahmen-für-lebenslanges_hgnieud.html. Gelesen 2013

Ebeling, W. / Feistel, R.: Selbstorganisation und Erneuerung in der Evolution gesellschaftlicher Systeme. In: Initial, Heft 4 / 1990, S. 436 – 441.

Ebeling, W.: Chaos, Ordnung und Information. Leipzig, Jena, Berlin 1989, S. 37 – 42.

Ehlers, F.: Das Wunder von Wonchi. In: Der Spiegel, Nr. 52 / 2012.

Emig, M. / Lermen, M. / Willke, A.: Selbstlernen im Studium. In: Müller, H.-J. / Pachner, A. / Prescher, T. Kaiserskautern, 2013

Erpenbeck, J. / Sauter, W.: Kompetenzentwicklung im Netz. New Blended Learning mit Web 2.0. Köln 2007, S. 124 – 129.

Erpenbeck, J. / von Rosenstiel, L. / Grote, S. (Hrsg.): Kompetenzmodelle von Unternehmen. Mit praktischen Hinweisen für ein erfolgreiches Management von Kompetenzen. Stuttgart 2013.

Erpenbeck, J. / von Rosenstiel, L.: Vom Oberlehrer zur Kompetenzhebamme. Kompetenzentwicklung als Zukunft der Weiterbildung. Weiterbildung, Heft 2, 2009, S. 6 – 9.

Erpenbeck, J.: „… Die Gegenstände der Natur an sich selbst …". Subjekt und Objekt in Goethes naturwissenschaftlichem Denken seit der italienischen Reise. In: Hahn, K. H. (Hrsg.): Goethe-Jahrbuch. Weimar (Hermann Böhlaus Nachf.) 1988, S. 212 – 233.

Erpenbeck, J.: Kompetenz. In: Sandkühler, H.-J.(Hrsg.): Enzyklopädie Philosophie in drei Bänden. Hamburg 2010.

Erpenbeck, J.: Kompetenzorientierung ist die Rückkehr zum Humboldtschen Bildungsideal. In: http://www.hrk-nexus.de / hrk-nexus-newsletter / nexus-newsletter-32013 /

Erpenbeck, J.: Philosophische Bemerkungen. In: Kahrig, E. / Besserdich, H. (Hrsg.): Dissipative Strukturen. Berlin 1977, S. 100 – 121.

Erpenbeck, J.: Stichwort Wissenschaft. In: Witte, B. / Buck, T. / Dahnke, H.-D. / Otto, R. / Schmidt, P. (Hrsg.): Goethe-Handbuch Bd. 4 / 2. Personen-Sachen-Begriffe. Stuttgart 1998, S. 1187 – 1194.

Erpenbeck, J.: Was sind Kompetenzen? In: Faix, W. G. / Auer, M. (Hrsg.): Talent. Kompetenz. Management. Stuttgart 2009, S. 79 – 136.

Erpenbeck, J.: Zwischen exakter Nullaussage und vieldeutiger Beliebigkeit. Hybride Kompetenzerfassung als künftiger Königsweg. In: Erpenbeck, J. (Hrsg.): Der Königsweg zur Kompetenz. Grundlagen qualitativ-quantitativer Kompetenzerfassung. Münster, New York, München Berlin 2012, S. 7 – 42.

Faix, W. / Keim, S. / Wittmann, P.: Das Kompetenzmodell der School of International Business and Entrepreneurship (SIBE) – der Poffenberger-KODE®X. In: Erpenbeck, J. / von Rosenstiel, L. / Grote, S. (Hrsg): Kompetenzmodelle von Unternehmen: Mit praktischen Hinweisen für ein erfolgreiches Management von Kompetenzen. Stuttgart 2013.

Fakultät für Soziologie der Universität Bielefeld: Wie kombiniert man Wahlfreiheit für Studierende mit der Bildung von Profilen. Die Umsetzung der Idee des selbstbestimmten Lernens von Studierenden im Bielefelder Studienmodell der Fakultät für Soziologie. Version 4.0 (4.12.2011). Interne Diskussionsfassung. Bielefeld 2011.

Faulstich, P.: Der zunehmende Verlust der Wirklichkeit und der verbannte und doch wiederbelebte Gedanke der Bildung. In: Gieseke, W. / Nuissl, E. / Schüßler, I. (Hrsg.): Reflexionen zur Selbstbildung. Festschrift für Rolf Arnold. Bielefeld 2012, S. 237 – 251.

Feistel, R./Ebeling, W.: Physics of Self-Organization and Evolution. Weinheim 2011.

Freiling, J./Rasche, Ch./Wilkens, U. (Hrsg.): Wirkungsbeziehungen zwischen individuellen Fähigkeiten und kollektiver Kompetenz. Mering 2008.

Fuchs, P.: Der Sinn der Beobachtung. Weilerwist 2004.

Fuchs, P.: Intervention und Erfahrung. Frankfurt 1999.

Fuchs, T.: Das Gehirn – ein Beziehungsorgan. Eine phänomenologisch-ökologische Konzeption. 3., aktualisierte und erweiterte Auflage. Stuttgart 2010.

Gary, T.: How to do yout Case Study: A Guide for Students and Researchers. Thousand Oaks 2011.

Gebrande, J.: Der Deutsche Qualifikationsrahmen (DQR) im Lichte fach- und bildungspolitischer Stellungnahmen. WiFF-Expertisen. Nr. 17. Deutsches Jugendinstitut. München 2011.

Gehmlich, V.: Die Einführung eines Nationalen Qualifikationsrahmens in Deutschland (DQR) – Untersuchungen der Möglichkeiten für den Bereich des formalen Lernens. BMBF. Bd. 2 der Reihe Berufsbildungsforschung. Bonn 2009.

Giesecke, M./Raapke-Giesecke, K.: Supervision als Medium kommunikativer Sozialforschung. Die Integration von Selbsterfahrung und distanzierter Beobachtung in der Beratung und Wissenschaft. Frankfurt 1997.

Gieseke, W.: Lebenslanges Lernen und Emotionen: Wirkungen von Emotionen auf Bildungsprozesse aus beziehungstheoretischer Perspektive. Bielefeld 2009.

Gigerenzer, G.: Bauchentscheidungen. Die Intelligenz des Unbewussten und die Macht der Intuition. München 2007.

Gonzalez, J./Wagenaar, R. (Eds.): Tuning educational structures in Europe II. Universitiescontribution to the Bologna process. Universidad de Deusto y Universidad Groningen 2005.

Gries, R.: Die Weiterbildungslüge. Warum Seminare und Trainings Kapital vernichten und Karrieren knicken. Frankfurt am Main 2008;

Groeben, N./Christmann, U./Misch, C.: Argumentationsintegrität (XXII): Die Entwicklung eines Trainings zum Umgang mit unintegrem Argumentieren. Arbeiten aus dem Sonderforschungsbereich 245 „Sprache und Situation". Heidelberg/ Mannheim 1996 (www.psychologie.uni-heidelberg.de/institutsberichte/SFB245/SFB105.pdf, Aufruf am 6.7.2012).

Gurjewitsch, A.: Das Weltbild des mittelalterlichen Menschen. Dresden 1972, S. 179, 184.

Habenicht, K./Ortenburger, A./Tegethoff, H.-G.: Absolventenbefragung an der Fakultät für Sozialwissenschaften. (http://www.sowi.rub.de/mam/content/fakultaet/qualitaet/biss2pdf)

Habermas, J.: Erkenntnis und Interesse. Frankfurter Antrittsvorlesung vom 28.6.1965. In: Merkur, Heft 213/1965, S. 1139–1153.

Habermas, J.: Vorstudien und Ergänzungen zur Theorie des kommunikativen Handelns. Frankfurt a. M. 1984.

Härtl-Kasulke: Lernen mit Emotion und Intuition: Der freudvolle Weg zum effizienten Lernen. Bergisch-Gladbach 2011.

Haken, H. (1983): Advanced Synergetics: Instability Hierarchies of Self-Organizing Systems and Devices (Springer Series in Synergetics). Berlin, Heidelberg, New York 1983

Haken, H.: : Erfolgsgeheimnisse der Natur. Synergetik: Die Lehre vom Zusammenwirken. Hamburg 1995

Hasselhorn, M., Heinze, A., Schneider, W., Trautwein, U. (Hrg.): Diagnostik mathematischer Kompetenzen. Göttingen, Bern, Wien ... 2013

Hattie, J./Beywl, W./Zierer, K.: Lernen sichtbar machen. Hohengehren 2013.

Hedke, R.: Integrative politische Bildung. Sozialwissenschaftliche Kompetenzen jenseits von Fächern und Disziplinen. In: Weißeno, G. (Hrsg.): Wirtschaft und Politik unterrichten. Bundeszentrale für Politische Bildung. Bonn 2005. (zit. nach: www.uni-bielefeld.de/soz/ag/hedke/pdf_integrative-pol-bild.pdf)

Heinemann, L./Rauner, F.: Begründungsrahmen für ein Kompetenzmodell. In: Rauner, F. u. a.: Messen beruflicher Kompetenzen. Bd. I: Grundlagen und Konzeption des KOMET-Projektes. München 2009, S. 49–73.

Heitkämper, P.: Die Kunst erfolgreichen Lernens. Handbuch kreativer Lehr- und Lernformen; ein Didaktiken-Lexikon. Paderborn 2000.

Heyse, V./Erpenbeck, J.: Kompetenzmanagement: Methoden, Vorgehen, KODE® und KODE®X im Praxistest. Stuttgart 2007.

Heyse, V./Erpenbeck, J.: Kompetenztraining. 64 Informations- und Trainingsprogramme. Stuttgart 2009, 2. Aufl.

Heyse, V./Schircks, A. D. (Hrsg.): Kompetenzprofile in der Humanmedizin. Konzepte und Instrumente für die Ausrichtung von Aus- und Weiterbildung auf Schlüsselkompetenzen. Münster/ New York/München/Berlin 2012.

Hochschulsektor: www.kompetenzen-im-hochschulsektor.de/Dateien/Poster_WiKomSowi.pdf. Gepostet 2013

Holzkamp-Osterkamp, U.: Grundlagen der psychologischen Motivationsforschung Frankfurt am Main 1975

HRK: Wissen und Können: Kompetenzziele, Lernergebnisse und Prüfungen studierendenzentriert formulieren und gestalten. Handreichungen für die Workshops. Unveröffentlichtes Paper (Autoren: F. Gröblinhoff/M. Schröder). Bonn 2013.

HRK: Zur Weiterentwicklung des Deutschen Qualifikationsrahmens (DQR). Empfehlungen des HRK-Senats vom 23.2.2010.
(www.hrk.de/uploads/tx_szconvention/Empfehlung_DQR_pdf)

http://www.akwissensbilanz.org/Infoservice/Infomaterial/WB-Leitfaden_2.0.pdf

http://www.forschung-und-lehre.de/wordpress/?p=6346.

http://www.npr.org/2012/01/01/144550920/physicists-seek-to-lose-the-lecture-as-teaching-tool?sc=emaf

Humboldt, W. v.: Über die innere und äußere Organisation der höheren wissenschaftlichen Anstalten in Berlin. In: Die Idee der deutschen Universität. Die fünf Grundschriften aus der Zeit ihrer Neugründung durch klassischen Idealismus und romantischen Realismus. Darmstadt 1956, S. 377–386.

Humboldt, W. von: Ideen zu einem Versuch, die Grenzen der Wirksamkeit des Staates zu bestimmen. 1792.

Humboldt, W. von: Ideen zu einem Versuch, die Grenzen der Wirksamkeit des Staates zu bestimmen. In: Flitner, A./Giel, K. (Hrsg.): Humboldt, W. von: Schriften zur Anthropologie und Geschichte/Werke. Darmstadt 1960, S. 56–233.

Hüther, G.: Belohnung ist genauso falsch, wie Bestrafung. Gerald Hüther im Interview. In: Managermagazin 159/2011, S. 44–47.

Hüther, G.: Ohne Gefühl geht gar nichts. Worauf es beim Lernen ankommt. DVD Müllheim, Baden 2009.

Hüther, G: „So wie bisher kann es nicht weitergehen!" Interview. In: Eckoldt, M. (Hrsg.): Kann das Gehirn das Gehirn verstehen? Gespräche über die Hirnforschung und die Grenzen unserer Erkenntnis. Heidelberg 2013, S. 47–68.

Illich, I.: Are we now going to colonize the informal sector? In: International Development review, 21(1979), 4, S. 9–14.

Juul, J.: Dein kompetentes Kind. Auf dem Weg zu einer neuen Wertgrundlage für die ganze Familie. 10. Auflage. Reinbeck 2013.

Kade, J./Seitter, W.: Selbstbeobachtung: Professionalität lebenslangen Lernens. In: Zeitschrift für Pädagogik, 50(2004), 3, S. 326–341.

Kant, I.: Über Pädagogik. Herausgegeben und mit einer Vorrede versehen von D. Friedrich Theodor Rink. Königsberg 1803. nach: www2.ibw.uni-heidelberg.de/~gerstner/V

Kellermann, P.: Bildung statt Ausbildung? Wissenschaftliche Bildung. www.uni-klu.ac.at/sozio/bilder/unibrennt_kellermann.pdf

Kern, H., Schumann, M. : Das Ende der Arbeitsteilung? – Rationalisierung in der industriellen Produktion. Bestandsaufnahme, Trendbestimmung. München 1984

Kirkpatrick, D. L.: Evaluating Training Programs. United Kingdom, Berkshire. 3. Aufl., 2006

Klein, H. P.: Vom allmählichen Verschwinden von Bildung und Wissen aus den Schulen: Deputation beschließt die Umstellung von Schulen und Schulqualität auf 'Kompetenz-Orientierung'. In: Kirschblog.wordpress.com/2012/S.10.

Klieme et al.: Zur Entwicklung nationaler Bildungsstandards. Eine Expertise. Berlin 2003, S. 22.

Klieme, E./Harig, J.: Kompetenzentwicklung in den Sozialwissenschaften. In: Prenzel, M./Gogolin, I./ Krüger, H.-H. (Hrsg.): Kompetenzdiagnostik. Zeitschrift für Erziehungswissenschaft. Sonderheft 8/ 2007. Wiesbaden 2007, S. 11–32.

Klieme, E./Maag-Merki, K./Hartig, H.: Kompetenzbegriff und Bedeutung von Kompetenzen im Bildungswesen. In: Klieme, E./Hartig, H. (Hrsg.): Möglichkeiten und Voraussetzungen technologiebasierter Kompetenzdiagnostik. Berlin 2007.

Klix, F. Information und Verhalten. Kybernetische Aspekte der organismischen Informationsverarbeitung – Einführung in naturwissenschaftliche Grundlagen der Allgemeinen Psychologie. Berlin 1971

Klix, F., Erwachendes Denken. Eine Entwicklungsgeschichte der menschlichen Intelligenz, Leipzig 1980; Neuauflage: Erwachendes Denken. Geistige Leistungen aus evolutionspsychologischer Sicht. Heidelberg, Berlin, Osford 1993; Klix, F: Die Natur des Verstandes, Göttingen, Bern, Toronto, Seattle 1992

Krewer, B./Uhlmann, A.: Die Lernlandschaft – didaktische Innovation in der V-EZ. Gesellschaft für Internationale Zusammenarbeit. Bad Honnef 2011.

Kruse, O.: Emotionsdynamik und Psychotherapie. Grundlagen zum Verständnis menschlicher Emotionen und ihrer psychotherapeutischen Beeinflussung. Weinheim, Basel 1985.

Kruse, P.: Veränderungsmanagement aus der Perspektive der Selbstorganisationstheorie. Münsterschwarzach 1995.

Ladenthin, V.: Kompetenzorientierung als Indiz pädagogischer Orientierungslosigkeit. In: www.bildung-wissen.eu/fachbeitraege/kompetenzorientierung-als-indiz-paedagigischer-orientierungslosigkeit.htm (Aufruf: 6.7.2012).

Laham, A.: Organisationales Wissensmanagement. München 2003.

Langemeyer, I.: Grundzüge einer subjektwissenschaftlichen Kompetenzforschung. In: Report. Zeitschrift für Weiterbildungsforschung, 36 (2013), 1, S. 15–24. – Zitiert aus dem Ursprungsmanuskript aus Langemeyer 2012.

Lerch, S.: Selbstkompetenz – Eine neue Kategorie zur eigens gesollten Optimierung. In: Report. Zeitschrift für Weiterbildungsforschung, 36 (2013), 1, S. 25–34.

Litt, T.: Das Bildungsideal der deutschen Klassik und die moderne Arbeitswelt. Bonn 1955.

Livingstone, D.: Informelles Lernen in der Wissensgesellschaft. In: ebenda, 1999, S. 65–92.

Luhmann, N.: Die Gesellschaft der Gesellschaft. Frankfurt 1998)

Luhmann, N.: Soziale Systeme: Grundriß einer allgemeinen Theorie. Frankfurt am Main 1987

Margolies, H.: http://zitate.woxikon.de/bildung. 2013 abgerufen

Martin, T. W.: Scientific Literacy and the Habit of Discourse. Seed Magazine. 21. September 2007 (zit. nach: www.hpd.de/node/2916).

Maturana, H., Varela, J. (5. Aufl. 2012): Der Baum der Erkenntnis: Die biologischen Wurzeln menschlichen Erkennens. Frankfurt am Main

Meißner, H.: Es wimmelt vor lauter Kompetenzen. Begriffsverwirrung und deutliche Schwächen beim Konzept. In: Frankfurter Allgemeine Zeitung, Nr. 154, vom 5.7.2012, S. 6.

Merk, S.: Wer traut welchem pädagogischen Wissen? Epistemologische Überzeugungen als Katalysator und Produkt der Professionalitätsentwicklung von Lehramtsstudierenden. In: In: Merk, S./Gómez Tutor, C./Menzer, C. (Hrsg.): Didaktik im Fokus. Bd. 76 der Reihe „Grundlagen der Berufs- und Erwachsenenbildung". Baltmannsweiler 2013, S. 39–54.

Mittelstraß, J.: Lernkultur – Kultur des Lernens. In: QUEM (Hrg.): Kompetenz für Europa: Wandel durch Lernen – Lernen im Wandel. Referate auf dem internationalen Fachkongress. Berlin 1999, S. 61.

Modulidentifikationen: www.iet.web.gibb.ch/module/identifikationen/modul941/941_Modulidentifikation_10.pdf. Gepostet 2013

Muis, K.R./Bendixen, L.D./Haerle, F.C.: Domain-Generality and Domain-Specifity in Personal Epistemology Research: Philosophical and Empirical Reflections in the Development of a Theoretical Framework. In: Educational Psychology Review, 18 (2006), S. 3–54.

Nachtigall, Ch.: Selbstorganisation und Gewalt. Münster, New York, Berlin 1998.

Nickel, S. (Hrsg.): Der Bologna-Prozess aus Sicht der Hochschulforschung. Analysen und Impulse für die Praxis. Arbeitspapiere des BMBF, Nr. 148 (September 2011). Berlin 2011.

North, K.: Wissensorientierte Unternehmensführung. Wertschöpfung durch Wissen. Wiesbaden 1999.

Oldenburg: www.uni-oldenburg.de/uni/amtliche_mitteilungen/dateien/05/AM2008-05_02-MPO_GYM_Anlage18_Sozialwissenschaft_Unterrichtsfach_Politik.pdf

Overwien, B., Rode, H. (Hrsg.): Bildung für nachhaltige Entwicklung: Lebenslanges Lernen, Kompetenz und gesellschaftliche Teilhabe. Opladen 2013.

Overwien, B.: Informelles Lernen. Definitionen und Forschungsansätze. In: Brodowski, M./Devers-Kanoglu, U./Overwien, B./Rohs, M./Salinger, S./Walser, M.: Informelles Lernen und Bildung für eine nachhaltige Entwicklung. Beiträge aus Theorie und Praxis. Opladen 2009, S. 23–34.

Pachner, A.: Entwicklung und Förderung von selbst gesteuertem Lernen in Blended-Learning-Umgebungen. Eine Interventionsstudie zum vergleich von Lernstrategietraining und Lerntagebuch. Münster 2009.

Paslack, R.: Urgeschichte der Selbstorganisation. Zur Archäologie eines wissenschaftlichen Paradigmas. Braunschweig, Wiesbaden 1991, S. 1 und 7–11.

Pawlowski, P./Mistele, P. (Hrsg.): Hochleistungsmanagement. Leistungspotenziale in Organisationen gezielt fördern. Wiesbaden 2008.

Pawlowsky, P./Reinhardt, R.: Wissensmanagement für die Praxis. Methoden und Instrumente zur erfolgreichen Umsetzung. Neuwied 2002.

Pörksen, B.: Abschied von der Paukmaschine: Die Idee einer konstruktivistischen Universität. In: Lernende Organisation. Zeitschrift für Relationales Management und Organisation, Nr. 72 vom April 2013, S. 26–40.

Pörksen, B.: Die Gewissheit der Ungewissheit. Gespräche zum Konstruktivismus. Heidelberg 2002.

Pörksen, B.: Von der Instruktion zur Inspiration. Unveröfftl. Mskr. Tübingen 2012.

Prigogine, I.: Vom Sein zum Werden. Zeit und Komplexität in den Naturwissenschaften. München 1992

Probst, G./Raub, S./Romhardt, K.: Wissensmanagement. Wie Unternehmen ihre wertvollste Reserve optimal nutzen. Frankfurt am Main, Wiesbaden 1999, 3. Aufl.

Rauner,F./Haasler, B./Heinemann, L./Grollmann, P.: Messen beruflicher Kompetenzen. Teilband 1: Grundlagen und Konzeption des KOMET-Projektes. Münster 2009.

Rauner, F./Heinemann, L./Maurer, A./Li Ji, Zhiqun Zhao: Messen beruflicher Kompetenzen 3: Drei Jahre KOMET-Testerfahrung. Münster 2009.

Rauner, F.: Messen beruflicher Kompetenzen: Band II – Ergebnisse KOMET 2008. Münster 2009.

Reinmann-Rothmeier, G.: Wissen managen: Das Münchener Modell. München 2001

Reinmann, G.: Lehrkompetenzen von Hochschullehrern: Kritik des Kompetenzbegriffs in fünf Thesen. In: Reinmann, G./Ebner, M./Schön, S. (Hrsg.): Hochschuldidaktik im Zeichen von Heterogenität und Vielfalt. Doppelfestschrift für Peter Baumgartner und Rolf Schulmeister. Norderstedt 2013, S. 215–234.

Rosa, H.: Beschleunigung. Die Veränderung der Zeitstrukturen in der Moderne. Frankfurt am Main 2005.

Roth, G./Lück, M.: Mit Gefühl und Motivation lernen. Neurobiologische Grundlagen der Wissensvermittlung im Training. In: Weiterbildung. Zeitschrift für Grundlagen, Praxis, Trends, 1/2010, S. 40–43.

Roth, H.: Begabung und Lernen. 7. Auflage. Stuttgart 1970.

Sandkühler (Hrsg): Enzyklopädie Philosophie. Stichwort „Kompetenz". Hamburg 2010

Schäffter, O.: Systemische Veränderungsforschung aus relationaler Sicht. In: Gieseke, W./Nuissl, E./Schüßler, I. (Hrsg.): Reflexionen zur Selbstbildung. Festschrift für Rolf Arnold. Bielefeld 2012, S. 32–58.

Schaper, N. u. a.: Fachgutachten zur Kompetenzorientierung in Studium und Lehre. HRK. Berlin 2012.

Scharmer, C. O.: Theory U. Leading from the Future as it Emerges. The Social Technology of Presencing. San Francisco 2009 (deutsch: Heidelberg 2009).

Schaper, N. (unter Mitwirkung von Reis, O./Wildt, J./Horvath, E./Bender, E.): Fachgutachten Kompetenzorientierung in Studium und Lehre. HRK: August 2012. Berlin 2012.

Schaper, N./Schlömer, T./Pächter, M.: Editorial: Kompetenzen, Kompetenzorientierung und Employability in der Hochschule. In: Zeitschrift für Hochschulentwicklung, 7 (2012), 4, S. I–X (zit. nach Mskr.).

Schecker, H./Klieme, E./Niedderer, H./Ebach, J./Gerdes, J.: Physiklernen mit Modellbildungssystemen. Förderung physikalischer Kompetenz und systemischen Denkens durch computergestützte Modellbildungssysteme. Bremen, Berlin, Bonn 1999, S. 9.

Schmidt, N.: Philosophie und Psychologie. Trennungsgeschichte, Dogmen und Perspektiven. Reinbeck 1995.

Schmidt, S. J.: Der Diskurs des Radikalen Konstruktivismus Frankfurt am Main 1987

Schott, F./Ghanbari, S. A.: Kompetenzdiagnostik, Kompetenzmodelle, kompetenzorientierter Unterricht. Münster, New York, München, Berlin 2008.

Schrader, J./Trautwein, U./Hesse, F.: Von der Konfession zur Profession. In: FAZ Nr. 250 vom 27.10.2010, S. 8.

Schulmeister, R. (Hrsg.): MOOCs – Massive Open Online Courses. Offene Bildung oder Geschäftsmodell. Münster 2013.

Schülein, J. A.: Selbstbetroffenheit. Über Aneignung und Vermittlung sozialwissenschaftlicher Kompetenz. Frankfurt 1986.

Schüßler, I.: Reflexives Lernen in der Erwachsenenbildung – zwischen Irritation und Kohärenz. In: Bildungsforschung, 5(2008), 2 (www.bildungsforschung.org/index.php/bildungsfroschung/%0Barticle/viewFile/75/78)

Siebert, H.: Lernen und Bildung Erwachsener: Erwachsenenbildung und lebensbegleitendes Lernen – Grundlagen & Theorie. Bielefeld 2012.

Sloane, P. F.: Zu den Grundlagen eines deutschen Qualifikationsrahmens (DQR): Konzeptionen, Kategorien, Konstruktionsprinzipien. Bielefeld 2008.

Spitzer, M.: Lernen. Gehirnforschung und die Schule des Lebens. München 2007. Vgl. auch: Roth, G., Spitzer, M., Caspary: Lernen und Gehirn: Der Weg zu einer neuen Pädagogik. Freiburg 2006

Städtler, T.: Die Bildungshochstapler. Warum unsere Lehrpläne um 90 % gekürzt werden müssen. Heidelberg 2010.

Stegemann, A.: Informelles Lernen. Identifizierung, Bewertung und Anerkennung informell erworbener Kompetenzen. Hamburg 2008.

Struck, P.: Die 15 Gebote des Lernens. Darmstadt 2007, 2. Aufl.

Tenorth, E.: Scheinkonflikte und offene Fragen. Der Sache nach ist Outcomeorientierung nichts Neues. In: Frankfurter Allgemeine Zeitung, Nr. 154, vom 5.7.2012, S. 6.

Trautwein, U./Lüdke, O.: Die Erfassung wissenschaftsbezogener Überzeugungen in der gymnasialen Oberstufe und im Studium. Validierung des Fragebogens zur Erfassung des Entwicklungsniveaus epistemologischer Überzeugungen (FREE). In: Zeitschrift für pädagogische Psychologie, 22 (2008), S. 277–291.

Tully, C.J.: Verändertes Lernen in modernen technisierten Welten: Organisierter und informeller Kompetenzerwerb Jugendlicher. Wiesbaden 2004.

v. Bredow, R./Hackenbroch, V.: Die neue Schlechtschreibung. In: Der Spiegel, Heft 25/2013, S. 96–105.

van der Waerden, B.L.: Einfall und Überlegung. Beiträge zu einer Psychologie des mathematischen Denkens. Basel 1973, 3. Aufl., S. 11.

Varela, F. u.a.: Der Mittlere Weg der Erkenntnis. Der Brückenschlag zwischen wissenschaftlicher Theorie und menschlicher Erfahrung. Bern u.a. 1992.

Varela, F.: Autonomie und Autopoiesis. In: Schmidt, S.J. (Hrsg.): Der Diskurs des Radikalen Konstruktivismus. Frankfurt 1987, S. 119–132.

Veith, H.: Kompetenzen und Lernkulturen. Zur historischen Rekonstruktion moderner Bildungsleitsemantiken. Münster 2003.

Vonken, M.: Von Bildung zur Kompetenz. Die Entwicklung erwachsenenpädagogischer Begriffe oder Rückkehr zur Bildung. In: Zeitschrift für Berufs- und Wirtschaftspädagogik. Heft 4/2001, S. 503–520.

Wagner, W.: Erst die Menschenbildung. Der verklärte Humboldt. Gegen die Bologna-Reform wird gern mit Wilhelm von Humboldt argumentiert. Das ist geschichtsvergessen und verdreht seinen Bildungsbegriff. In: taz 27.8.2008.

Weinberg, J.: Weiterbildungstheoretische Grundlagen. In: Erpenbeck, J., Heyse, V. (Hrsg.): Die Kompetenzbiographie. Strategien der Kompetenzentwicklung durch selbstorganisiertes Lernen und multimediale Kommunikation. New York, München, Berlin 1999, S. 36–44.

Weingart, P.: Wissensproduktion und soziale Struktur. Frankfurt 1976.

Wex, P.: Das leere Versprechen der Kompetenzprüfung. In: FAZ vom 3.10.2012. (www.faz.net/aktuell/feulleton/forschung-und-lehre/selbsttaeuschung-das-leere-versprechen-der-kompetenzprüfung-11910676-b2html)

Wimmer, J., Wolling, J., Rothermund, K.: Motivation und Emotion (Basiswissen Psychologie) (German Edition) Berlin, Heidelberg, Wiesbaden 2012

Wissenschaft praktizieren – praktizierte Wissenschaft. Baltmannsweiler 2012, S. 121–133.

Wittwer, W., Kirchhof, S.: Informelles Lernen und Weiterbildung: Neue Wege zur Kompetenzentwicklung. Köln 2003.

Wunderer, R., Bruch, H:: Umsetzungskompetenz – Diagnose und Förderung in Theorie und Unternehmenspraxis. München 2000

Wurm, S.: Informelles Lernen: Ein Überblick. Hamburg 2007.

Zeigarnik, B.W.: Das Behalten erledigter und unerledigter Handlungen. In: Lewin, K. (Hrsg): Untersuchungen zur Handlungs- und Affektpsychologie. Bd. III. Berlin 1927, S. 85.

Die Autoren

Die Autoren

Univ.-Prof. Dr. **Rolf Arnold** vertritt das Fach-
gebiet Pädagogik (insbesondere Berufs- und
Erwachsenenpädagogik) an der Technischen
Universität Kaiserslautern. Nach mehrjähriger
Führungsfunktion in einer internationalen
Organisation, leitete Arnold ab 1992 den Auf-
bau des heutigen „Distance and Independent
Studies Center" (DISC) an der TU Kaiserslautern zu einer der größten akademischen Fern-
studieneinrichtungen in Deutschland, dem er
heute als Wissenschaftlicher Direktor vor-
steht. Im Jahr 2002 lehnte Prof. Arnold einen
Ruf an die Universität Tübingen ab. Arnold ist seit 2003 der Sprecher des Lei-
tungsgremiums des „Virtuellen Campus Rheinland-Pfalz" (VCRP) – einem
Hochschulnetzwerk mit heute mehr als 40.000 Studierenden und er war viele
Jahre Verwaltungsratsvorsitzender des „Deutschen Instituts für Erwachsenenbildung" (DIE) in Bonn sowie Mitglied des Innovationskreises Weiterbildung
beim Bundesministerium für Bildung und Forschung (BMBF).

Arnold ist als internationaler systemischer Berater beim Aufbau von Bildungs-
systemen, der Führungskräfteentwicklung und als didaktischer Organisations-
berater beim Lernkulturwandel größerer Bildungsprovider engagiert. Seine
Konzepte der Ermöglichungsdidaktik, des Emotionalen Konstruktivismus, der
Systemischen Pädagogik und der Subsidiären Führung beeinflussen nicht nur
die Weiterbildungsentwicklung, sondern auch die Führungskräftequalifizierung und Personalentwicklung in vielen Unternehmen. U.a. ist Prof. Arnold an
der Leitung der postgradualen Masterprogramme „Erwachsenenbildung", „Personalentwicklung", „Schulmanagement" und „Systemische Beratung" an der
TU Kaiserslautern beteiligt.

Zu den Konzepten des emotionalen Lernens, einer zeitgemäßen Führungspra-
xis sowie einer modernen Erwachsenendidaktik hat Arnold u.a. die Bücher
„Das Santiagoprinzip. Systemische Führung im Lernenden Unternehmen" (2.
Auflage 2010) im Schneider-Verlag, das auch als Hör-CD erhältliche Buch „Füh-
ren mit Gefühl" (2. Auflage, 2011), die Bücher „Spirituelle Führung" (2012) im
Gabler-Verlag und „Wie man führt, ohne zu dominieren" (2. Auflage 2013) im
Carl Auer-Verlag sowie das Buch „Ermöglichen. Texte zur Kompetenzreifung"
(2012 im Schneider-Verlag) vorgelegt.

Weitere Informationen sowie Downloads und Audio- sowie Video bzw. Vor-
lesungsaufzeichnungen: www.sowi.uni-kl./paedagogik

Prof. Dr. **John Erpenbeck** hat den Lehrstuhl Kompetenzmanagement der SIBE (School of International Business and Entrepreneurship), Steinbeis Universität Herrenberg / Berlin inne. Nach der Promotion war er als Experimental-physiker am Institut für Biophysik der Akademie der Wissenschaften zu Berlin (ADW) tätig, später in einer langjährigen wissenschaftlichen Tätigkeit am ZI für Philosophie der ADW, wo er sich mit philosophischen, historischen und wissenschaftstheoretischen Problemen der Psychologie kognitiver, emotional-motivationaler und volitiver Prozesse beschäftigte.

Er habilitierte mit der Arbeit „Erkenntnistheorie und Psychophysik kognitiver Prozesse" zum Dr. sc. phil. und wurde 1984 zum Professor ernannt. Von 1991 bis 1995 forschte er mit Schwerpunkt Wissenschaftsgeschichte und Wissenschaftstheorie in der Max-Planck-Gesellschaft. Von 1993 bis 1994 war er Research Professor am Center for Philosophy of Science, Pittsburgh, von 1995–1998 Professor an der Universität Potsdam, Arbeitsgruppe Wissenschaftskommunikation, ab 1998 Leiter des Bereichs Theoretische Grundlagen im BMBF-Projekt Lernkultur Kompetenzentwicklung (ABWF/QUEM). Seit Mai 2007 begleitet er an der SIBE das MBA-Projekt-Kompetenzstudium durch Kompetenzmessung und -zertifizierung sowie Forschungsarbeiten zum Kompetenzmanagement. Er ist ein in Fachkreisen anerkannter Wissenschaftler in den Bereichen Kompetenzbilanzierung, -diagnostik und -entwicklung.

Erpenbeck publizierte Grundlagentexte zu Fragen der Wissenschaftsphilosophie, der Motivation, des Willens, der Werteinstellung und der Kompetenz, unter anderem „Psychologie und Erkenntnistheorie" (1980), „Motivation – ihre Psychologie und Philosophie" (1984), „Die Kompetenzbiographie" (mit V. Heyse, 1998, neub. Aufl. 2007), „Handbuch Kompetenzmessung" (Hrg. mit L. v. Rosenstiel 2003, 2. Aufl 2007), „KompetenzManagement" (Hrg. mit V. Heyse 2007) „Kompetenzmodelle von Unternehmen" (Hrg. mit L. v. Rosenstiel, S. Grote 2013), „So werden wir lernen!" (mit W. Sauter 2013).

Er entwickelte mit V. Heyse die Kompetenzmessinstrumente KODE® und KODE®X, mit B. Brenninkmeijer das Kompetenz – Wert – Instrument WERDE©.

Erpenbeck ist Mitglied der Leibniz Sozietät der Wissenschaften zu Berlin, begründet 1700 als Brandenburgische Sozietät der Wissenschaften.

Weitere Informationen unter http://www.erpenbeck.homepage.t-online.de und de.wikipedia.org/wiki/John_Erpenbeck